MORD-LOS

MORD-LOS

Die Tote vom Kälberteicher Hof

Jochen Zillig

Roman

EDITION OCTOPUS

Jochen Zillig, »MORD-LOS. Die Tote vom Kälberteicher Hof«
© 2010 der vorliegenden Ausgabe: Edition Octopus im Verlagshaus
Monsenstein und Vannerdat OHG Münster. www.edition-octopus.de
© 2010 Jochen Zillig
Alle Rechte vorbehalten
Satz: MV-Verlag
Umschlaggestaltung: MV-Verlag
Umschlagfoto: Jochen Zillig
Druck und Einband: MV-Verlag

ISBN 978-3-86991-064-2

Jochen Zillig, 1947 in Darmstadt geboren, lebt in Bensheim und Falkenstein/Pfalz. Viele Veröffentlichungen, darunter die Romane „Gelegenheit macht Liebe" (Fischer Taschenbuchverlag), „Bitterblue" und „Toskana Blues" (mit Petra Gahabka). Daneben publizierte er u. a. „Flach das Land und der Rhein mittenmang" (Erzählungen), „Seitensprünge" (Erzählung) und „Besiegfriedet" (Gedichte, zusammen mit Karin Weinmann-Abel).

Protagonist in „Bitterblue" und „Toskana Blues" ist, wie auch im vorliegenden Roman, Reiner Lutter.

Mehr über den Autor kann man auf seiner Website www.jochenzillig.de erfahren.

Alle Personen dieses Romans sind frei erfunden. Ähnlichkeiten zu lebenden oder bereits verstorbenen Männern, Frauen oder Kindern sind daher rein zufällig und ungewollt.
Auch gibt es keine Untertalklinik, insbesondere nicht in Mühltal, Ortsteil Nieder-Ramstadt.

1 Die Tote vom Kälberteicher Hof (1964)

Er kennt sich aus und weiß genau, wohin hier auf der Rheininsel Kühkopf dienstags garantiert niemand kommt und stört. Weder ein Arbeiter, der vielleicht den Zaun der ausgedehnten Weiden des Hofguts Guntershausen ausbessern möchte und daher eine Abkürzung sucht, noch ein Naturfreund, der beobachten will, wie die winzig kleinen Jung-Frösche und -Kröten ihre Laichgewässer verlassen und eilig Schutz unter vermodernden Ästen und Laub aus dem vergangenen Herbst suchen. Und erst recht nicht die rotzfrechen Lümmel aus den angrenzenden Dörfern Stockstadt und Erfelden, die immer mal wieder ihren Schabernack in dem viele Quadratkilometer großen Naturschutzgebiet treiben.
Zwischen dem Kälberteicher Hof und dem sogenannten Schwedenkirchhof breitet sich ein urwaldgleicher Auenwald aus, in dem er allein um die wenigen Pfade weiß, die sich Rehwild oder Schwarzkittel mühselig bahnen und vom Bewuchs weitgehend frei halten. In diesem Labyrinth gibt es, seit ein Sturm vor Jahren zwei uralte Eichen umgerissen hat, eine winzige grasbestandene Freifläche, vielleicht zwanzig auf fünfzehn Meter groß, zu der er und seine Freundin Rita jetzt mit ihren vollbepackten Rädern unterwegs sind.
Er hatte sie vor knapp einer Stunde am Schiffsanleger der Erfelder Kiesbaggerei Vretter getroffen und sich gleich darauf von dem missmutigen und wie immer nach Bier stinkenden Fährmann Wolter auf die Rheininsel übersetzen lassen. Mit ihren Fahrrädern ging es dann über den holprigen Weg bis zum heute wie ausgestorben wirkenden Kälberteicher Hof, wo selbst die sonst bei jedem Wetter auf ihrer überdachten Bank vor dem Wohnhaus sitzende und mit Stricken beschäftigte Uroma Bärbel fehlte.

„Umso besser, dachte er, „wenn die hier alle irgendwo auf ihren Feldern sind, dann kommt auch wirklich niemand auf die Idee, sich mal aus sicherer Entfernung anzuschauen, was passieren wird."

Kennen gelernt hatte er Rita vor ein paar Tagen bei den Leichtathletik-Meisterschaften in Langen. Das heißt, wenn er ehrlich ist, hatte sie ihn kennen gelernt. Sie stand plötzlich vor ihm und sagte, dass ihr der rot-blaue Sportdress, in dem er vorhin gestartet war, unheimlich gut gefalle. „Und gewonnen hast du deinen Lauf ja auch!", schmeichelte sie ihm.

Danach hörte auch Rita ein paar schüchterne Sätze von ihm und selbst seine Versprecher und Aussetzer schienen ihr überhaupt nichts auszumachen. Sie lächelte nur. Dann musste sie zum Aufwärmen, da sie mit der 4 x 100 m – Staffel ihres Vereins TV Groß-Gerau an den Start gehen sollte. Er wollte ihr zusehen und wartete, da sie die zweite Position zu laufen hatte, am Ende der Gegengeraden auf sie. Rita ließ sich, nachdem sie den Staffelstab an ihre Vereinskameradin übergeben hatte, von ihm auffangen und hielt sich, schwer atmend und mit rotem Kopf, an seiner Taille fest. Viel länger, als das üblich war.

Als sie am Ende der Meisterschaft mit ihrem Verein nach Hause fahren musste, besaß er, auf ihre Startnummer hastig geschrieben, ihren Namen, ihre Anschrift und ihre Telefonnummer.

„Lass bald was von dir hören!", forderte sie ihn beim Abschied auf, drehte sich beim Gang zum Parkplatz öfter um und winkte ihm zu.

Natürlich meldete er sich schon am nächsten Tag. Doch eine Frau, offensichtlich Ritas Mutter, erklärte, dass sie mit Jürgen zum Leeheimer Badesee geradelt sei. Er solle es doch am Abend noch einmal versuchen. Vielleicht sei sie dann da.

Er legte auf und meinte, er müsse auf den Boden stürzen, getroffen vom Faustschlag des unbekannten Rivalen. Er schaffte es den Sessel zu erreichen, sank darin nieder und hielt den Kopf mit beiden Händen umschlungen.

Nach Leeheim fahren, nachsehen. Rita den Armen dieses Jürgens entreißen, mit ihr fliehen irgendwohin, wo es weder Nebenbuhler noch Badestrand gab.

Darmstadt, Griesheim, Wolfskehlen, Leeheim. Wenn er sich beeilte, würde er das in 40 Minuten schaffen. Trotz fehlender Gangschaltung am Fahrrad. Er würde rasen, fliegen. Ankommen wie der Retter der Enterbten.

Die Mutter unterbrach seine hochfliegenden Gedanken und Pläne: „Heute hilfst du mir beim Mittagessen. Vergiss das nicht!"

Ade, Leeheim. Jürgen hat gewonnen! Gegen Mutters bestimmendes Regiment war kein Kraut gewachsen.

Nachmittags hatte dann Rita angerufen. „Ach, eure Nummer steht doch im Telefonbuch. Und weil du dich scheinbar heute Morgen bei meiner Mutter gemeldet hast, habe ich es jetzt mal versucht!"

Dann fragte sie, ob er mit ihr ins Kino gehen wolle. Sie käme mit dem Zug und dann mit der Straßenbahn zum *Langen Ludwig*, da könne er sie abholen.

Ins Kino kamen sie nie. Schuld hatte eine Bank im Herrngarten, auf der er lernte, wie es mit dem Küssen geht. Und einmal auf den Geschmack gekommen, konnte er davon gar nicht genug kriegen. Später erzählte sie noch von ihren Erlebnissen. Etwa von der Nacht in Antoines Schlafsack am Strand von Arcachon. Letztes Jahr, während des Sommerurlaubs am Atlantik, als sie noch 14 war. Ja, da sei sie einfach weggeblieben und ihre Eltern hätten, als sie am nächsten Morgen wieder aufgetaucht sei, schweigend darüber hinweggesehen und ihren nächtlichen Ausflug mit keiner Silbe erwähnt.

Aber das wäre eigentlich immer so. Sie könne schon seit Ewigkeiten machen, was sie wolle. Der Vater sei Chefarzt der Frauenklinik und selten zu Hause, und die Mutter habe sie schon einmal in flagranti mit Vaters Tennispartner erwischt.

„Ich halte dicht und verrate nichts, dafür lässt sie mich in Ruhe. Irgendwie eine stillschweigende Übereinkunft, denn geredet darüber haben wir nie."

Er wusste nicht so genau, was in flagranti bedeutet, wahrscheinlich etwas Verbotenes, Verwerfliches oder Obszönes im Zusammensein von Erwachsenen.

Er war eben Schüler eines humanistischen Gymnasiums. Dort hatte er sich, obwohl inzwischen 17 Jahre alt, vornehmlich mit den Unwägbarkeiten der griechischen Grammatik zu beschäftigen oder die Gedankenketten Platons mehr schlecht als recht ins Deutsche zu übertragen. Wo war da Platz für Dinge, die zwar allüberall *The Beatles* oder *The Rolling Stones* besangen, aber sich für einen Unterprimaner wie ihn nun wirklich nicht gehörten?

Aber jetzt und hier auf der Rheininsel, da *Aorist* und *Medium* dank der sechswöchigen Sommerferien nur noch im Hintergrund und deutlich abgeschwächt ihre Schrecken verbreiten, ist er willens, die Dinge zu ändern und zu erforschen, welche spannenden und süßen Überraschungen die real existierende Gegenwart zu bieten hat.

Er bremst, steigt von seinem Fahrrad und weist mit der Hand in den vor ihnen liegenden Urwald hinein: „Wir schieben noch ein Stück in diesen Dschungel", sagt er ihr, »dann nehmen wir unsere Sachen und bauen uns ein Lager!"

Aber kaum dass sie nach vielleicht zwanzig Metern ihre Räder abgestellt und sich mit Decken, Matten und Proviant zu dem vorgesehenen Liebesnest aufgemacht haben, verwandelt sich die bisher handzahme Rita in eine wild um

sich schlagende und fluchende Furie. Denn ausgerechnet auf sie und kaum auf ihn stürzen sich wie auf Kommando blutgierige Schnaken, die sie bei ihrem Weg durchs Dickicht aufscheuchen und die von den unbekleideten grazilen Armen und Beinen der Fünfzehnjährigen naschen wollen.
Auch an dem vom ihm angesteuerten Plätzchen, an dem sich ansonsten wohl Rotten von Wildschweinen auszuruhen pflegen, gibt es keine Linderung, zumal die unverschämten Stecher nun auch auf seiner Jeans landen und problemlos den Leinenstoff durchbohren.
»Wir bauen mit unseren Decken ein Zelt«, schlägt er vor, um seinen hierher gelotsten Goldschatz nicht zu verlieren, »und dann schieben wir die Luftmatratze hinein. Könntest du die vielleicht schon einmal aufblasen?«
Ohne auf eine Reaktion Ritas zu warten, klappt er seinen nagelneuen US-Army-Spaten auf und beginnt, den aufgewühlten Boden zu glätten.
Aber Rita würdigt seine Plackerei keineswegs; sie schimpft und flucht immer ärger: »Wo hast du mich hingeführt? Wärst du zu mir nach Hause gekommen, da hätten wir jetzt mein Bett und keine Schnaken! Wo auch niemand da ist und stören könnte. Meine Mutter ist heute Morgen in die Klinik. Sie kriegt ein Baby!«
»Ein Baby!«, denkt er, »du liebe Zeit!«
»Wenn du mich bumsen willst, hätte ich dich bis eben überall rangelassen, aber hier doch nicht! Was denkst du dir denn? Und dann auf so einer mickrigen, schmalen Luftmatratze. Hast du nichts Besseres zu bieten? Wenn ich das vorher gewusst hätte!«
Er verdoppelt seine Mühen, rammt einen Stock, den er aus einem jungen Bäumchen gewonnen hat, mit kraftvollen Schlägen in den Boden, befestigt geschickt das eine Ende der Zeltbahn an seinem oberen Ende, fällt mit seinem Spaten das nächste Stämmchen, kürzt es, positioniert es zwei

Schritte entfernt, nimmt das entastete Stück Holz in seine linke Hand und prüft noch einmal seine Länge.

»Jetzt reicht es mir!", zetert Rita, die gerade die nächsten beiden Schnaken totgeschlagen hat. »Ich nehme meinen Kram und ..." Aber er hört nicht hin, er will nur fertig werden, hat Acht bloß auf sein Liebesnest. Der zweite Stock muss schnellstens in den Boden!

Er holt deshalb noch mehr Schwung als beim ersten Pflock, weit über den Kopf nach hinten, dann nach vorne, aber der Klappspaten entgleitet seiner Rechten, fliegt durch die Luft und trifft den Nacken Ritas. Es kracht furchterregend. Sie sackt, dabei noch die Selterswasserflasche in der Hand haltend, zusammen und bleibt regungslos liegen. Stille, nur die Schnaken surren herum auf ihrer Suche nach lukullischen Gelagen.

Wie in Zeitlupe wankt er auf Rita zu, will sie aufheben. Vergebens, sie steht nimmer auf, das merkt er schnell. Sie ist tot.

Sein Werk! Kaum dass er das begriffen hat, nimmt er Reißaus, rennt mit seinem Fahrrad zum Weg, schwingt sich dort auf den Sattel und tritt, Rudi Altig gleich, in die Pedalen. Er rast durch alle Schlaglöcher und Pfützen, nur weg will er von diesem Ort des Unglücks. Erst am Rhein, an einer der vielen in den Strom hineinragenden Buhnendämme, hält er, zitternd am ganzen Körper, inne. Als er nach Minuten oder Stunden, er weiß es nicht, wieder etwas Kraft in sich verspürt, watet er durch den morastigen Uferschlamm zum Wasser und geht hinein in die schmutzige Flut. Erst als er bis zum Hals im Fluss steht und die Strömung ihn bei jedem weiteren Schritt fortzureißen droht, setzen Denken und Verstand wieder ein. Diese befehlen umzukehren und zum Ufer zurückzukehren.

Mühsam schleppt er seinen Körper an Land und zu der Schatten spendenden Erle am Ende der Buhne. Hier sinkt er nieder, zieht sich Schuhe, Hemd und Jeans aus und staunt, welche Bäche aus ihnen quellen und sogleich zwischen den aufgeschütteten Basaltquadern wieder versickern. Irgendwann beginnt er zu überlegen.

Er hat einen Menschen totgeschlagen. Aus Versehen. Ohne Absicht, auch wenn Rita ihn am Schluss nur noch gereizt und verhöhnt hat, ja sogar zurück nach Hause fahren wollte statt sich, geschützt von Decken und Zeltplane, auf der Luftmatratze liegend an ihn zu kuscheln.

Was war er auch so doof gewesen, ihr ausgerechnet den Kühkopf vorzuschlagen, das weithin bekannte Schnaken-Paradies! Aber vor lauter Liebe und Begehrlichkeit hatte er das vollkommen aus seinem verdammten Hirn verbannt!

Und jetzt?

Da sitzt er unter dem Baum am Rhein, hat seine Freundin erschlagen und sich nicht getraut, auch seinem Leben ein Ende zu setzen.

Obwohl ...

Ob Rita wirklich tot ist? Hatte er sie vielleicht nur unglücklich getroffen? War sie etwa längst wieder bei Bewusstsein? So wie die Indianer und Westmänner, die Old Shatterhand in der Prärie mit einem einzigen Schlag an die Schläfe vorübergehend kampfunfähig machte?

Du liebe Zeit, dann muss er schleunigst hin zu ihr und Hilfe holen. Er schlüpft in seine immer noch triefend nassen Kleider und rast den Weg zurück.

Er findet Rita in derselben Lage, wie er sie verlassen hatte. Er tastet nach ihrem Puls - nichts. Er drehte ihren Körper herum, schüttelte sie - auch nichts.

Hinten am Kopf, dort wo die Wirbelsäule beginnt, entdeckt er den Abdruck seines Spatens. Dort hat er sie erwischt. Es ist unumstößlich: Rita bleibt tot.

Wieder fängt sein Körper an zu bibbern und zu zittern.

Er ein Mörder und Totschläger! Ewig lange im Gefängnis!

Alles vorbei mit dem Gymnasium, dem Abitur, der angestrebten Karriere als Sportler und später Sportlehrer.
Er setzt sich auf die Decke.
Wehrt jede Schnake ab, haut sich in einen wahren Rausch hinein. Keine kommt davon, alle sterben ihren gerechten Tod. Bald hat er seinen Körper in ein Meer von Hämatomen verwandelt.
Was müssen sie sich auch an ihm zu schaffen machen, dreckige Biester, blöde Geschöpfe!
Was musste sie sich eigentlich vor ihm zu schaffen machen, diese doofe Nuss!
In ihr Verderben rennen wegen der paar Stecher da!
Blödes Weib, doofes!
Da soll er wegen ihr jetzt auch noch schnellstmöglich nach Erfelden über die Fähre, dann zu einem Telefonhäuschen und die Polizei benachrichtigen: »Hallo, ist dort die Wache? Hören Sie, ich habe gerade ein junges Mädchen totgeschlagen. Wenn Sie vielleicht vorbeikommen könnten? Dann zeige ich Ihnen den Tatort ...«
Er überlegt und kommt zu dem Schluss, dass Rita jetzt für immer tot bleibt. Und er stellt fest, dass es ja nun wirklich nicht seine Schuld gewesen ist.
Hat irgendjemand etwas mitbekommen von der Sache?
Nein, niemand hat auch nur das kleinste Bisschen gesehen oder gehört. Selbst die dicke Bärbel vom Kälberteicher Hof nicht. Die allein hätte der Polizei einen Tipp geben können. Der besoffene Fährmann scheidet aus. Der hat in seinem Suff vorhin sogar nur ihn abkassiert und Rita glatt übersehen.
Wer hat denn schon davon gehört, dass er seit der Herrngarten-Knutscherei vorgestern mit ihr ging? Ihre Mutter vielleicht. Aber woher sollte die ihn mit vollem Namen kennen? Bei der Masse der Liebhaber ihrer Tochter bestimmt nicht.

Wissen vielleicht Freundinnen oder Freunde Ritas von ihm? Sitzt da irgendwo eine beste Freundin, der Rita abends immer brühwarm erzählt, dass sie gerade den 99. oder 199. Freund vernascht hat?
Kann sein, muss aber nicht.
Er könnte also, nein, er muss versuchen, aus der Geschichte rauszukommen. Eine Grube ausheben, den ganzen Krempel samt Rita hineinwerfen, alles zuschütten, fest trampeln, Grassoden und Reisig zum Schluss. Ihr Fahrrad noch weiter ins Dickicht hineintragen, dann in dem wassergefüllten Kolk entsorgen.
Am Ende mit der Stockstädter und nicht mit der Erfeldener Fähre übersetzen und nach Darmstadt heimfahren, als wäre nichts geschehen.
Er macht sich ans schweißtreibende Werk. Einen Meter sechzig lang, fünfzig Zentimeter breit, aber wie tief muss die Grube? Einen Meter vielleicht?
Wenn er mal erschöpft den Spaten aus der Hand gleiten lässt, trinkt er. Erst seine gelbe Limo, dann die zweite Flasche mit der weißen. Ritas Feldflasche enthält Tee. Macht nichts. Auch der rinnt gurgelnd die Speiseröhre hinab.
Es dauert fast vier Stunden, bis Ritas Grab ausgehoben ist. Schön sieht es aus, besser als jedes Soldatengrab im Zweiten Weltkrieg. Schon wegen der pechschwarzen Erde. Wenn nur diese elenden Wurzen umliegender Bäume nicht gewesen wären, dann könnte er jetzt schon zurück in Darmstadt sein.
Und nun rein mit ihr in die Tiefe. Aber jetzt für diese dumme Nuss auch noch Schlafsack, Luftmatratze und Wolldecke opfern? Geschenke diverser Tanten und Onkel zu seiner dreieinhalb Jahre zurückliegenden Konfirmation? Es würde seiner unerbittlichen Mutter auffallen, wenn diese nicht mehr zu Hause am angestammten Platz zu finden wären. Außerdem weist an ihnen nichts hin auf das ... Na,

auf was denn? Ereignis? Oder Unglück? Oder was? Egal. Er verpackt sie in den Satteltaschen seines Fahrrads.
Jetzt kommt Rita bloß in die Zeltplane, die seinen Vater angeblich im Zweiten Weltkrieg durch alle Schlachten bis hin zur Gefangennahme durch die US-Army begleitet hat. Wer weiß, wie viele totgeschossene Landser auch nichts Besseres bei ihrer Beerdigung oder einem notdürftigen Verscharren erhielten.
Ein kirchliches Lied anstimmen? Ein Gebet herunterleiern? Vater unser, der du ... Er hat seiner Religion abgeschworen, seit sie in der Schule *De Natura Deorum* gelesen haben. Auf Lateinisch selbstverständlich. Und Rita, diese fünfzehnjährige Schlampe? Schlampen haben keinen Glauben zu haben, beschließt er. Es macht plumps und unten schlägt sie auf, die tote Rita.
Der Rest geht schnell. Trotz der Schnaken, deren Reihen er merklich gelichtet hat. Und als er sein Werk noch einmal betrachtet, findet er, dass sie hier wohl nie jemand entdecken wird. Höchstens irgendwelche Archäologen in ein paar tausend Jahren.
Fast zufrieden fährt er los. Am Hofgut Guntershausen sieht er die ersten Menschen. Sie beachten ihn nicht. Auch an der Fähre hat er Glück. Der Altrhein führt so wenig Wasser, dass das massige Ungetüm auf Grund liegt. Er kann einfach durchfahren. Von einem Fährmann ist weit du breit nichts zu sehen.
Noch knapp 20 Kilometer und er ist daheim bei der schimpfenden Mutter, die ihn sofort unter die Dusche schickt.
Als die warmen Strahlen der Brause an seinem geschundenen Körper hinabrinnen, beschließt er, dass er sich alles nur eingebildet hat. Und als er frisch geduscht und angezogen am Esstisch sitzt, spürt er zwar den aufkommenden Muskelkater in seinen Armen und die juckenden Schnakenstiche, aber er fühlt sich wie aufgewacht aus einem schlimmen Traum, der ihn belastet, aber nicht vernichtet hat.

*

Mehr denn je ist er sich in den folgenden Tagen und Wochen sicher, dass es wirklich nur ein böser Traum gewesen sein muss. So entdeckt er im *Darmstädter Echo* eine Geburtsanzeige, in der sich Mutter, Vater und Tochter Rita Fromm über die Ankunft eines fast 3500 g schweren Wonneproppens namens Cornelia freuen.
Auch sonst berichten weder Zeitung noch Rundfunk etwas über eine vermisste Fünfzehnjährige. Also meldet sich bei ihm auch keine Polizei, für deren eventuelle Fragen er sich schon gut vorbereitet zu haben glaubt.
Schließlich spricht ihn beim Abendsportfest in Pfungstadt Anfang September ein Leichtathlet des TV Groß-Gerau auf Rita an: »Kennst du noch die, die damals bei den Meisterschaften mit dir so irrsinnig geflirtet hat? Was denkst du, was die angestellt hat! Ist wohl nach Südfrankreich abgehauen an dem Tag, als ihre Schwester auf die Welt gekommen ist. Die soll schon länger so einen Typen da unten gekannt haben. Kein Wunder, bei uns im Verein hatte sie ja schon alle durch, das Biest!«
Als er an einem Abend zu Hause im Bett liegt und nicht einschlafen kann, überlegt er, ob er noch einmal auf dem Kühkopf nachschauen soll, ob da Rita verscharrt unter schwarzen Erdschollen liegt oder nicht.
Dann hätte er Gewissheit. Doch es gibt ja so viele Gründe, es nicht zu tun. Außerdem muss er dringend für die Schule lernen. Vor der Klassenfahrt im Herbst an die Ostsee haben seine Lehrer jede Menge Klausuren angekündigt. Eine Fünf kann er sich nicht noch einmal erlauben.

2 Die Untertalklinik (2009)

Zwei große Taschen mit Kleidung und Unterwäsche und einen Rucksack mit Laptop, Fotoapparat und ein paar Krimis hatte Reiner Lutter zu Hause in seinen Renault Twingo gepackt und war damit in den Odenwald aufgebrochen. Nicht in den Urlaub, nein, in die Klinik geht es für mehrere Wochen, und ob er danach noch einmal in seinen Beruf zurückkehren kann, scheint mehr als fraglich.
Burnout, Schlafstörungen, Tinnitus und Depressionen hatte sein Hausarzt auf die Einweisung geschrieben und ihn mit guten Besserungswünschen in das kleine Privatkrankenhaus im Mühltaler Ortsteil Nieder-Ramstadt entlassen.
Reiner Lutter, früher engagierter Lehrer, Freund alles Weiblichen, Literat, Sportler, Gesundheitsapostel, geschiedener Ehemann und vieles mehr, in der »Psycho«! Welch ein bemerkenswerter Abstieg! Er kann es selbst noch nicht fassen, was da ganz offensichtlich aus ihm geworden ist. Ein Häuflein Elend, nun auf zunächst unabsehbare Zeit mit anderen Elenden zur Intensiv-Therapie mit ungewissem Ende hierher verfrachtet!
Schwer bepackt steht er jetzt an der Rezeption der Klinik, doch dort verweist ihn wegen des Wochenendes ein kleines Schild an das Schwesternzimmer. Lutter lässt sein Gepäck unbeaufsichtigt stehen und folgt dem Wegweiser zu einer gläsernen Tür. Kaum hat er behutsam angeklopft, so wird er hereingerufen.
Eine umwerfend attraktive Frau erhebt sich hinter ihrem Monitor in einer abseitigen Ecke des Raumes, kommt auf ihn zu, reicht ihm die Hand und lacht ihn an: »Sie müssen Herr Reiner Lutter sein. Stimmt's?«

Ein netter Empfang, freut sich Lutter, andererseits wird ihm zur gleichen Zeit wieder einmal schmerzlich bewusst, dass er bald 62 wird und keineswegs zum Flirten hierher gefahren ist.

»Sie kommen erst einmal in die Aufnahmestation. Die ist hier um die Ecke. Ich zeige Ihnen gleich Ihr Zimmer!"

Ohne dass Lutter protestieren kann, greift sie sich draußen die schwerste seiner Taschen und marschiert damit auf eine Gangtür zu, Lutter mit dem Rest seines Gepäcks schwer atmend hinterher. Als er die adrette Schwester wieder erreicht, hat sie bereits sein Zimmer aufgeschlossen. Die Mittagssonne scheint herein und verbreitet in dem komfortabel eingerichteten Raum Urlaubsstimmung.

»Sie können sich jetzt ein bisschen frisch machen, anschließend kommen Sie wieder zu mir zurück. Wir erledigen dann die Aufnahmeformalitäten. Wollen Sie noch etwas zu Mittag essen?"

Lutter verneint. Er habe wirklich keinen Hunger. Die Schwester bedauert, geht hinaus, wirft ihm noch ein bezauberndes Lächeln zu, schließt die Tür und lässt ihren neuen Patienten allein.

Lutter schaut sich um. Wirklich eine Art Wohnzimmer. Mit Sessel, Stehlampe, leerem Bücherregal, Schrankwand mit Fernseher, Schreibtisch und selbst das Bett stammt eher von *Ikea* als aus dem Sanitätshaus. Dazu eine separate Dusche mit WC. Doch Fenster und Balkontür lassen sich nicht öffnen, sie sind, wie auch die Oberlichter, mit Sicherheitsschlössern versehen.

»Doch Psycho!", denkt Lutter.

Es klopft. Ein Krankenpfleger kommt herein und stellt sich mit Handschlag vor. „Alkoholtest", sagt er dann und hält Lutter das Messgerät hin. „Feste hineinblasen, bis ich stopp sage!"

Lutter tut wie geheißen.

„0,00!", stellt der Pfleger anerkennend fest.

„Warum werde ich hier eingesperrt?" fragt Lutter und weist auf die Schlösser.
„Wenn wir wissen, dass Sie nicht abhauen oder sich das Leben nehmen wollen, dann schließen wir auf. Bis dahin werden Sie auch nachts alle zwei Stunden besucht."
Lutter schaut ihn entgeistert an: „Ich bin freiwillig hier und habe überhaupt keine Lust mich umzubringen!"
„Schön zu hören. Sie können das ja nachher mit dem Oberarzt regeln. Wenn der meint, dass sie ungefährdet sind, dann brauchen wir Sie auch nicht zu überwachen. Und wenn Sie gleich zu Schwester Anke gehen, dann bringen Sie alle Ihre Medikamente mit, auch Alkoholika und dergleichen. Tschüss dann!"
„Mein Gott!", flucht Lutter, „wo bin ich da gelandet?"
Aber Schwester Anke ist wirklich lieb und nett. Nachdem sie ihm alle Behandlungs- und Unterbringungsverträge vorgestellt und sich hat unterschreiben lassen, bittet sie Lutter zum Rundgang durch die Klinik. „Sie sollen wissen, wo Sie sind!"
Nach einer Stunde und am Ende der Besichtigung fühlt sich Lutter sehr gesund. Am liebsten würde er Schwester Anke fragen, ob sie beide nicht jetzt und sofort ins Auto steigen könnten, um nach irgendwohin in Urlaub zu fahren. Sie allein habe ihn längst von allen seinen Leiden kuriert. Was brauche er da noch Psychotherapeuten und wochenlange Gruppengespräche?
Doch Schwester Anke setzt ihn an der Kuchentheke ab: „Nehmen Sie sich ein Stück oder mehr, trinken Sie einen Kaffee oder Tee dazu und kommen Sie dann in das Zimmer des Stationsarztes. Und wenn Sie etwas nicht wissen oder finden, fragen Sie uns einfach!"
„Schade", denkt Lutter und rezitiert vor seinem geistigen Auge die Ballade von den zwei Königskindern, die nicht zusammenkommen können, weil ein tiefes Wasser sie trennt.
„O Mündlein, könntest du küssen, so wär' mein arm Herz gesund!"

Der Kuchen schmeckt lecker, der frisch gebrühte Kaffee mundet und schon hat ihn ein anderer Patient vom Nebentisch mit einem weit ausholenden Monolog über seine Alkoholkrankheit in Beschlag genommen.
Auch der Stationsarzt verwickelt Lutter eine halbe Stunde später in Gespräche. Erstens über die Klinik und ihr ganzheitliches Behandlungskonzept und zweitens über die Gründe, warum er hergekommen ist.
„Ich war am Ende", gesteht Lutter, „konnte kaum noch die Zeitung lesen. Der Unterricht wurde, weil nicht mehr vorbereitet, zur Qual. Selbst mit meinem geliebten Fahrrad schaffte ich es morgens fast nicht mehr bis in die Schule, weil mich die zwei läppischen Kilometer Entfernung einfach überfordert haben."
Der Arzt nickt und notiert fleißig in die neu angelegte Krankenakte.
„Sie sagen, Sie haben sich praktisch selbst eingewiesen?"
„Ich habe ja nicht nur das, was ich Ihnen schon erzählte. Nachts dröhnen Presslufthämmer in meinen Ohren und tagsüber kann ich höchstens fünf Minuten auf dem Stuhl sitzen bleiben, dann muss ich wegen Rückenschmerzen aufstehen und herumgehen. ..."
„Hier haben Sie es aber schon bedeutend länger auf ihrem Platz ausgehalten!"
„Das muss an der gesunden Odenwälder Luft liegen", antwortet Lutter prompt, weiß aber, dass Schwester Anke die Wunderheilerin gewesen sein dürfte. Aber dies zu erwähnen, ziemt sich nicht.
Dann muss Lutter seinen Blutdruck messen lassen.
„Der ist aber in Ordnung", meint der Arzt, als er 130-87 abliest.
„Dank der Produkte der Pharma-Industrie, sonst würde ich bei jeder Kleinigkeit wie das HB-Männchen explodieren."
Dann lässt der Doktor Lutter einen Testbogen ausfüllen und überfliegt die Ergebnisse.

„Eindeutig", meint er, „aber Genaueres erfahren Sie von Ihrer Einzel-Therapeutin. Wer das ist, weiß ich nicht, das steht auf Ihrem Stundenplan. Den holen Sie sich am besten nachher im Schwesternzimmer ab. Morgen früh beginnen Ihre Therapien. Bis Freitagabend sind Sie dann im Dauereinsatz", meint er aufmunternd, „da haben Sie auch kaum Zeit nachzudenken und zu grübeln."
Nach einer weiteren halben Stunde hat der Arzt auch die medizinischen Untersuchungen an Lutter abgeschlossen und entlässt ihn mit Händedruck. Beim Hinausgehen versichert er Lutter, sich gleich anschließend beim Oberarzt dafür einzusetzen, dass sein Zimmer schon nach dem Abendessen in ein ganz normales umgewandelt wird.
„Ich sehe keine Suizidgefahr bei Ihnen!"
„Ich auch nicht", sagt Lutter und freut sich auf den Stundenplan, den er bei Schwester Anke abholen muss.

*

Beim Abendessen, das hatte ihm Schwester Anke verraten, müsse er sich bei „einer der dort bedienenden Frauen" melden. Er werde dann platziert. „Fast wie damals in der DDR", hatte Lutter geantwortet. „Beziehungsweise wie in unserem nahen Nachbarland Frankreich", gab Anke ihm Kontra. Und da hat sie vollkommen Recht. Lutter als bekennender Fan der *Grande Nation* kannte sich diesbezüglich bestens aus.
Doch jetzt steht er zum ersten Mal im Speisesaal und spürt, wie sich die Augen der vielleicht 50 anwesenden Patienten mehr oder weniger auffällig auf ihn, den Neuen, richten. „Ob man mir ansieht, ob ich Alki, Depri oder Drogen-Freak bin?", fragt er sich. Andererseits würde er auf der Stelle eine Wette darauf abschließen, dass die drei vor ihm mampfenden bärtigen Männer auf jeden Fall Lehrer sind.

Eine etwas umfängliche Bedienstete, offenbar eine Türkin, kommt nun aus der Küche, sieht sich um und geht, als sie Lutter entdeckt, schnurstracks auf ihn, den Suchenden, zu.
„Guten Tach, ich bin die Frau Schulz. Sie der Herr Lutter. Weiß ich doch. Aufgepasst!" Sie nimmt ihn an der Hand und führt ihn zu den Plätzen am Fenster. „Hier bietsehr, da is Ihr Platz. Vegetarisch? Was nicht zu essen?"
„Nein", antwortet Lutter belustigt, „alles normal. Esse alles!"
„Patienten hier nicht so normal, ich mein beim Essen. Viele Ausnahmen."
Dann lässt sie ihn allein.
Lutter begrüßt die zwei Männer und die Frau, die künftig immer mit ihm zusammen speisen werden. Sie schicken ihn aber gleich wieder weg: „Vorne an der Theke, da musst du dich selbst bedienen. Nur mittags wird das Essen serviert!", sagt die junge Frau, die sich mit Nina vorgestellt hat.
Lutter würde am liebsten wieder wetten. Mindestens einer der beiden Männer dürfte ein Lehrer sein und, nach Kleidung und Bart zu urteilen, ein Alt-Achtundsechziger wie er.
Da ist er also voll und ganz unter Seinesgleichen geraten. Muss aber nicht verkehrt sein, findet er.

3 Die Therapie

Lutter hatte schlecht geschlafen in der ersten Krankenhausnacht. Ab fünf war es schon hell jetzt Ende Mai, ab halb sechs kam ein LKW nach dem anderen, um die Vorräte der Krankenhausküche zu ergänzen. Doch hätte er den strahlend neuen Tag und den Krach durch das Rangieren der Lieferanten leicht verschmerzen können, wenn da nicht die Ungewissheit gewesen wäre, was denn hier in der Untertalklinik nun unweigerlich auf ihn zukommt. Zu welchem geistigen Striptease wäre er gezwungen, hinter welche finsteren Seiten seines Charakters käme das Heer der hier angestellten fast ausschließlich weiblichen Psychologen? Mit was würden sie ihn konfrontieren? Wie seine reichlichen Frauengeschichten beurteilen? Wie seine Lebens-Pleiten bewerten? Was ihm für die Zukunft, wenn es die denn überhaupt noch gab, raten? Ab ins Kloster, den Glauben suchen und finden, um dann endlich in Frieden mit sich und der Welt abzutreten in das himmlische Reich?
Kämen sie dahinter, dass er besonders im Beruf nichts weiter als ein Schaumschläger gewesen war? Ein im Widerspruch zwischen Deutsch und Mathematik, seinen beiden Fächern, seiltanzender Pfiffikus, der vereinen wollte, was nicht vereinbar ist? Denn entweder hatte man Deutsch mit Geschichte oder notfalls Religion oder einer Fremdsprache zu unterrichten oder aber Mathematik und Physik, eventuell noch Chemie. „Sie wollten einen Spagat wagen und haben ihn nicht hinbekommen!", nur so dürfte das abschießende schriftliche Urteil lauten, das er dann zu Hause in Bensheim seinem Hausarzt Treffert abzuliefern hätte.
Was sonst?
Wann ginge es los mit seinen Therapien? Acht Uhr wie viel? Lutter springt aus dem Bett und geht zum dritten Mal in

dieser unruhigen Nacht (die längst dem raren Licht des frühen Morgens gewichen ist) zum Schreibtisch, wo sein Stundenplan liegt.
„8 Uhr 40 Gestaltungstherapie, 10 Uhr 40 Gruppentherapie, 13 Uhr Entspannungstherapie, 14 Uhr 05 Einzeltherapie, 15 Uhr 05 Uhr Depressionsgruppe, 19 Uhr Aktivierungstraining (Teilnahme Pflicht!)", liest er zum wiederholten Mal.
Gestaltungstherapie? Was wird das denn für ein Blödsinn sein? Sein Inneres malen, so wie er es schon mal in einer Fernsehsendung miterlebt hat? Malen, malen, malen, bis der Therapeut über die Gestaltung der Farbkleckse Zugang zu der armen Seele des Delinquenten findet und gegensteuern kann. „Schwarz und Dunkelblau muss ich vermeiden, das sind Schatten auf Psyche und Leben", sagt sich Lutter.
„Aber vielleicht merken sie es ja auch, wenn ich nur Helles male? Ganz so dumm werden sie auch nicht sein!"
Er geht zum Bett zurück und gähnt. „Noch mal hinlegen, bis in einer halben Stunde der Wecker klingelt?", überlegt er. „Oder aufstehen und sich draußen umsehen?"
Lutter kann sich nicht entscheiden. Er setzt sich in den Sessel und schreibt Conny eine SMS: *Psycho ganz in Ordnung. Gleich geht's los. Wünsch dir einen schönen Tag, Reiner.*
Er drückt auf *Senden*, bereut aber augenblicklich, was er getan hat. „Muss sie schon wieder merken, dass mir immer noch etwas an ihr liegt! Verflixt noch mal!"
Auf jeden Fall wird er in den nächsten Tagen ganz von alleine bei seinen Therapeuten Genese und Ende ihrer abenteuerlichen Beziehung ansprechen.

*

Jeder Patient gehört zu einer Gruppe. Diese sind Schulklassen vergleichbar, denn ihre Angehörigen absolvieren einen

Teil ihrer Therapien gemeinsam. So auch die Gestaltungstherapie, Lutters erster Begegnung mit dem, was ihn hier an der Untertalklinik in den nächsten Wochen erwartet.

Die Stühle sind im Kreis aufgestellt. In dessen Mitte sortiert, als Lutter als erster den Raum betritt, eine nicht mehr ganz so junge Frau Wiesenblumen in eine auf dem Boden stehende Vase ein.

„Guten Morgen, Herr Lutter!", ruft sie, „willkommen in meinem Reich!"

„Hallo", antwortet Lutter überrascht. Denn wieso kennen sie ihn hier alle, obwohl sie ihm noch nie vorher begegnet waren?

Auch die nun nacheinander eintreffenden anderen Patienten, mehrheitlich Frauen, begrüßt Frau Hahn, wie Lutter inzwischen auf ihrem Namensschild gelesen hat, mit Namen.

Die Therapie beginnt mit ein paar Minuten absoluten Schweigens. „Lassen Sie dabei Ihren Gedanken freien Lauf!"

Lutters Überlegungen positionieren sich alsbald bei dem, was angesichts der an zwei Seiten des Raums angeordneten Malutensilien auf ihn zuzukommen scheint: ein Bild zu zeichnen. Das hat er früher in seiner Schulzeit schon nicht gekonnt und in diesem Fach höchstens mal eine Drei bekommen, wenn bei seinen Werken zu Hause der Vater ein wenig nachgeholfen hatte. Aber jetzt, nach ewig langen Jahrzehnten, vor all den anderen Patienten in aller Öffentlichkeit sein Unvermögen darzustellen? Du liebe Zeit! Wie nur konnte er hierher kommen?

Es folgt die Befindlichkeitsrunde. Frau Hahn drückt Lutter einen lasierten Stein in die Hand und fordert ihn auf, sich kurz vorzustellen und dann zu berichten, was er auf dem Herzen habe. „Vier Sätze, mehr nicht!"

Das kann er. Kurz, wie anempfohlen, kommt er dem Auftrag nach und gibt dann den Stein seinem Nachbarn weiter. Dass

seine Mitpatienten Susanne, Nina, Helmut, Birgit, Maria, Christiane, Alfons und Ilona heißen, vergisst er sofort wieder. Sie bekunden allesamt, dass es ihnen heute, trotz des Montagmorgens, im Gegensatz zu Lutter ziemlich gutgehe, jedoch aus ganz unterschiedlichen Gründen.
„Jetzt haben Sie in den letzten Woche immer Vorgaben von mir bekommen", ergreift dann wieder Frau Hahn das Wort, „deshalb wäre mein Vorschlag, dass Sie heute mal selbst wählen können, was Ihnen guttut."
Damit sind alle außer Lutter sofort einverstanden. Sie tragen ihre Stühle zu den Tischen an Wand und Fenster, holen sich Farben, Pinsel, Unterlagen und Papier und legen los wie die Feuerwehr.
„Und was ist mit Ihnen, Herr Lutter?"
„Ich weiß nichts, ich kann nichts, ich sehe keinen Sinn darin, um ehrlich zu sein."
„Die Depression lässt grüßen!", antwortet Frau Hahn schlagfertig. „Sie scheinen da ja voll drin zu hängen. Und sie ist sogar stärker als Sie!"
Lutter hebt die Hände und zuckt die Schultern.
„Dann gebe ich Ihnen ein Mandala! Das wird Sie beruhigen!"
Mandalas kennt Lutter vom Unterricht her. Seine Schüler brachten die oft von Vertretungsstunden mit und ließen sich von ihm gelegentlich dabei erwischen, dass sie statt Gleichungen zu lösen, lieber an ihnen weitermalten. Warum also soll er das nicht auch einmal versuchen?
Lutter darf sogar auswählen. Er entscheidet sich für sich schneidende Kreise. „Rund ist immer besser als eckig, vor allem in der Psycho!", denkt er.
Er findet sogar Gefallen am Ausmalen der engen, gebogenen Felder, sodass er, als Frau Hahn nach über einer Stunde zum Aufräumen und Saubermachen aufruft, schon rund ein Zehntel seines Erstlingswerkes fertig hat.

Aber, o Gott, es wird erneut ein Stuhlkreis gebildet und alle Patienten legen ihre Werke in die Mitte. Wieder wandert der Stein, jeder im Raum erklärt, wie es ihm ergangen ist beim freien Malen, was sein Bild zu bedeuten hat, was er ausdrücken wollte.

Lutter fühlt sich wieder in arger Not. Was beabsichtigte er mit seinem Mandala? Welche die Kunstwelt entscheidend beeinflussende Aussage, über die noch in Jahrzehnten heiß diskutiert wird, hat er mit dem Ausmalen der Felder getroffen?

„Ich hatte einfach Spaß", erklärt er aber dann freimütig den Besuchern seines Ateliers. „Ich wollte mich nur gut unterhalten mit den Farben."

„Eben", meint Frau Hahn, „das zählt hier. Tun Sie sich was Gutes!"

Zwei Minuten der absoluten Stille beenden Lutters erste Begegnung mit dieser Kunst.

4 Die Einzeltherapeutin

Die Einzeltherapeutin, der Einzeltherapeut betreue, so hatte Lutter im Hausprospekt gelesen, den Kranken täglich von Montag bis Freitag. Sie oder er leite die notwendige Therapie und sei auch Ansprechpartner in allen Konfliktfällen.
Lutter war, wie aus seinem Stundenplan hervorging, einer Frau A. Urbach zugeteilt worden und wartet nun vor deren Arbeitszimmer darauf hineingelassen zu werden.
Urbach sei, hatten Mitpatienten beim Essen erklärt, „ganz in Ordnung". Es blieb ihm jedoch verborgen, wie seine Leidensgenossen das meinten. Schließlich konnte er nicht in aller Öffentlichkeit nachfragen, was „ganz in Ordnung" denn bedeute. Gespräche solchen Inhalts waren laut Klinik-Kodex schlicht und einfach „unerwünscht", genau wie Interna, die man über Mitpatienten während der Gruppentherapie-Sitzungen erfährt. Doch gerade an den letzten Punkt hielt sich kaum jemand. Besonders pikante Details aus dem Sexualleben machten gerne die Runde.
Ein bisschen nervös ist Lutter schon. Natürlich nicht wie ein Konfirmand, der zufällig beim ersten Abendmahl neben seinem großen Schwarm zu stehen kommt und sich deshalb an der Oblate fast verschluckt. Nein, er, Lutter, ist bekanntlich ein alter Hase im richtigen Umgang mit dem anderen Geschlecht. Besonderheiten und Facetten des weiblichen Wesens sind ihm geläufig, selbst wenn er auf dem weiten Feld seiner Beziehungen zu jenen wundervollen Geschöpfen immer wieder Enttäuschungen erlebt sowie Pleiten und Schiffbruch erlitten hatte. Dennoch ist er sich sicher, allen Fährnissen der nun beginnenden intensiven Zweisamkeit mit einer diplomierten Psychologin gewachsen zu sein. Immerhin muss sie es ja schaffen, mit

ihrem sicherlich reichlich vorhandenen Therapeutenwissen hinter seine Macken zu steigen, derentwegen er hier gelandet ist.

Frau Urbach begrüßt ihn, wie Lutter das auch schon von allen anderen Angestellten der Klinik erlebt hat, herzlich, als habe sie seit Wochen auf sein Kommen gewartet. Sie lässt ihn eintreten und weist ihm einen der beiden roten Plastiksessel zu, die an einem niedrigen Tischlein stehen. Offenbar die Standard-Ausrüstung der hiesigen Psychologen-Zimmer. Außerdem entdeckt der neugierige Lutter ein mit Büchern und Fachzeitschriften gefülltes Regal und einen breiten Schreibtisch. Der angeschaltete Computerbildschirm lässt erkennen, dass er mit einem Netzwerk verbunden ist. Durchs Fenster sieht man hinaus zu dem baumbestandenen Steilhang, der sich unmittelbar an dieses Klinik-Nebengebäude anschließt.

„Ein wunderbarer Ausblick", denkt Lutter, „da kann ich, wenn ich Urbachs mögliche Monologe und Erkenntnisse anhören muss, hinausschauen und mich an der üppigen Natur statt an ihren Weisheiten erfreuen."

Aber Lutter beschließt, nachdem er sich gesetzt und seine ganz persönliche Therapeutin näher betrachtet hat, doch, höchstwahrscheinlich wenigstens, in Zukunft viel eher in ihr Gesicht zu schauen als hinaus zu Ahorn, Buche und Felsen. Aber er muss trotzdem noch einmal einen seiner Giftpfeile abschießen:

„Haben Sie keine Angst, dass nach einem heftigen Regen beispielsweise der Steilhang ins Rutschen kommt und Ihr schönes Arbeitszimmer unter sich begräbt?"

Frau Urbach verneint: „Ich bin da ganz sorglos, habe aber auch noch nie darüber nachgedacht!"

Und schon notiert sie auf einem Spiralblock ihre ersten Eindrücke.

„Patient mit Angstphobien vielleicht?", überlegt Lutter, „oder: *Möchte Therapeutin verunsichern?*"

„Und was, bitte schön, ist Ihr Problem?"
„Das wüsste ich ja gerne selbst", antwortet Lutter überrascht.
„Vielleicht stoßen Sie drauf und ..."
„Das müssen Sie schon selbst können. Ich werde Sie nur auf dem wahrscheinlichen langen Weg der Erkenntnis unterstützen."
Sie schaut ihn mit ihren lebendigen Augen gar nicht mal streng an, eher wie ein Schalk, auf jeden Fall kumpelhaft.
Lutter gefällt das und wenn er Regellosigkeit und fehlende Systematik auf Schreibtisch und Regal bewertet, so scheint sie ähnlich gestrickt zu sein wie er. Sehr sympathisch, befindet er, und hätte er sein Notenbuch zur Hand, er würde bei Urbach sofort eine Eins eintragen. „Außerdem dürfte sie wohl in Connys Alter sein, passt also in mein Beuteschema!", befindet Oberstudienrat und Ex-Frauenversteher Lutter zufrieden und beschließt, dass er einer Kooperation mit der Psychologin durchaus Chancen gibt.
„Erzählen Sie mal was von sich: Kindheit, Schule, Studium, Kinder, Frauen, Ehe, Beruf. Womit Sie anfangen, ist mir heute erst einmal egal", verlangt sie nun aber ganz vehement und mit Blick auf die vor ihr auf dem Tischlein stehende Uhr, „wir haben leider nicht ewig Zeit zum Palavern!"
Lutter registriert sehr wohl das kleine, beiläufig geäußerte Wörtchen *leider*, schmunzelt und meint, er wolle mit seinem Studentenleben in Heidelberg beginnen. Dieses sei im Rückblick wohl die schönste und unbeschwerteste Zeit seines Lebens gewesen.

*

Warum ich nach dem Abitur in Darmstadt im Februar 1966 freiwillig zur Bundeswehr ging, weiß nur der Teufel. Bestimmt aber nicht, um in einem der nächsten Kriege Leute totzuschießen. Auch nicht, um den unsinnigsten Befehlen zu folgen. Immerhin gingen mir bei diesem Verein die Augen auf und ich reichte bald einen Antrag auf Kriegsdienstverweigerung ein. Damit wussten sie damals noch nicht richtig umzugehen. Ich durfte ab sofort nicht mehr am üblichen „Dienst" teilnehmen, sondern musste auf meiner „Stube" bleiben. So konnte ich lesen, insbesondere Brecht, oder ich malte irgendwelche Landschaftsmotive nach Fotos aus Zeitungen oder Illustrierten. Das Anerkennungsverfahren überstand ich gut und wurde ein paar Wochen später mit 50 Mark Entlassungsgeld nach Hause geschickt.

Während der Bundeswehrzeit hatte ich mich auch zu dieser seltenen Fächerkombination Deutsch und Mathematik fürs Lehramt an Gymnasien entschieden. In Mathe war ich in der Schule am besten gewesen und Germanistik interessierte mich nicht nur wegen Brecht. Ich wollte von Anfang an Lehrer werden, auch wenn ich vielleicht als Autor, Regisseur, Redakteur oder Lektor zufriedener gewesen wäre und sich dann gewisse Katastrophen im Leben nicht ereignet hätten.

Ich ging nach Heidelberg und wohnte dort zuerst im Sibleyhaus mitten in der Altstadt und gar nicht weit weg vom Hauptgebäude der Universität. Zum Glück bekam ich auch ein Stipendium nach dem sogenannten Honnefer Modell. So ließ es sich einigermaßen sorglos leben!

In Heidelberg gab es damals noch jede Menge von Verbindungen, doch die waren mir suspekt. Als ich eines Tages in der Mensa von der Studentengruppe der Gewerkschaft Erziehung und Wissenschaft hörte, bin ich von da an jeden Donnerstagabend zu deren Treffen gegangen. Wir waren nur wenige, sieben oder acht. Und bloß eine Frau darunter. Na ja! Schon nach nur vier Wochen übertrugen sie mir das Verfassen von Flugblättern; sie waren wohl der Ansicht, dass ich das ganz gut könne, obwohl ich noch nicht mal 20 war. Und dazu noch Erstsemester.

Auf diese Weise lernte ich schnell den ganzen Uni-Betrieb kennen, bekam auch Kontakte zum SDS, dem sozialistischen Studentenbund, zum SHB, der von der SPD gesponsert wurde, und zur Humanistischen Union.
Dann kam Anfang Juni 67 der Schah-Besuch und ein Polizist namens Kurras erschoss in Westberlin bei einer Demo den Studenten Benno Ohnesorg.
Ab da ging auch in Heidelberg die Post ab. Sit-ins, Teach-ins, Demos, fast jeden Tag war etwas in der Stadt los. Der brave Bürger fluchte, wenn wir in der Hauptstraße die damals noch dort verkehrende Straßenbahn aufhielten. *Beim Hitler wäre das nicht passiert* und solche Sprüche schrieen sie uns hasserfüllt zu. Am liebsten hätten sie uns wohl die Fresse poliert. Das aber getrauten sie sich nicht, denn wir wurden immer mehr.
Bald bekamen auch die Professoren ihr Fett weg. Viele von ihnen waren ja auch schon unter den Nazis im Amt gewesen und hatten sich später gut mit der neuen BRD arrangiert. Ihr geziertes Gehabe und ihre Arroganz kotzten uns an. Außerdem wollten wir die Drittelparität in den Entscheidungsgremien erreichen. Die Lehrstuhl-Inhaber, die Dozenten und Assistenten und wir Studenten.
Kommunismus in Reinkultur sei das, hielten uns die verknöcherten Typen vor. Die Freiheit von Forschung und Lehre wäre bedroht, ja gar nicht mehr möglich, wenn die Studenten gemeinsame Sache mit dem Mittelbau machten.
Und so weiter.
Wenn einer von den Kerlen es zu arg trieb, dann besuchten wir ihn mal in seiner Vorlesung. Go-in hieß das. Am Anfang wagten sie nicht, die Polizei zu holen, später stürzten sie gleich zum Telefon.
Die Bullen, damals eine vollkommen zutreffende Bezeichnung, kamen dann auch, aber wir waren längst weg und sprengten ganz woanders eine Übung oder ein Seminar. Sie bekamen uns nie. Lustig war das.

Im April 1968 war dann das Attentat auf Rudi Dutschke. Überall in Deutschland gab es über Ostern Demos und Blockaden der Druckereien von Springer. Aber ohne mich. Nirgendwo war ich dabei, dafür abgetaucht auf eine Insel der Glückseligen. Zu meiner Entschuldigung muss ich sagen, dass es an der Zeit war mit tiefer gehenden Beziehungen zu den Frauen. Nicht immer nur küssen und ein bisschen schmusen. Später, als die Zeit mit dem armen, süßen und reichlich unbedarften Annettchen vorbei war, habe ich mir bittere Vorwürfe gemacht, dass ich vor den Wasserwerfern und Gummiknüppeln der Polizei in ein knarrendes Bett geflohen war und dort andere Lektionen lernte.
Was haben mir das meine Kommilitonen übel genommen! Zu Recht. *Wenn's drauf ankommt, ist der Lutter weg!* So hieß es und auch in späteren Jahren und Jahrzehnten traf dies immer mal wieder zu.
Spätestens 1970 war die Studentenbewegung gescheitert. Natürlich auch in Heidelberg. Sie zersplitterte sich in unzählige politische Zirkel mit abenteuerlichen Namen. Ich blieb meiner GEW-Studentengruppe treu. Ich wollte ja bald mein Referendariat in irgendeiner hessischen Schule beginnen und nicht völlig unvorbereitet dort anfangen. 1972 war es dann soweit. Nach dem ersten Staatsexamen sagte ich Baden-Württemberg ade und bekam eine Stelle an der Martin-Luther-Schule in Rimbach im Kreis Bergstraße.
Wir waren damals der Ansicht, dass wir die Gesellschaft von unten, also von den Schulen aus verändern müssten, nachdem mit großen Demos oder spektakulären Aktionen sich nichts, aber auch rein gar nichts verändert hatte.
Ach ja, eine Heidelberger Großtat fällt mir noch ein. Wir stürmten kurz vor Weihnachten 1971 als Indianer verkleidet die Spielzeug-Abteilung des Horten-Kaufhauses, warfen von oben im letzten Stockwerk Flugblätter in den Rolltreppenschacht, die auch tatsächlich zum Erstaunen

der zahlreichen Kunden bis ins Erdgeschoss segelten, rissen dann die Monopoly-Spiele aus den Regalen und demolierten sie. *Keine Erziehung zum Kapitalismus! Kinder müssen selbst bestimmen!* War ein schönes Happening gewesen.

Umso größer war dann ab dem 1. August 1972 der Praxisschock an der Odenwälder Schule im ach so fortschrittlichen Hessen.

5 Die Kindheit

„Von Ihrer angeblich schönsten Zeit haben Sie aber nur wenig preisgegeben", meint die Therapeutin. „Scheinbar haben Sie immer schon die Oberen attackiert und sich dabei noch wohlgefühlt. Und gab es denn außer diesem Annettchen keine andere Beziehung, über die Sie etwas zu berichten hätten?"

„Doch, schon. Aber eigentlich keine, die wirklich so wichtig war. Die heftigen Kisten kamen erst später. Die Studentenzeit war ein fünfjähriger Rauschzustand gewesen, obwohl ich nie irgendwas genommen habe. Richtig belastend wurden Trennungen und vergebliche Bemühungen erst, als ich längst verbeamtet und deshalb als Lehrer etabliert war. Da haben sie mich gelegentlich regelrecht umgehauen. Aber in Heidelberg nicht. Das war wie ein großer Supermarkt mit Schnäppchen und Ladenhütern. Wir in unserer lustigen GEW-Gruppe waren allerdings ziemlich monogam eingestellt. Meistens jedenfalls. Ich habe heute noch einen losen Kontakt zu den damals aktiven Figuren. Jahrelang verbrachten wir in glorreicher Erinnerung an die goldenen Heidelberger Zeiten einen Teil der Sommerferien zusammen. Meistens am Atlantik in Frankreich."

„Ihre Augen leuchten, wenn Sie davon berichten. Es scheint Sie heute noch emotional zu berühren", wirft die Therapeutin ein.

„Sicher. Heidelberg, das war der Ausbruch aus der Darmstädter Enge und Provinzialität. Und schön war auch, dass wir es denen gezeigt haben, also den Großkopfeten, den Professoren und auch dem Land!"

„Auflehnung gegen den strengen Vater nennt man das", sagt die Therapeutin.

„Und gegen die Mutter, denn die schlug die Hände über dem Kopf zusammen, wenn ich ihr gelegentlich von meinen Aktionen erzählte. Du bringst dich noch um eine Anstellung als Lehrer, wenn du so weitermachst, schimpfte sie dann. Aber ich machte, was ich für richtig hielt."
„Gut, dann berichten Sie einmal von ihrer Kindheit und Ihren Eltern!"
„Wenn's denn sein muss, bitte sehr!"

*

Protokoll der Therapiestunde vom 27. Mai 2009

Reiner Lutter erzählte zögernd und wenig motiviert von seinen Kindheitserlebnissen. Oft gab er erst auf intensives Nachfragen hin Einzelheiten preis. Mir kam es so vor, als habe er um die Ereignisse in seiner frühen Jugend ein regelrechtes Bollwerk errichtet, damit diese Zeit ihn heute nicht mehr belastet.

Obwohl Lutter in Darmstadt geboren wurde, wuchs er zunächst in einem kleinen, rein katholischen Dorf im Westerwald auf, wo 1949 auch seine Schwester Bettina zur Welt kam.

Lutter muss vollkommen isoliert von anderen Kindern gewesen sein. Die Eltern hätten am Rand der Ortschaft gewohnt. In dem Haus habe es noch eine weitere Wohnung gegeben, dazu eine Wirtschaft mit Kegelbahn.

Lutters Vater habe, obwohl er studiert hatte, in einer Tongrube gearbeitet. Lutter habe manchmal in der Veranda gestanden und auf ihn nach Feierabend gewartet. Von dort aus konnte Lutter ihn schon von weitem sehen, wie er mit seinem Fahrrad näher kam.

Lutter musste immer hinter dem Haus auf einer großen Wiese spielen. Hier stand auch die für die Kinder vom Vater gebaute Sandkiste. Als einmal zufällig ein gleichaltriger Junge neugierig am Tor zur Straße hin gestanden habe, sei Lutter auf ihn zugerannt und habe versucht, ihn als Spielkameraden zu gewinnen. Allerdings vergeblich, denn die Mutter habe eingegriffen. Sie wollte nicht, dass Lutter und seine Schwester das Platt der Dorfkinder lernten und sprächen. Außerdem gebe es Probleme wegen der verschiedenen Konfessionen, meinte sie.

Als das Haus einmal verputzt wurde, habe Lutter heimlich eine wichtige Befestigungsklammer für das Gerüst entwendet und im Sandkasten versteckt. Als das Fehlen bemerkt wurde, habe er den Handwerkern gesagt, so ein Teil habe er in seinem Sandkasten entdeckt. Gerne zeige er es ihnen.

Anschließend muss es zu einer großen Auseinandersetzung mit seinen Eltern gekommen sein. Der Vater habe geschimpft und gedroht, er werde Reiner in ein Heim geben, wenn er noch einmal klauen sollte. Die Mutter habe dabeigestanden und nichts gesagt.

Auch an ein anderes Ereignis konnte sich Lutter erinnern. So habe er im Schlafzimmer der Eltern ein Bügeleisen angeschaltet und auf das hölzerne Fensterbrett gestellt. Dann habe er abgeschlossen, sei auf die Wiese gelaufen und habe den Schlüssel weggeworfen. Als der Geruch des angekohlten Holzes zur Mutter in die Küche gedrungen sei, habe sie in das Schlafzimmer gehen wollen und dann in großer Hektik andere Schlüssel der Wohnung ausprobiert. Vergeblich. Erst ein Schlüssel aus einem Kästchen habe gepasst. Die Mutter habe dann das Bügeleisen von der Fensterbank gerissen und einen Eimer Wasser darauf gegossen.

Zum Glück sei das den Mietern der anderen Wohnung nicht aufgefallen. Der Vater habe dann am Abend die Fensterbank ausgebaut, gewendet, und mit Farbe angestrichen, damit keine Schadensersatzansprüche vom Hausherrn geltend gemacht werden könnten. Der Geruch der Farbe habe in den nächsten Tagen den Gestank des verkohlten Holzes verdrängt.

Lutter wusste nicht mehr zu sagen, ob die Eltern ihn für seine Tat bestraft hätten oder nicht.

1953 bezogen die Eltern eine neue Wohnung in Darmstadt. Hier arbeitete der Vater erneut in einer Grube, während die Mutter halbtags ins Büro ging. So war erst einmal die bitterste Not, unter der die Familie im Westerwald zu leiden hatte, zu Ende.

Als Lutter dann in die Schule kam, fand er endlich auch Freunde. Einen von ihnen kennt er heute noch. Eines der beliebtesten Spiele war es damals, in den Trümmern kriegszerstörter Häuser herumzuklettern. In deren verwilderten Gärten ließen sich im Sommer und im Herbst Kirschen, Mirabellen, Pflaumen und Äpfel ernten. Man musste nur aufpassen, dass niemand kam und sie verscheuchte. Gerne fuhr Lutter auch mit seinen Freunden zu einem Bach im Wald, der aufgestaut oder umgeleitet wurde.

1957 änderte sich Lutters Leben dann dramatisch. Er musste ein humanistisches Gymnasium besuchen. Das wollte seine Mutter so, während sich der Vater zurückgehalten habe. Außerdem wechselten auch einige von Lutters Freunden in diese Schule.

Latein war die erste Fremdsprache und der Vater, der inzwischen in einer Ziegelei arbeitete und sich ein Motorrad zugelegt hatte, fand seinen Gefallen darin, Lutters lateinische Hausaufgaben abends zu kontrollieren. Dabei saß er im Sessel, während der Junge die ganze Zeit stehen musste. Das konnte mehr als eine Stunde dauern. Besonders wenn der kleine Lutter seine Vokabeln nicht sicher beherrschte, gab es Ärger. Der Vater behauptete, der 1945 im Alter von nicht einmal vier Jahren verstorbene Sohn Heinrich hätte es damals besser gekonnt als Reiner. Und wenn bei den schriftlichen Arbeiten etwas falsch war, gab es einen Strich über die Heftseite und Reiner musste alles noch einmal von vorne erledigen und dann natürlich erneut beim Vater neben dem Sessel antreten. Manchmal habe sich die Prozedur über zwei Stunden hingezogen. Die Mutter habe nichts dazu gesagt, selbst wenn der Vater seinen Sohn anschrie oder beleidigte.

Im Gymnasium wäre es besonders schlimm gewesen, wenn Vertretungslehrer das Klassenbuch aufgeschlagen hätten, um die Schüler nach dem Alphabet aufzurufen und nach dem Beruf der Väter zu befragen. Lutter durfte nicht verraten, dass sein Vater Ziegeleiarbeiter war, wenn auch einer mit Abitur und guten Kenntnissen in Latein, Französisch, Englisch und Norwegisch. Er musste sagen, der Vater sei Chemiker, weil er das Fach mal ohne Abschluss studiert hatte. Und wenn die Lehrer nach dem Beschäftigungsort des Chemikers Lutter forschten, dann sagte Reiner irgendeinen Namen, den auch die schlausten Lehrer nicht kannten.

In der Schule habe sich eine Deutschlehrerin einen Spaß daraus gemacht, ihn mit seinen schlechten Rechtschreibleistungen zu hänseln oder vor der Klasse fertigzumachen. „Lutter, sechs, das sage ich richtig mit Genuss!", habe sie bei der Rückgabe eines Diktats gesagt.

Diese Lehrerin wollte einmal wissen, ob es in der Klasse eine Mutter gebe, die arbeiten gehe. Lutter musste sich melden. „Das ist ja ganz entsetzlich", habe sie gesagt, „wer kümmert sich denn dann um die Kinder und die Familie?"

„Die Großeltern", soll Lutter geantwortet haben, „aber nur, wenn meine Mutter mal Überstunden machen muss!"

Lutter habe, wie er sagte, die Schule ohne Ehrenrunden hinter sich gebracht, allerdings „gebrochen an Herz und Seele." Das Lehramt habe er gewählt, weil er es besser machen wollte als seine Lehrer auf dem humanistischen Gymnasium. Diese seien teilweise gute Nazis gewesen oder

Frontsoldaten. In Latein hätte die Klasse beispielsweise gelernt, wie man einen russischen Bunker knacke und dann ein Blutbad unter der Besatzung anrichte.

Lutter meinte, er wundere sich, wie er ohne Sitzenbleiben das Abitur geschafft habe, zumal er weder in Latein noch in Griechisch irgendwelche Grammatik-Kenntnisse gehabt habe. Auch in Deutsch habe er in den letzten drei Jahren nicht mehr mitgemacht. Eine Frau Doktor hätte die alte Lehrerin abgelöst, aber „stets Unsinn erzählt und sich lächerlich gemacht". Gerade deshalb habe er begonnen, sich für zeitgenössische Literatur zu interessieren und die Werke vieler Schriftsteller geradezu zu verschlingen.

Lutter erklärte, dass ihn in dieser Zeit der Sport „gerettet" habe. Als Leichtathlet hätte er gute Ergebnisse erzielt, wodurch sein Selbstbewusstsein gestiegen sei. Insbesondere seien Teilnahmen an deutschen Meisterschaften zu erwähnen. Beim Hessentag in Darmstadt hätten alle Schüler der Stadt ins proppenvolle Stadion gemusst, um leichtathletischen Wettkämpfen der Schulen zuzusehen. Dabei habe er in der 3 x 1000 m-Staffel mit rund 150 m Rückstand als Schlussläufer den Stab übernommen und noch locker gewonnen. Alle Zuschauer hätten geklatscht und gejohlt. Selbst sein verhasster Direktor sei bei der Siegerehrung angewatschelt gekommen und habe erklärt, dass er so eine Leistung noch nie gesehen hätte.

Die Ausführungen des Patienten legen den Verdacht nahe, dass neben der unzweifelhaft feststehenden schweren Depression auch eine in Kindheit und Jugend entstandene narzisstische Persönlichkeitsstörung aufgrund ständiger Kränkungen und Verletzungen vorliegen dürfte. Darauf sollten auch die übrigen Therapeuten, die Lutter in Einzel- oder Gruppensitzungen begegnen, achten.

Andrea Urbach, Dipl.-Psych.

6   Die Demonstration (2003)

„Wie kann die GEW im November einen Lehrerstreik durchführen! Bei so einem Wetter. Ob da überhaupt jemand mitmacht?", denkt Lutter, als er am Morgen durch sein Reihenhausfenster blickt. Trüb ist es und windig, die schwarzblauen Wolkenfetzen versprechen baldige Regengüsse. Und dazu gerade vier Grad über Null, wie das Außenthermometer verrät.
Ob er unter diesen Umständen auf die Busfahrt nach Wiesbaden verzichten und sich zurück ins warme Bett legen soll? Immerhin hatte er sich gerade bei seiner Schule als „heute streikend" gemeldet, so wie es oberste Beamtenpflicht ist. Sollen doch seine Kolleginnen und Kollegen allein fahren! Aber das gehört sich für einen echten Gewerkschafter nicht. Lutter steht also auf, schlurft missmutig ins Bad, rasiert sich und steigt unter die Dusche. Unten, in der Küche, macht er sich danach einen Espresso und steckt eine Scheibe Mehrkornbrot in den Toaster. Allmählich kehren seine Lebensgeister zurück. Natürlich wird er rechtzeitig am Treffpunkt sein. Natürlich wird er auch heute seine Gewerkschaft nicht im Stich lassen. Es ist immerhin der vierte Lehrerstreik, den er mitmacht! Drei Abmahnungen des Schulamts besitzt er schon, gerahmt hängen sie auf seiner Gästetoilette, Seit an Seit mit den Urkunden, die er in seiner Lehrerkarriere bereits feierlich überreicht bekommen hatte: Die zu seiner Verbeamtung, die seiner Beförderung zum Oberstudienrat und die zu seinem 25-jährigen Dienstjubiläum. Seine Gäste sollen während ihrer Verrichtung etwas Nettes zu lesen bekommen!
An seiner Brüder-Grimm-Schule stehen, als Lutter mit dem Fahrrad vorfährt, gerade mal elf Hanseln fröstelnd zur Ab-

fahrt bereit. Enttäuschend, findet Lutter, bei mehr als 100 Lehrkräften, die sich, gleich ihm, hier um die Heranbildung unwilliger Zöglinge kümmern.
„Es kommen noch drei oder vier von uns", erklärt Benno, der der GEW-Schulgruppe vorsteht. „Außerdem sitzen im Bus noch mehr, die schon in Fürth, Rimbach und Heppenheim eingestiegen sind!"
Lutter stöhnt: „Lehrerstreik im Land Hessen und im Kreis Bergstraße macht fast keiner mit!"
„Sei nicht so pessimistisch! Du hast vielleicht eine negative Art an dir!", entgegnet Benno. Benno gehört zu den Jung-Dynamischen. Nicht mal vierzig Jahre alt, zu allem zu gebrauchen. Stürzt sich auf jedes Projekt, auf jede sogenannte pädagogische Neuerung. Hält gerade Klippert-Kurse, damit auch die alten Kolleginnen und Kollegen noch effektiv und nachhaltig unterrichten lernen. Benno ist felsenfest davon überzeugt, dass nur so der träge Schulbetrieb aufgebrochen werden kann. Es müssten nur alle seinen Ideen folgen.
„Seine Streikteilnahme dürfte aber seine glänzenden Karriereaussichten erst einmal für ein paar Jahre unterbrechen", denkt Lutter ein wenig schadenfroh.
Der Bus kommt zehn Minuten verspätet. Vier Kolleginnen der Hemsbergschule hätten sich angemeldet, seien aber nirgendwo zu sehen gewesen", berichtet der Kreisvorsitzende bedauernd. „Die haben wohl Schiss gekriegt", findet Lutter. „Grundschulfräuleins und streiken, hahaha!"
Im Bus entnimmt er seinem kleinen Rucksack ein Kissen, klemmt es mit seinem Kopf an der Fensterscheibe fest und streckt seine Beine quer über den frei gebliebenen Gangplatz. „Ich bin dann mal weg bis Wiesbaden!", meint er, denn die jetzt einsetzenden pädagogischen Fachgespräche seiner lieben Mit-Streiker („Was macht denn an deiner Schule der doofe Meier ...") findet er öde und oberflächlich. Da will er doch lieber noch ein knappes Stündchen seine gepflegte Ruhe

haben, ehe er Teil der machtvollen Großdemonstration durch die Wiesbadener Innenstadt gegen die Landesregierung Koch und seine Kultusministerin Wolff würde. Schließlich ist er mit seinen 56 Jahren nicht mehr der Jüngste.
Als der Bus das Häuflein Bergsträßer Streik-Lehrer am Hauptbahnhof ausspuckt, schlägt Lutter eiskalter Wind entgegen. Schlecht für die beiden jungen Kollegen, die ein Transparent gemalt haben und nun zum Sammelpunkt der Demonstration tragen müssen.
„Wir haben damals kreisrunde Löcher in unsere Parolen geschnitten. Damit schlugen wir der Witterung ein Schnippchen", erinnert sich Lutter. „Aber diese Jungspunde heute haben natürlich keine Ahnung. Hätten sie mal einen sturmerprobten Alt-Achtundsechziger gefragt, dann ..."
Ja dann. Aber es macht Lutter doch allmählich Spaß, trotz Wind, Wetter und Temperaturen um den Gefrierpunkt. Es sind tatsächlich sehr viele Leute gekommen. Ein paar tausend auf alle Fälle, darunter allerdings auch Schüler, die ihre Lehrer beim Streik unterstützen oder einfach nur schulfrei haben wollen. Aber wenn er sich umsieht und auf die schier endlos langen Reihen blickt, die sich in Richtung Innenstadt aufgemacht haben, ist er doch zufrieden. In seinem Körper breitet sich ein Gefühl der Ruhe, aber auch der Kraft aus, wie er es früher gekannt und seitdem schmerzlich vermisst hatte. Er ist wieder Teil der Bewegung wie damals in Heidelberg, später bei den Friedensmärschen in den Achtziger Jahren oder bei den Aktionen gegen die Atomkraftwerke im Land.
Bei seinen abschweifenden Erinnerungen hat Lutter den Anschluss an seine Bergsträßer Lehrergruppe verloren. „Wo sind sie denn abgeblieben?" Aber egal, dann marschiert er eben alleine mit und ergeht sich in Gedanken an längst vergangene, glorreiche Zeiten.
Lutters Augen haken sich jedoch immer öfter bei einer jungen, vielleicht 35 Jahre alten Frau fest, die vor ihm läuft und

sich mit einer anderen Frau an einem Transparent abmüht. Er überholt und reiht sich wie zufällig neben sie ein. Hübsch sieht sie aus, mit Grübchen, die Haare mit roten Strähnen, dazu trägt sie eine gefütterte Army-Jacke und hat um Hals und Schulter eine grün-blau gestreifte Tasche hängen.
Lutter schielt auf das Schild, das sie tapfer und unverzagt hochhält: *ARS Wettenberg streikt mit!!* Ars, Kunst oder was? überlegt Lutter. Kommen die beiden Frauen von irgendeiner Kunst-Akademie? Und wo, bitte schön, ist Wettenberg? Von dem Ort, falls es denn einer ist, hatte er weder früher in seinem Heimatkunde-Unterricht etwas gehört noch später.
Die Frau hat seine fragende Mine erkannt. „Hallo", sagt sie, „ich bin die Conny. Und du?" „Ich bin der Reiner aus Bensheim", antwortet Lutter erfreut. „Und woher kommst du?" „Von der Ansgar-Reimers-Schule in Wettenberg bei Gießen", antwortet die Frau. „Das ist eine integrierte Gesamtschule. Und wo unterrichtest du?" „An einer kooperativen Gesamtschule, aber Gesamtschule ist eigentlich gelogen, denn jeder Schulzweig wurstelt alleine vor sich hin."
„Kenne ich", sagt Conny, „an so was habe ich auch schon unterrichtet!"
Sie kommen ins Gespräch, finden heraus, dass sie beide Deutsch als Fach haben und gerade in der Jahrgangsstufe 12 die *Maria Stuart* durchnehmen.
„Mir fehlt noch die Klausur", sagt Lutter, „ich müsste sie allmählich vorbereiten, aber ..."
„Ich kann dir meine mailen. Falls du Lust hast. Meine steht. Ich schreibe sie nächsten Freitag." „Gerne", freute sich Lutter, „aber wie erreiche ich dich?"
„Warte", sagt Conny, übergibt ihr Transparent einem Kollegen und zieht Lutter von der Straße auf den Bürgersteig.
„Sage mal, wollen wir nicht hier irgendwo zusammen einen Kaffee trinken? Ich muss nämlich mal dringend aufs Klo!", fragt sie.

Natürlich kann Lutter unter diesen Umständen auf die Demonstration leichten Herzens verzichten. Er ist bekanntlich in früheren Jahren immer mitmarschiert. Da darf er angesichts der netten und überaus pfiffigen Conny auch einmal passen und eine Auszeit nehmen.
Auf diese Idee sind offenbar noch andere Gewerkschafter gekommen, denn im proppenvollen nächsten Café finden sie gerade noch Platz am Tresen. „Bestell mir einen Cappuccino!", bittet Conny Lutter, ehe sie zu den Toiletten entschwindet.
„Da kommt der alte Lutter mal nach Wiesbaden und schon hat er eine junge Frau angelacht", denkt er, während er wartet und so lange mit einem Bierdeckel spielt. „Oder aber sie mich? Oder gar nichts? Oder was?"
Conny kehrt zurück und nimmt einen großen Schluck aus ihrer Tasse, die die Bedienung inzwischen gebracht hat.
„Bin vollkommen durchgefroren!", erklärt sie. „Demos im Spätherbst sollte man verbieten!"
Sie ist sehr schlank, stellt Frauenfreund Lutter fest und hat eine tolle Figur. An ihrem rechten Mittelfinger fällt ihm ein breiter, silberfarbener Ring auf, der statt eines Steins eine Blüte aus grünem und gelbem Flanellstoff besitzt.
„So was habe ich noch nie gesehen", sagt Lutter und deutet auf ihre Hand. Conny streckt sie ihm entgegen, er nimmt sie in seine Rechte. Weich und warm liegt sie in seiner, als hätte sie sich schon immer dort wohlgefühlt.
Lutter behält sie ein paar Sekunden länger, als es für eine reine Prüfung des außergewöhnlichen Rings notwendig wäre. Sie lässt es geschehen und sieht ihn fragend an:
„Hast du eine Frau zu Hause?"
„Nein", sagt Lutter, „ich bin seit ein paar Monaten wieder Single!"
„Ich habe einen Freund, aber ich wohne für mich allein."
„Schade", denkt Lutter.

Aber warum soll so eine hübsche Frau auch keinen Verehrer haben? Doch Conny hat ihren Satz nicht so betont, als sei sie für alle Ewigkeit mit ihrem Typ verbunden. Vielleicht gibt es eine Chance?

„Wollen wir beide irgendwo schön zu Mittag essen? Dort, wo es nicht so voll ist wie hier?", fragt er und sieht sie gespannt an.

Sie nickt: „Gute Idee, ich muss nur um drei an meinem Bus sein, aber das wird ja wohl reichen."

Lutter zahlt und gibt der Kellnerin, als sie sich endlich zu ihm bequemt, dennoch ein reichliches Trinkgeld.

Unterwegs hakt sich Conny bei ihm unter.

„Wie jung bist du denn?", fragt er nach einer Weile.

„39. Jahrgang 1964. Hättest du das gedacht?"

Lutter muss es wahrheitsgemäß verneinen.

„Und du?"

„56."

„Kaum älter als mein Herbert", sagt sie. „Ich fliege auf Ältere!"

„Oft?"

Sie schweigt. Lutter spürt, dass sie darüber keine Auskunft geben will.

„Hast du Kinder?", fragt er sie stattdessen.

„Nein, mochte ich nie. Und du?"

Lutter erzählt die Geschichte von Lucas und Lena, von deren Existenz er erst seit knapp dreieinhalb Jahren weiß.

„Kannst du das vorstellen?", fragt er sie.

„Nein. Die Frau scheint irgendwie bekloppt zu sein. Habe ich Recht?"

Conny hat natürlich Recht. Lore, die Mutter, ist eine vollkommen ausgeflippte Frau. Sie hatte, ohne ihren Namen zu nennen, mit ihm ein paar schöne Stunden am Strand von Piriac in der Bretagne verbracht und war noch nachts, als er glückselig eingeschlafen war, abgehauen. Von den Folgen, von seiner Tochter Lena, erfuhr er nichts. Zwei Jahre später, nun mit kurzen Haaren und erblondet, gabelte sie ihn, als er schon ein bisschen zu viel Wein getrunken hatte, bei einem Fest auf und schleppte ihn ab. So hatte Lore, Schneidermeisterin beim Staatstheater Darmstadt und ständige Geliebte des Regisseurs Leander Häußler, zwei Kinder, aber keinen Mann.

„Was manche Leute so alles für zwei Kinder tun!", meint Conny.

„Besonders wenn der unwissende Erzeuger von jeglichen Vaterfreuden ferngehalten wird!"

„Aber irgendwann hast du es doch erfahren!"

„Ja, während der Sommerferien 2000. Da meinte jene Lore plötzlich, dass es allmählich an der Zeit wäre, mich zu informieren. Ich glaube aber, dass ihr die beiden Kleinen zu sehr auf den Geist gingen mit ihrem ständigen Nachfragen, wer denn, bitte schön, ihr Vater sei."

Sie halten vor einem Griechen und studieren die Speisekarte.

„Teuer", meint Conny.

„Ach, egal, ich lade dich ein. Schließlich willst du mir die Klausur schicken und ich habe dann zwei Stunden Freizeit gewonnen!"

Sie bestellt Gyros mit Bauernsalat, er einen Lendenspieß. Es schmeckt ihnen bestens.

„Und was ist jetzt mit dieser Lore?", fragt sie, und nimmt einen winzigen Schluck aus der Espresso-Tasse.

„Lebt fest mit diesem Leander zusammen, nachdem sie es anderthalb Jahre mit mir versucht hatte. Hast du schon mal einen Film vom dem gesehen? Jetzt steht sie immer im Abspann unter Kostüme und Ausstattung. Die Kinder hat sie wieder mitgenommen. Ich sehe sie hin und wieder. Kann ja nicht andauernd nach Berlin fahren."

„Mist, was?"

„Großer Mist sogar. Ich Depp habe mich über beide Ohren verschuldet, ein doofes Reihenhaus gekauft, meine Stelle als Pädagogischer Leiter der Gesamtschule in Riedstadt aufgegeben, mich zum Oberstudienrat zurückstufen und nach Bensheim versetzen lassen, damit ich näher an dem plötzlichen Kinderglück bin. Alles umsonst. Jetzt sitze ich in diesem Spießerbau und kann ihn nicht verkaufen, weil die Preise so stark gefallen sind. Aber was soll's!"
Langsam wird es Zeit aufzubrechen.
Sie schreibt ihm ihre E-Mail-Adresse auf und ihre Telefonnummer. Aber sie fragt nicht nach seiner Anschrift.
Draußen umarmt er sie und zieht sie fest an sich. Sie widersetzt sich nicht. Dann dreht sie sich um und geht ohne sich noch einmal nach ihm umzusehen.
Lutter läuft zur nächsten Bushaltestelle. Er will zum Hauptbahnhof und mit dem Zug zurück nach Bensheim fahren. Irgendwelches Geschnatter streikseliger Kollegen im Bus mit anzuhören oder vielleicht sogar in es verwickelt zu werden, widerstrebt ihm. Er will seine Gedanken und Gefühle ordnen. Und das geht am besten, meint er, in einer halbleeren Regionalbahn von Wiesbaden über Darmstadt nach Bensheim.

7 Der Vizekanzler der »Freien Republik Kühkopf«

Protokoll der Therapiestunde vom 29. Mai 2009

Reiner Lutter erschien offensichtlich gut gelaunt zur heutigen Sitzung. Nach dem Grund gefragt, meinte er, er habe gerade ein anregendes Gespräch mit einer unserer Krankenschwestern gehabt. Es sei sehr schön, wenn eine so viel jüngere Frau sich Zeit nehme und mit ihm, dem alten Lutter, diskutiere.
Auf meinen Einwand hin, so alt wie er sich darstelle, wirke er nun wirklich nicht, antwortete er sinngemäß, dass ich das ja gar nicht abschätzen könne. Ich sei schließlich auch noch sehr jung und er dagegen habe eigentlich alles, was das Leben ausmache, hinter sich. Er erinnerte diesbezüglich an den Schriftsteller Ernest Hemingway, der sich, im gleichen Alter wie er jetzt, erschossen habe, weil er für sich keine Perspektive mehr gesehen habe und Dinge, die für ihn wichtig gewesen seien, nicht mehr tun könne.
In diesem Zusammenhang möchte ich bei der nächsten Sitzung aller Lutter-Therapeuten noch einmal abklären, ob bei dem Patienten wirklich keine Suizid-Gefahr besteht.
Reiner Lutter berichtete dann, von mir dazu aufgefordert, über Ereignisse, die er in seiner Kindheit und frühen Jugend als positiv und für ihn gewinnbringend erlebt habe.
So sei es ihm seit 1959, also im Alter von 12 Jahren, immer wieder gelungen, dem häuslichen Schlamassel zu entkommen. Mit Freunden habe er ständig ausgedehnte Radtouren unternommen, zunächst in die Darmstädter Wälder, bald aber auch zum Kühkopf (Anmerkung: große Rheininsel nördlich von Gernsheim).

In der Regel sei man samstags unterwegs gewesen, wenn wegen des vorausgegangenen Nachmittagsunterrichts schulfrei gewesen war. Man habe eines Tages in dem offensichtlich ziemlich undurchdringlichen Naturschutzgebiet einen Hochsitz entdeckt, von dem aus man einen Teil des Kühkopfs überblicken konnte. Hier habe man dann stundenlang gerastet, Antennen gespannt und Musik mithilfe selbstgebauter Detektor-Radios gehört. Oder man sei losgezogen um Rehe oder Hasen zu fotografieren. Einmal habe man sogar ein Wildschwein aufgestöbert, das zum Glück Reißaus nahm.

Irgendwann sei man auf die Idee gekommen, den Hochsitz zu verschönern. Man ritzte den Namen eines fiktiven Dichters in sein Holz und nannte das „Bauwerk" Jeremias-Morgenroth-Denkmal. Die riesengroßen Buchstaben malte man beim nächsten Mal mit Farbe bunt aus. Außerdem stellte man sich vor, die gesamten zu überblickenden Ländereien und Waldungen gehörten zur „Freien Republik Kühkopf", deren Regierung und Staatsgewalt von ihnen ausgeübt würde.

Reiner Lutter sagte, dass für ihn – freiwillig – das Amt des stellvertretenden Regierungschefs vorgesehen war. Die ganze Macht sollte bei Floyd Petermann liegen, der aber selten mitfuhr, zum Regieren nicht taugte und von Lutter nur als Strohmann vorgeschoben worden war.

In den Wintern gab es keine Kühkopf-Touren und als man im späten März des Jahres 1961 wieder zu dem „Regierungssitz" zurückkehrte, fanden die Jungen auf der Sprossenleiter ein grünes Schild vor, nach dem das Betreten und Beschädigen dieses Hochsitzes verboten und unter Strafe gestellt sei. Lutter und seine Freunde scherten sich nicht darum und waren sogar sehr stolz darauf, dass wegen ihnen der hessische Forst als Eigentümer hatte aktiv werden müssen. Dass allerdings die Erinnerungsschrift an Jeremias Morgenroth übertüncht worden war, gefiel ihnen überhaupt nicht und

beim nächsten Besuch 14 Tage darauf wurde der alte Zustand wiederhergestellt.
Seit dieser Zeit plante Lutter auch mehrtägige Radtouren. Die erste führte in den Osterferien 1962 an die Mosel. Zwar hatte der Vater seit langer Zeit mal wieder seine Erziehungsaufgabe wahrgenommen und den Ausflug untersagt, doch Lutter hielt sich nicht daran. Er hatte Unterstützung bei seiner Mutter gefunden, und die sei ja die dominante Figur in der Familie gewesen.
Nach seiner Rückkehr sei der Vater sogar freundlich zu ihm gewesen, habe sich alles haarklein erzählen lassen und überhaupt so getan, als sei nie ein Verbot der Fahrt über seine Lippen gekommen.
1963, als die Kühkopf-Ausflüge schon weniger wurden und oft nur zu den Rhein-Buhnen führten, habe Lutter dann eine fast dreiwöchige Radtour nach Norddeutschland geplant und mit einem Freund durchgeführt. Bremen, Bremerhaven, Cuxhaven, Lübeck, Hamburg und Hannover seien dabei neben vielen Kleinstädten angefahren worden.
Das Geld dafür habe man sich vorher mit Ferienarbeit bei einer Straßenbaufirma verdient.
Ich beobachtete, dass Lutter während dieser Schilderungen mit einer großen Begeisterung sprach, während er vorgestern, als es um sein häusliches Umfeld gegangen war, eher ablehnend und stockend berichtet hatte.

Andrea Urbach, Dipl.-Psych.

8 Nass bis auf die Haut

Natürlich klingelt das Mobiltelefon genau in dem Moment, als Lutter gerade seine Hose auszieht und in seinen Trainingsanzug schlüpfen will. Da es ganz offensichtlich der von Conny angekündigte erste Anruf ist, nimmt er das Handy und rennt nach draußen in die Dunkelheit, weil der Empfang im Freien viel besser ist.

„Na!", sagt sie. „Wie versprochen zu Diensten!"

„Hallo", entgegnet Lutter, schwer atmend. „Ich stehe hier vor der Haustür im Regen, nur halb angezogen und so nervös …"

„Wegen mir doch nicht etwa?"

Natürlich wegen ihr. Lutter hatte, als er von Wiesbaden endlich zu Hause angekommen war, überlegt, wann er Conny das erste E-Mail schicken sollte. Sofort? Morgen, noch später? Oder überhaupt nicht? Schließlich hatte er sich für eine Wartefrist von 24 Stunden entschieden. Sie dürfe auf gar keinen Fall denken, er habe es nötig, ihr gleich zu schreiben. Andererseits sollte sie auch merken, dass ihm an ihr etwas lag.

Also hatte er am nächsten Nachmittag gleich nach der Schule seinen E-Mail-Browser gestartet und ihr einen wirklich lieben und umfangreichen Brief geschickt. 12 KB lang, wie ihm die Software nach dem Speichern vermeldete.

Danach hatte Lutter geduldig auf ihre Antwort gewartet und fast zu jeder Stunde seinen elektronischen Briefkasten überprüft. Aber Conny stellte ihn auf eine harte Probe. Erst am übernächsten Morgen kündigte *t-online* ihre 5 KB-Antwort an.

Eine Ewigkeit, so glaubte der Ungeduldige, dauerte es, bis sich das sehnsüchtig erwartete E-Mail endlich geöffnet hatte. Rote Schrift auf weißem Grund. „Hallo, Reiner …"

Und vom Inhalt wurde ihm klar, da war jemand, der den Kontakt mit ihm fortsetzen wollte. „Bis bald, Conny", endete ihre Botschaft.

Im Unterricht, zwei Stunden später, fragte Marlies, eine freche Göre aus der 11: „Herr Lutter, Sie sind heute so gut drauf. Haben Sie eine neue Freundin?"

Dazu nickte er nur vielsagend und erließ der faulen Klasse kurzerhand die angekündigte Hausaufgabenkontrolle. „Ausnahmsweise", wie er betonte.

Nach diesem zwar trüben, aber doch unvorstellbar schönen Novembertag wurden viele E-Mails hin- und hergeschickt. Bald begannen Connys Briefe nicht mehr mit *Hallo, Reiner*, sondern mit *Lieber Reiner* und sie schlossen statt mit *Grüße, Conny* mit *Alles Liebe, deine Conny*.

Doch da gab es ja noch Herbert, den ominösen Freund seiner neuen Errungenschaft. Mal hieß es, er huste fürchterlich und habe sich sicherlich in Wiesbaden bei der Demo erkältet, mal berichtete sie von einem Abendessen mit ihm. Bedrückend, weil alle seine Träume und geheimen Wünsche mit einem Schlag zunichte machend, war für Lutter jedoch ihre Ankündigung, sie verbringe Weihnachten bei einer Freundin in Hamburg und fliege an Neujahr nach London, wo sie sich mit Herbert zu einer Rundreise durch England treffe, von der sie am 7. Januar zurückzukehren gedenke.

Doch im nächsten E-Mail stellte Conny eine Entschädigung in Aussicht: Wenn er Lust und Laune habe, dann könne sie ihn vom 8. bis zum 10. Januar besuchen, am besten in seinem Wochenendhaus in Dannenfels.

Ebendort ist Lutter an diesem späten Samstagabend, bibbernd, frierend und klatschnass, denn der niedergehende Regen wird heftiger, sodass jeder Tropfen, der ihn ins Gesicht trifft, wie ein kleiner Nadelstich wirkt. Aber er hält trotz schmerzendem Arm seit jetzt fast einer Stunde sein Handy krampfhaft ans Ohr und sein Herz quillt über vor Liebe zu der fernen Conny.

„Was denkst du, wenn mich jetzt ein Nachbar so sähe! Der würde glatt die Polizei oder gleich bei der nächsten Klapsmühle anrufen!", sagt Lutter. „Regen und zwei Grad über Null!"

„Ich brächte dir ein Handtuch, würde dich abrubbeln und nachher einen Glühwein machen, damit du dir ja keine Lungenentzündung holst!"

„Und ich würde dich, nass wie ich bin, umarmen, festhalten, dich küssen und ..."

„... Und, was nun?", fragt sie.

„Dich fragen, ob du ..."

Das Handy piepst einmal durchdringend.

„Hallo, bist du noch da? Ich fürchte, der Akku macht's nicht mehr lang. Also, glaube mir, es liegt nicht an mir, wenn das Gespräch plötzlich abbricht. Ich will's ja nicht. Ich will ja ..."

„Ich will auch. Aber wenn's zu Ende ist ..."

Wieder piepst das Handy.

„In jedem Fall ist es so schön, dass du angerufen hast. Ich laufe dann rein und ..."

Aus, vorbei. Nichts mehr. Das Handy bricht brutal die sich anbahnenden gegenseitigen Erklärungen und Schwüre ab. Moderne Technik verhindert das Wachsen der Liebe. Lutter schlurft deshalb wie tot ins Haus zurück und setzt sich, nass, wie er ist, aufs Sofa. „Conny", denkt er, „warum habe ich hier kein normales Telefon, warum?"

Tropfen fallen auf den Boden, bilden kleine Tümpel.

Das Ladegerät! Er rennt zur Schublade, reißt sie auf, zieht an diesem, dann an jenem Kabel, findet endlich, was er sucht, rammt den Stecker in die Dose, schließt das Handy an. Es lädt.

Ob es schon funktioniert?

Er drückt die Taste mit Connys Nummer.

Nichts, tot.

Eine SMS?

Das Handy nimmt den Text an. Er drückt auf *Senden*. Das Handy meldet *Keine Verbindung*.
Enttäuscht geht Lutter ins Bad, duscht heiß, schlüpft in seinen Trainingsanzug, kehrt zum Handy zurück, versucht es erneut, wartet ab. *Nachricht gesendet*, liest er glücklich auf dem Display. Zwei Minuten später ist Connys Antwort da: *Bist du jetzt hoffentlich im Warmen?*
Um ein Uhr in der Nacht beenden sie ihren Nachrichtenaustausch. Lutter putzt seine Zähne. „Conny und ich", sagt er dabei seinem Abbild im Spiegel, „wir sind jetzt zusammen!"
Aber warum muss sie dann noch mit diesem Herbert nach England?

9   Das Arschgeweih

Lore war über Weihnachten und Silvester mit ihrem Leander in die Südsee entschwunden und hatte deshalb vor dem Abflug frohen Herzens Lena und Lucas bei ihrem Erzeuger in Bensheim abgeladen. So war Lutter beschäftigt und hatte kaum Zeit darüber nachzudenken, was denn seine Conny in diesen Tagen und Nächten so alles betrieb, insbesondere während ihrer unverzichtbaren England-Tour, von der sie ihm hin und wieder aus gotischen Kirchen und modernen Gemäldegalerien oder aus irgendeiner Hotel-Badewanne nette SMS schickte.
Doch dann waren die Kinder gesund und gut genährt am Frankfurter Flughafen wieder zurückgegeben worden und er konnte seine beiden Reisetaschen für die einstündige Fahrt zum Donnersberg nach Dannenfels in seine uralte Bauernkate packen.
Connys Ankunft, und das hatte sie wiederholt in ihren elektronischen Botschaften betont, stand unmittelbar bevor.
Also musste „die Hütte", wie Lutter sein Refugium keinesfalls abfällig nannte, vom Keller bis unters Dach einer eigentlich schon vor Jahresfrist fälligen Generalreinigung unterzogen werden. Stundenlang schrubbte und wienerte er, bis alles sauberer blinkte, als es jemals gewesen war. Jede Spinnwebe musste daran glauben und insgesamt vier Spinnentiere, die bei ihm eigentlich ein sicheres Winter-Asyl gefunden hatten, fing er ein und expedierte sie nach draußen in die Kälte. Sollten sie sehen, was nun aus ihnen würde!
Und da am Vorabend ihres Besuchs weder Hörfunk noch Fernsehen von irgendwelchen Flugzeugabstürzen berichtet hatten, war er guten Mutes zu Bett gegangen, hatte aber dennoch kaum geschlafen.
Jetzt ist die Kaffeemaschine gefüllt, die Brötchen warten im Herd aufs Aufbacken, auf dem Tisch in der Wohnküche prä-

sentieren sich erlesene Marmeladen, französischer Camembert, italienische Salami-Spezialitäten und zwei exquisite Servietten. Zwei Eier liegen bereit, falls Conny diesbezügliche Wünsche äußert.

Endlich klingelt das Handy, Lutter drückt auf den Knopf. Nichts. Nichts wie neulich. „Aber ich habe doch alles eben noch überprüft! Was ist denn jetzt schon wieder los?"

Doch los ist nichts, Lutter begreift, dass er Conny weggedrückt hat. Also versucht er, sie zu erreichen. Aber besetzt. Schnell beendet er den Versuch.

Nach einer Minute klappt es dann doch: „Ich bin beim Metzger. Holst du mich ab?"

„Sofort. In zwei Minuten bin ich unten!"

Er schaltet die Kaffeemaschine an und rennt ohne Jacke hinaus zu seinem kleinen, roten Suzuki. Klar, dass er dessen Scheiben schon vor einer Stunde vom Eis befreit hat. Er donnert los wie Schumi beim Start in Hockenheim. Zum Glück kommt ihm auf dem schmalen Dorfsträßchen niemand entgegen! Noch eine enge Haarnadelkurve, dann ist er an der Metzgerei. Wo aber ist Conny?

Sie sitzt lässig auf der Mauer, von der die gestrenge Metzgersgattin im Sommer immer die Dorfjugend verscheucht, und lacht ihn an.

Dieses Bild wird er so schnell nicht vergessen.

Sie frühstücken und während er den Abwasch besorgt, stöbert sie durch seine Kate. „Nett hast du's hier", sagt sie, als sie in die Wohnküche zurückkehrt. „Und so kuschelig alles! Aber nach dem langen Autofahren und deinem reichhaltigen Frühstück bräuchte ich jetzt etwas Bewegung. Was schlägst du vor?"

„Hier in der Nähe gibt es einen verfallenen jüdischen Friedhof. Ich kenne ihn nicht, wollte aber schon immer mal hin. Wäre das was für dich?"

Conny nickt.

„Aber vorher muss ich noch mal für kleine Mädchen!"

*

Der verhinderte Vier-Sterne-Koch Lutter hatte für die nächste Mahlzeit eine, wie er fand, köstliche Gulaschsuppe vorbereitet, von der Conny am späten Nachmittag, als sie müde und durchgefroren von ihrer langen Wanderung zurückgekehrt waren, aber nur ein Tellerchen essen wollte, während er gleich zweimal einen Nachschlag aus der Terrine nahm.

Nun brennt das Holz im Ofen und sie genießen die Wärme, die er in das Zimmer abstrahlt. Lutter hat bereits entdeckt, dass auf Connys Hinterteil ein furchterregendes Bild eintätowiert ist. So etwas haben sonst eigentlich nur seine Schülerinnen zu bieten, wenn sie, meist verspätet, bauchfrei in den Unterricht kommen, sich bei ihm entschuldigen müssen und dann aufreizend langsam zu ihrem Platz stolzieren. Aber eine 39-Jährige? Ein bisschen irritiert ist er schon.

„Seit wann hast du das da hinten schon?", fragt er nach einer langen Bedenkzeit.

„Das? Das habe ich mir von meinem ersten Weihnachtsgeld stechen lassen. Vor vier Jahren. Vorher war ich ja nur schlecht bezahlte Lehrerin im Angestelltenverhältnis. War mal in dieser und mal an jener Schule, mal mit 12 Stunden die Woche, mal mit 20. Und in den Sommerferien arbeitslos. Da konnte ich nur hoffen, dass irgendwo wieder jemand plötzlich krank wird und ich einspringen kann. Bis ich mich dann gegen diese Behandlung gewehrt und auf feste Einstellung geklagt habe."

„Und?"

„Habe gewonnen und bekam eine Stelle an meiner jetzigen Schule. Inzwischen bin ich sogar verbeamtet."

„Schön", sagt Lutter, der selbst nie Probleme mit Stellen und Bewerbungen hatte. Bei ihm lief alles von alleine. Damals, Anfang der Siebziger Jahre, nahmen sie jeden und alle.

Und später nur noch die total angepassten Speichellecker.
Conny erzählt, wie es ihr ergangen war im Referendariat. Eine Eins habe sie gebraucht als Abschlussnote, um eventuell eine Stelle zu finden. „Aber sie haben mich mit einer Drei abgespeist, weil ich unbequem war. Nicht stromlinienförmig. Zu eckig und kantig."
„War ich auch, hoffentlich bin ich's sogar heute noch! Und eine Drei hatte ich auch im zweiten Examen."
„Aber gleich eine Stelle! Euch Achtundsechzigern ist doch alles in den Schoß gefallen und da sitzt ihr bis heute drauf und keiner kann euch davon verdrängen, selbst wenn ihr noch so doofen Unterricht haltet!", empört sie sich.
„Aber jetzt bist du doch auch drin im Dienst des Landes Hessen!"
„Ja, aber ich fühle mich immer noch als eine, die man herumschubsen kann und die nicht weiß, ob sie im nächsten Monat arbeitslos ist."
„Was aber nicht mehr so ist!"
„Das muss ich erst noch begreifen. Das dauert eine Weile."
Nach diesem Dialog wendet sie sich wieder ihm zu, hält in fest umschlungen und schnurrt fast wie ein Kätzchen. Lutter beugt sich zu ihr hinab.
„Ich glaube, ich habe viel versäumt!", flüstert sie ihm ins Ohr, „aber jetzt bin ich angekommen. Ich dachte, das schaffe ich nie, aber jetzt ..."
„Jetzt bist du da und ich lass' dich nie wieder weg", sagt Lutter.
„Aber am Montagmorgen muss ich in Wettenberg Unterricht halten, ob du willst oder nicht!", sagt sie plötzlich ganz energisch und richtet sich auf. „Ich bin so gerne Lehrerin, wie du es dir bestimmt nicht vorstellen kannst!"

*

In der Nacht liegt sie ruhig neben ihm und atmet regelmäßig und kaum hörbar. Lutter sucht ihre Hand und streichelt sie sanft ohne ihren Schlaf zu stören.
Er hat seine Conny geliebt und sie ihn. Doch es war für ihn schwieriger als gedacht. Es war alles so unfassbar, gerade so, als träumte er.
Aber jetzt ist sie wirklich da, bei ihm in seiner kleinen Kate am Donnersberg. Oder bildet er sich das alles nur ein? Ist sein Glück gar nicht echt? Nur Wunschvorstellung?

*

Nach dem opulenten Frühstück am späten Vormittag machen Lutter und Conny das Haus winterfest. Die Wasserleitungen werden vom Brunnen getrennt und entleert, die Frostwächter überprüft, der Kühlschrank ausgeräumt und alle Getränke ins Bad getragen, dem einzigen Platz, an dem sie nicht einfrieren können.
Sie wollen nach Bensheim. Conny ist neugierig, wie Lutter in seinem schuldenbeladenen Reihenhaus lebt. Lutter denkt, dass sie dort am Abend etwas Schönes unternehmen können. In Darmstadt oder Mannheim, notfalls im Programmkino *Brennessel* in Hemsbach, wird es schon etwas geben, das sie beide interessiert. Hier in Dannenfels und überhaupt im Donnersbergkreis gibt es zwar viel Natur, jedoch fast keine Kultur.
Da Conny den Weg nach Bensheim nicht kennt, fährt Lutter mit seinem kleinen Alto vorneweg, Conny folgt und betätigt immer wieder die Lichthupe. Außerdem wirft sie ihm an jeder roten Ampel Kusshändchen zu. Lutter muss antworten, mehrfach auf das Bremspedal treten oder ihr zuwinken.
Mitten auf der Wormser Rheinbrücke piepst sein Handy.

Da muss ihm jemand ausgerechnet jetzt eine SMS schicken. Zwar ist er neugierig, wer das denn sein könnte, aber er hütet sich, während der Fahrt nachzuschauen. Das hat Zeit bis Bensheim. Außerdem rückt ihm Conny mit ihrem ebenfalls roten Skoda Fabia immer wieder auf die Pelle. Da muss er aufpassen. Nachher kracht sie ihm noch auf sein Autochen.
Zu Hause parkt er in seiner Garage, Conny auf dem Platz davor. Sie nehmen ihre Taschen und laufen die paar Schritte zu Lutters Wohnung.
„Hast du nichts zu antworten?", fragt Conny schelmisch, als sie die Rollläden im Erdgeschoss hochziehen.
„Du?"
Sie wird doch nicht etwa der Absender der SMS gewesen sein?
Doch, sie war es!
Es ist so schöm mit dir, deine Conmy steht auf dem Display.
Zwei Rechtschreibfehler in der Eile, aber dafür, dass sie die Nachricht während der Fahrt eingetippt hat, ganz gut.
Er legt das Handy auf den Tisch, geht zu ihr und umarmt sie:
„Danke, aber ich habe doch ein bisschen Angst, dass dabei etwas passiert", sagt er.
„Ach was, ich kann das! Keine Bange!"
Dann zeigt Lutter ihr seine Behausung.
„Schmal, aber hoch hinaus. Erdgeschoss, erster Stock, Dachgeschoss. Und im Keller ist noch ein Raum."
„Ich lebe zwar auch im Souterrain, aber hier würde ich nicht eine Minute lang wohnen wollen!", meint sie.
„Wieso?"
„Ich fühle mich eingeengt. Und das hast du eben ja auch gesagt. Schmal!"
„Der Vertrag mit der Bank läuft noch ewig. Was soll ich machen?"
„Man findet immer einen Ausweg!"

„Am besten laufen wir ein bisschen in die Stadt und trinken irgendwo einen Kaffee", schlägt Lutter vor.
„Ach, Bensheim kenne ich schon, bin ja eigentlich aus Groß-Gerau. Da kamen wir früher öfter mal hierher. Gibt's eigentlich das *Filou* noch? Und diese andere Disco, na, wie heißt sie schon?"
„Brotfabrik?"
„Genau. Aber das ist lange her. Weißt du, ich war noch nie oben auf dem Kirchberg. Da ist doch auch so ein Lokal. Lass uns doch dorthin laufen!"
Lutter hat nichts dagegen und sie brechen auf.

*

Im so genannten Kirchberghäuschen finden sie einen Platz mit Blick hinunter in die Rheinebene. Heute ragt sogar der Donnersberg ganz weit im Westen aus dem Dunst hervor.
„Und da im Nordwesten steht die Zuckerfabrik von Groß-Gerau. In der Nähe habe ich mal gewohnt", sagt Conny.
„Warst du auf der Prälat-Diehl-Schule?"
„Musste ich ja die drei letzten Jahre. Aber vorher ging ich auf die Gesamtschule. Seitdem finde ich, dass es die beste Schulform ist."
Sie bestellen Kaffee für Lutter, Latte macchiato für Conny. Ein Stück Käsekuchen für Lutter, ein Stück Apfeltorte für Conny. Sie blickt aus dem Fenster und schweigt.
„Ist was?", fragt Lutter nach einer Weile besorgt.
„Ja, ich fahre nachher nach Hause und kläre das mit Herbert. Vorher habe ich keine Ruhe mehr!"
„Und wann sehen wir uns wieder?"
„Am besten morgen in einer Woche. Ich komme zu dir nach Dannenfels. Oder bist du nicht da?"
„Doch, doch, wenn es sein muss, käme ich auch zum Nordpol!"

„Besser nach Thule. Kennst du das?"
Lutter verneint.
„Im Nordwesten von Grönland, mitten im ewigen Eis."
„Und was soll ich dort?"
„Mich begleiten, wenn ich dorthin fliege. Ein noch nicht erfüllter Traum von mir seit Groß-Gerauer Schulzeiten."
„Da ist's aber kalt", meint Lutter.
„Mit dir doch nicht, oder?"
Der Kaffee schmeckt Lutter nicht, auch der Kuchen scheint in der Speiseröhre festzukleben. Schnell bestellt er ein Glas Cola und trinkt es in einem Zuge leer.
„Ist was, Reiner?", fragt sie besorgt.
„Ja", gibt er offen zu, „du gehst so schnell wieder weg, das ..."
„Ich gehe immer weg, aber zu dir komme ich auch sehr gerne wieder zurück. Ich glaube, bei dir kann ich mich zum ersten Mal in meinem Leben richtig fallen lassen. Nur darf ich nicht denken, ich wäre eingesperrt."
„Im Reihenhaus?"
„Auch das. Das geht irgendwie nicht. Nie!"
Aber sie nimmt seine Hand und lässt sie in der ihren.
Lutter spürt ihre Anspannung, ihren rasenden Puls. Was hat sie nur?
„Ich glaube, sie hat mich und das ist jetzt das Problem", denkt er.
Nach einer Weile zieht sie ihre Rechte wieder zurück und nimmt einen Schluck aus ihrer Tasse.
„Ich habe noch nie mit einem Mann zusammengelebt, aber mit dir will ich es probieren!", sagt sie ohne ihn dabei anzusehen. „Ich hätte nie gedacht, dass es mich einmal so erwischen könnte wie mit dir. Ich bin ja hin und weg."
Da dreht sie ihren Kopf zu ihm zurück. Lutter macht sich lang und küsst sie auf den Mund.
„Wir finden einen Weg", sagt er und weiß, dass er eigentlich ganz anders hätte reagieren können.

*

Am späten Abend ruft sie an.

„Ich war bei Herbert. Er wollte nur wissen, ob wir schon miteinander geschlafen haben. Sonst hat er überhaupt nichts gesagt. Ich bin dann gleich wieder weg. Danach habe ich im Internet nach Wohnungen geschaut. Vier oder fünf scheinen mir interessant zu sein. Schreibst du mal die Adressen auf?"

„Und das Reihenhaus?"

„Das vermietest du!"

„Und deine Stelle?"

„Ich habe mir gerade ein Formular heruntergeladen und es ausgefüllt. Versetzung in den Kreis Bergstraße zum Sommer. Am Montag gebe ich es in der Schule ab."

„Toll!"

„So und jetzt schreibe mal mit!"

Lutter weiß gar nicht, wie ihm geschieht. Er muss vor lauter Chaos in seinem Kopf fünfmal nachfragen und jede Telefonnummer wiederholen.

„Wenn du heute noch eine Anzeige für deine Burg aufgibst, dann ist sie am Dienstag im *Sperrmüll*."

„Nicht im *Bergsträßer Anzeiger*?"

„Ach, das kostet nur, es geht auch so."

Sie reden, aber bald macht Lutter schlapp. Alles in ihm dreht sich, doch er meint andererseits, er schwebe wie ein Astronaut beim Außeneinsatz an der Internationalen Raumstation. Er muss sich festhalten, sonst ist er verloren.

„Bis morgen", sagt er, „ich gehe gleich ins Internet und fahre danach zu den Wohnungen, vielleicht schaffe ich sie alle. Ich liebe dich!"

Sie liebt ihn, doch mit welcher Wucht bringt sie sein bisheriges Leben zum Einsturz! Aber er hat gar nichts dagegen. „Sicherlich wurde es Zeit", sagt er und startet seinen Computer.

10 Der Vater wird endlich gegangen

Protokoll der Therapiestunde vom 10. Juni 2009

Reiner Lutter berichtete zunächst, dass er eine schmerzende Rückenverspannung habe. Diese sei, und das halte er für mitteilungswürdig, aufgetreten, als seine Körpertherapeutin, Frau Freiburger, ihn gestern mit Conny, seiner bisherigen Lebensgefährtin, konfrontierte. Frau Freiburger, meinte Lutter, habe in ihrer direkten und trockenen Art schon ein paar Mal bei ihm die „wunden" Punkte getroffen. Besonders aber gestern, als sie meinte, Conny habe die Fäden der Marionette Lutter weiterhin in ihrer Hand und steuere ihn von Gießen aus fern, so wie es ihr gerade opportun erscheine.
Er, Lutter, habe sich darüber sehr erregt, gab aber zu, dass sicherlich viel Wahres in der Behauptung von Frau Freiburger liege. Wegen der Schmerzen, die bis jetzt anhielten, müsse er am späten Nachmittag noch zum Physiotherapeuten.
Dann aber forderte ich Lutter auf, die Beziehung zu seinem Vater näher zu erläutern. Er habe bis jetzt ja nur die allabendliche Hausaufgaben-Kontrollprozedur näher beschrieben.
Lutter begann noch einmal den Motorradkauf seines Vaters zu erwähnen. Während alle anderen Familien nach und nach ein Auto besaßen, habe es bei ihnen eben dazu nicht gereicht. Lutter sah darin auf Nachfrage aber keine Benachteiligung. Schlimm dagegen sei es geworden, als der Vater nach seinem ersten Unfall, der einen längeren Krankenhausaufenthalt nach sich zog, einen Beifahrersattel anschaffte und nun ständig seinen Sohn aufforderte, mit ihm kleinere Touren zu unternehmen. Er, Lutter habe dann ohne Schutzkleidung und Helm hinter seinem Vater gesessen, der immer darauf aus gewesen sei, die maximale Geschwindigkeit aus seiner

Adler MB 200 herauszuholen. Die Mutter wäre jedes Mal entsetzt gewesen, wenn er Vater anschließend zu Hause davon angeberisch berichtete, aber verhindert habe sie die Ausflüge nicht.

Auf Nachfrage sagte Lutter, er sei damals 9 und 10 Jahre alt gewesen. Nach einem zweiten Unfall des Vaters, bei dem er sich einen zwölffachen Trümmerbruch von Ober- und Unterschenkel zuzog, sei das Motorrad verschrottet worden. Schlimm war dann allerdings, dass der Vater nach dreimonatigem Krankenhausaufenthalt mit einem Liegegips nach Hause entlassen worden sei. Die schöne Zeit morgens allein in der Wohnung, wo er eine Schulfunk-Sendung nach der anderen hörte, sei vorbei gewesen und der Vater habe ihn andauernd vom Bett aus schikaniert. Er, Lutter, sei froh gewesen, als sein Vater ins Krankenhaus zurück musste. Dort habe er dann wieder laufen gelernt und humpelte später auch zu Hause mit einem schwarzen Stock durch die Wohnung. Den habe er auch gelegentlich eingesetzt, um seinem Sohn damit zu drohen.

An dem Unfall sei der Vater nicht schuld gewesen, sondern ein anderer Motorradfahrer, der dann auch wegen schwerer Körperverletzung und Benutzung eines nicht zugelassenen Beiwagens vom Amtsgericht zu 5 000 Mark Schmerzensgeld verurteilt worden sei. Mit diesem Geld bezahlte die Familie ihre Schulden. Außerdem wurde ein neues Radio angeschafft. Mit dem Rest von über 2000 Mark fuhr der immer noch auf einen Stock angewiesene Vater mit dem Zug nach Ulm, um dort ein gebrauchtes Motorradgespann zu kaufen. Auf der Heimfahrt bei Dunkelheit verunglückte der Vater an der Geislinger Steige erneut, weil er ohne Beteiligung eines Dritten von der Fahrbahn abkam. Er lag mit Kopfverletzungen für mehrere Wochen ins Krankenhaus. Kaum war der Vater zu Hause zurück und das Motorradgespann repariert, brauste er wieder auf und davon.

Manchmal kam er tagelang nicht nach Hause und niemand wusste, wo er war oder ob er nicht wieder irgendwo verunglückt war. Lutter sagte, dass damals die Polizei die Meldungen über Unfälle an die Familien überbringen musste, weil kaum jemand ein Telefon besaß. Habe er also von der Wohnung aus einen Polizisten auf der Straße gesehen, so sei ihm jedes Mal der Schreck gehörig in die Glieder gefahren.

Das Verhältnis zwischen Vater und Mutter sei in dieser Zeit auch immer schlechter geworden. Der Vater habe oft monatelang nicht mit der Mutter geredet und notwendige Nachrichten meist über die Schwester weitergegeben. Erst an Weihnachten sei er dann regelmäßig wieder gesprächig geworden. Er wäre mit den Kindern zum Turmblasen der Stadtkirche gegangen, anschließend sogar in den Gottesdienst, und als sie dann zu Hause auf die Bescherung warteten, habe er wieder mit der Mutter gesprochen.

Dem Vater war 1959 wegen seines nach dem Unfall fast steif gebliebenen Knies eine Invalidenrente von sage und schreibe 45 Mark im Monat zugebilligt worden, dafür habe es aber kein Krankengeld mehr gegeben, so dass die Familie kaum die Miete für die Wohnung bezahlen konnte und monatelang nur von dem lebte, was die Mutter halbtags verdiente. Mitten in der Wirtschaftswunderzeit, in der Vollbeschäftigung vorherrschte, war der Vater also arbeitslos und der Pfarrer, bei dem sich Lutter für den Konfirmanden-Unterricht anmeldete, meinte, dass sei ja schrecklich.

Vom Arbeitsamt wurde der Vater dann zu einer Umschulung nach Heidelberg geschickt. Dort sei er regelrecht aufgeblüht und habe an den Wochenenden, wenn er nach Hause kam, von einer besseren Zukunft gesprochen. Aber vor der Abschlussprüfung wäre er (Lutter sagte „erwartungsgemäß") krank geworden und alle hochfliegenden Pläne konnten beerdigt werden.

Nach einer Auseinandersetzung der Eltern sei der Vater auf sein Motorrad gestiegen und weggefahren. Nach zwei Stunden war er wieder da und am folgenden Tag fuhr er morgens um halb sieben weg. Die Mutter meinte, sie glaube, er arbeite wieder irgendwo. Aber gesagt habe er natürlich nichts. Abends um halb sechs kam der Vater nach Hause und stöhnte. Er habe seinem Sohn gesagt, dass „sie", also die Mutter, ihm heute Morgen noch nicht einmal Brote mitgegeben habe. In der Ziegelei habe er den ganzen Tag mit seinem lahmen Bein Loren schieben müssen. Von da an lagen am Freitagsabend immer 100 Mark im Küchenschrank und die schlimmste Not war vorbei.

Um 1961 gab der Vater endgültig die Latein-Belehrungen seines Sohnes auf, der daraufhin in diesem ungeliebten Fach erkennbar bessere Noten mit nach Hause gebracht haben soll. Der Vater erkundigte sich nun überhaupt nicht mehr nach den schulischen Leistungen Reiner Lutters.

Dafür musste der Sohn an einem Sonntag im Herbst 1961 mit nach Straßburg fahren. Der Vater hatte zwei Plätze in einem Bus reservieren lassen. So konnte sich der Sohn nicht davor drücken. Natürlich fand er es spannend, einmal nach Frankreich zu kommen und dafür sogar einen Personalausweis beantragen zu müssen. Aber schlimmer war für ihn, so lange mit seinem Vater zusammen sein zu müssen. Also bekam er während der Hinfahrt eine heftige Migräne und beim Besuch des Münsters schaffte er es gerade noch vor den Haupteingang, ehe sein Magen das Mittagessen wieder von sich gab. Auf der Rückfahrt abends habe eine Frau ihm ein Mittel gegen Migräne gegeben, aber ihm sei es erst zu Hause wieder besser gegangen. Zwei- oder dreimal habe der Vater über das Wochenende seine Tante in Rüdesheim besucht. Da sei Lutter ganz gerne mitgekommen, denn dort fühlte er sich immer willkommen und gut aufgehoben. Einmal habe der Vater den Weg über Rheinhessen genommen. Nach der Überfahrt mit der Oppenheimer Fähre habe Lutter schon im Beiwagen gesessen, während sein Vater das Gespann startete. Weil er aber versäumt hatte, den Gang beim Anwerfen herauszunehmen, sei das Motorrad einfach losgefahren und nur durch einen Eisenpfosten am Absturz in den Rhein gehindert worden. Danach sei Lutter nie wieder mit seinem Vater unterwegs gewesen.

Von seinem Vater habe Lutter öfter Schläge bekommen. Meist wegen Kleinigkeiten oder wegen Streitereien mit der Schwester. Als ihn der Vater mit 15 wieder einmal mit Faustschlägen attackierte, habe er zurückgeschlagen. Seitdem war Schluss mit väterlichen Züchtigungen.

Kurz vor dem gerichtlichen Scheidungstermin im Oktober 1963 sei die Mutter für eine Woche mit der Schwester in den Urlaub gefahren. Da habe der Vater abends das Gespräch gesucht und seinem Sohn klarmachen wollen, wie dumm seine Frau sei. Sie stelle die schweren Töpfe nicht unten in den Schrank, sondern nach oben. Außerdem stimme es gar nicht, dass er ein Verhältnis mit einem jungen Mädchen habe, das kaum älter sei als er, sein Sohn. Das sei gelogen. Dafür habe die Mutter die Schuld am Tod des Bruders. Sie habe nicht aufgepasst, als Heinrich zum Küchenherd gegangen sei und sich den Topf mit kochendem Wasser über den Kopf geschüttet habe. Es stimme nicht, was sie immer ihm, also Reiner, und seiner Schwester gesagt habe, dass der Bruder an einer Diphtherie verstorben sei, für die es in den letzten Kriegstagen im Krankenhaus von Dernbach kein Medikament mehr gegeben habe.

Der Vater habe noch am Tag der Entscheidung des Familiengerichts sein Gespann mit seiner Kleidung und ein paar wenigen Sachen vollgeladen und sei grußlos nach Nordhessen zu einer Bekannten weggefahren. Die habe er dann bald darauf geheiratet.

Andrea Urbach, Dipl.-Psych.

11 Der Einzug

Es ist Sonntag, der 29. Februar 2004, ein Tag, der nur alle vier Jahre auf dem Kalender steht. Ein gutes Omen, wie Lutter meint, für die Übergabe der Schlüssel ihrer neuen Wohnung in Lorsch.
Natürlich haben Conny und er unter diesen Umständen für ein Frühstück keine Zeit. Eine Tasse Kaffee während einer kurzen Verschnaufpause beim Einladen mehrerer Umzugskisten in ihre Autos muss ausreichen.
Um neun Uhr fahren sie von Gießen los, erreichen den Autobahnring und bald darauf die A 45, dann das Gambacher Kreuz, wo sie auf die A 5 abbiegen. Aber dann gibt Conny Gas. Bald ist sie aus Lutters Sichtfeld verschwunden.
„Bei ihr geht halt alles schnell", denkt er. Denn wie sie in den letzten sieben Wochen ihr Leben verändert hat, das ist eigentlich gar nicht zu fassen. Er dagegen zieht bloß aus seinem Reihenhaus vier Kilometer weiter nach Lorsch. Er kann weiter an der Brüder-Grimm-Schule unterrichten, nach wie vor dorthin mit dem Fahrrad radeln und auch seine paar Bekannten und Freunde behalten.
Nur muss er noch einen Mieter für seine Bensheimer Behausung finden. Aber das eilt nicht, Conny zahlt ja die Miete für die neue Wohnung.
Conny sitzt in ihrem Skoda, als Lutter knapp eine Stunde später Lorsch erreicht, und feilt ihre Nägel. Sie sieht ihn spöttisch an, als er die Beifahrertür öffnet und sich zu ihr setzt. „Na, auch schon da?", meint sie ohne ihn dabei anzusehen. „Trotzdem, wir sind zu früh!"
Sie hatten sich ja auch für halb elf verabredet. Kein Wunder.
„Gehen wir ein bisschen spazieren?", fragt Lutter.

„Gut, aber hoffentlich haben sie in unserer Wohnung nicht die Heizung abgedreht, wenn wir nachher einrücken."
Tatsächlich, das Außenthermometer ihres Autos zeigt zwei Grad unter Null.
Lutter, der immer noch hofft, irgendwann einmal als Autor bekannt zu werden, denkt an die vielen Germanistik-Studenten und Professoren, die später, vielleicht in hundert oder mehr Jahren, sein Leben erforschen werden.
„Bei Schnee und Eis bezogen sie in ihr kaltes, neues Nest und hatten dort nichts als ihre brennende Liebe!"
In der Tat, nur das Notdürftigste haben sie mitgebracht, denn der Hauptumzug soll erst eine Woche später stattfinden. Aber das breite Bett, die Roste und die Matratzen, zusammen schon vor vier Wochen ausgesucht, stehen gut verpackt in der Garage zum Aufbauen bereit.
Der eisige Nordostwind peitscht in ihre Gesichter, als sie das Flüsschen Weschnitz erreichen und hier einen schmalen Uferweg entlanglaufen. Conny zieht ihre Anorak-Kapuze tief ins Gesicht und ihren roten Schal über die Nase.
„So könntest du dich auch in Kabul unters Volk wagen!", findet Lutter.
„Mir reicht's jetzt!", verkündet Conny, macht kehrt und läuft hastig zurück. Lutter hinterher. Hat er sie etwa verärgert?
Bis zur Wohnung sagt Conny kein Wort mehr. Glücklicherweise sind Vermieterin und Vormieter bereits da, sie können hinein. Die Wohnung ist warm, Gott sei Dank, und Conny taut sofort wieder auf.
Bereitwillig geht sie auf das Verlangen der Besitzerin ein, über jeden Raum ein Übergabeprotokoll zu verfassen und dabei zu erklären, worauf es ihr ankomme und was zu beachten sei. Außerdem müssten eventuelle Mängel, durch die Vormieter verursacht, notiert und baldigst beseitigt werden.
Lutter ist dabei fehl am Platze; er erklärt, nun das Bett aufbauen zu wollen und will sich den Garagenschlüssel geben lassen.

„Dann fangen wir am besten gleich dort mit der Übergabe an!", sagt die gestrenge Vermieterin und zieht, sie vorneweg, mit allen Leuten los. Sofort entdeckt sie, dass hier noch zwei Farbeimer und vier Sommerreifen zu entfernen sind und macht sich auf ihrem Schreibblock Notizen.

Über eine Stunde später ist die gute Frau immer noch nicht fertig. Nun ist die Gartenhütte dran, wie Lutter vom Fenster her beobachtet. Dabei bräuchte er dringend Connys Hilfe. Die verflixten Seitenteile des Bettrahmens wollen und wollen einfach nicht zusammenpassen. Er ist schon ganz verzweifelt! Schwedischer Schrott! Oder bezieht *Ikea* jetzt auch die Betten aus China?

Außerdem hat er Hunger. Ein paar Brote und sein geliebtes Cola sind irgendwo in Connys Auto verstaut, aber das ist fest verschlossen und stören will er sie jetzt auf keinen Fall. Erstens scheint sie sich mit der Vermieterin bestens zu verstehen und zweitens würde die dämliche Übergabe so nur noch länger dauern!

Dann befreit er eben die Matratzen von ihren Plastikfolien und steckt die Bettroste, Sonderangebot von *Aldi*, zusammen.

Bald ist das halbe Zimmer voll von Abfällen, Conny jedoch noch immer nicht da. Lutter steckt seine Nase aus der Haustür. Ach, die Kellerordnung ist dran und das Verfahren, wie man die Waschmaschine an dem vorgesehenen Platz anschließt.

„Sie müssen aufpassen, dass Sie die richtige Steckdose benutzen, denn nur die wird von Ihrem Stromzähler erfasst!", erläutert gerade die Vermieterin.

„Eine Korinthenkackerin", denkt Lutter und hätte beinahe daran gedacht, was denn erst bei ihrem Auszug auf sie zukäme. Aber das darf ja nicht sein, ausziehen kommt nicht mehr infrage. Davon hat er längst genug. Hier bleibt er jetzt mit seiner Conny!

Um eins kommt Conny müde zu ihm in die Wohnung. „Sie musste nach Hause, um ihrem Mann das Essen auf den Tisch

zu stellen. Aber sie will mir nächsten Samstag noch die Hausordnung und die Kehrwoche erklären", sagt sie matt. „Ist das Bett fertig?" „Nein, ganz im Gegenteil. Nichts passt zusammen!"
„Mist, ich hätte mich jetzt gerne hingelegt."
„Ich hätte dagegen dringend mal was gegessen. Gibst du mir den Autoschlüssel?"
Als er wiederkommt, sitzt Conny auf einem Haufen zusammengeknäulter Folie an der Wand und studiert die Aufbauanleitung des Betts. „Ich glaube, du hast die falschen Schrauben benutzt!", sagt sie gar nicht freundlich. „Du hättest die längeren nehmen sollen!"

*

Nachmittags hat Conny den Bettrahmen fix und fertig. Lutter kann die Roste und die Matratzen an ihren Bestimmungsort hieven und die mitgebrachten Kissen und Decken beziehen. Nur die halbkreisförmigen Hölzer für die beiden Ablagen links und rechts fehlen noch, aber dazu bräuchte Conny Lutters Schraubendreher, der im Reihenhaus-Keller auf den Umzug wartet.
„Das kannst du ja vielleicht irgendwann in den nächsten Tagen erledigen", meint Conny. Dann geht sie in die Küche, um die mitgebrachten Spaghetti aufzusetzen. Lutter holt den wackeligen Campingtisch und zwei Plastikstühlchen und packt aus einer der Kisten zwei Teller aus.
Weil Löffel und Messer unauffindbar bleiben, muss er eiligst nach Bensheim fahren. Conny hat angekündigt, dass sie nun wirklich etwas zu essen brauche.

12 Die Störung der Totenruhe

Lutter hat sich längst gut in der Klinik eingelebt. Eigentlich, findet er, könnte er es kaum besser treffen. Gute Unterhaltung bei den Mahlzeiten und nach den Therapien, schöne Landschaft und umsorgende Schwestern, dazu wird täglich sein Apartment gereinigt und jede Woche die Bettwäsche gewechselt. Lutter muss sich allein darum kümmern, dass seine schmutzige Kleidung rechtzeitig in die Wäscherei kommt. Außerdem kann er nur ins Internet, wenn er einen der Patienten-PC benutzt und entsprechend der Verweildauer Münzen in die Kasse wirft.
Dazu machen ihm die Therapien durchaus Spaß. Besonders natürlich die sogenannte Körpertherapie, in der er endlich die richtige Nordic Walking-Technik gelernt hat und nun, trotz seiner inzwischen 62 Jahre, immer als erster seiner Gruppe den Berg erklimmt. Nur in der Gestaltungstherapie beim Umgang mit dem Ton sperrt sich alles, was sich in ihm verweigern kann. „Legen Sie einfach Ihre Hände in die feuchte Masse und warten Sie darauf, was diese von ganz alleine mit ihm machen!", hatte die Therapeutin ihm beruhigend erklärt, „es gab hier noch keinen, der nicht etwas daraus hätte formen können!"
Aber Lutter wurde der erste und das fand er gar nicht mal schlimm. „Ich mache doch nicht jeden Scheiß mit!", hatte er gedacht und dann den Auftrag bekommen, auf einem riesengroßen weißen Karton mit Farben zu pantschen. Dem verweigerten sich seine Hände nicht und das große Werk liegt nun, neben anderen bedeutenden, in seiner Sammelmappe, die er einmal bei seiner Entlassung mit nach Hause nehmen darf.
Heute ist Lutter gut gelaunt, aber seine Einzeltherapeutin spricht ihn auf seine Frauen-Beziehungen an.

„Erzählen Sie doch mal mehr davon!", bittet sie ihn.
„Allesamt Pleiten, Pech und Pannen!", antwortet Lutter und nimmt sofort seine Habacht-Stellung ein. „Ich wäre besser Mönch geworden. Ja wirklich, das habe ich mir tatsächlich öfter überlegt. Aber bei mir fehlt's halt am Glauben!"
„Was natürlich eine Ausrede ist. Man kann auch so tun als ob, wenn man dieser Welt abschwören will."
„So wie hier?"
Das hätte Lutter besser nicht laut gesagt. Frau Urbach schaut ihn zum ersten Mal strafend an. „Also, Ihre Frauen-Geschichten!", fordert sie.
Lutter reagiert nicht. In seinem Kopf spürt er nur Leere. Hat er überhaupt jemals eine Frau gehabt?
„Sie waren doch einmal verheiratet. Was war denn mit dieser Frau?"
Ulrike? Du liebe Zeit. In der Tat war er einmal mit ihr verheiratet. Aber die Erinnerung daran ist vollkommen verblasst.
„Da war scheinbar nichts Besonderes. Ich weiß nicht mal mehr, welche Augenfarbe sie hatte!"
„Bei welchen Frauen wissen Sie's denn noch?"
„Conny, Dorothee, Uschi, ... sonst von keiner!"
„Conny kenne ich inzwischen. Wer aber sind Dorothee und Uschi?"
Lutter wird urplötzlich klar, dass diese drei Frauen die wichtigsten in seinem Leben gewesen waren. Doch keine von ihnen war bei ihm geblieben. Keine hatte er gehalten, wie man es auch nennt.
„Ich mag darüber nicht reden. Uschi ist tot und ich bin nicht ganz unschuldig daran. Dorothee ist ihre Tochter. Heute dürfte sie 31 oder 32 Jahre alt sein. Keine Ahnung, was aus ihr geworden ist. Conny wohnt wieder in Gießen und ruft mich hin und wieder an. Fertig, aus!"
„Aber wer war denn nun die Frau, mit der Sie verheiratet waren? Diese Ulrike Tribel?"

„Diese Ulrike Tribel pflegte besten Kontakt mit meiner Mutter. Und sie mit ihr. Die waren offenbar ein Herz und eine Seele, obwohl ich ab 1985 von ihr getrennt lebte und seit 1987 geschieden war. Die hat mich sogar angerufen, als meine Mutter vor vier Jahren ins Sterben kam. Und in der Intensivstation saß sie Tag und Nacht an ihrer Seite, hatte ja Zeit, war bereits pensioniert. Aber stellen Sie sich das mal vor. Hält einer Frau von fast 92 die Hand und heult, als sie tot ist, als wäre sie selbst gestorben!"
„Haben Sie geweint?"
„Ich, nein, geht nicht, kann ich nicht. Ich lasse alles an mir abprallen. Bei ihrer Beerdigung habe ich zum Beispiel die paar Leute beobachtet, die gekommen waren. Oder bin darauf gekommen, dass sie auf dem Friedhof das falsche Grab ausgehoben hatten. Meine Mutter hätte nach rechts gehört, denn links, da war zwei Jahre vorher die Urne meiner Tante bestattet worden. Da hätte ich am liebsten gesagt: Halt, aufhören! Das ist Störung der Totenruhe. Aber dann habe ich doch meinen Mund gehalten, dafür aber später die vom Friedhofsamt zur Sau gemacht. Der Amtsleiter sagte, sie hätten die Urne entnommen und später wieder hineingelegt. Auf diese Weise wäre das rechte Grab frei für, ja, zum Beispiel für mich. Sonst hätte 25 Jahre lang niemand mehr dort beerdigt werden dürfen. Stellen Sie sich das mal vor! Da haben die Mist gebaut und reden sich damit raus, dass sie clever gewesen seien und meinen Erben den Kauf eines anderen Grabes erspart hätten! Was sollte ich da noch machen? Meine Tante hätte wahrscheinlich darüber gelacht. Ich hab's dann auf sich beruhen lassen."
„Warum?"
„Ich habe schon genug Ärger in meinem Leben gehabt. Ich wollte nicht noch eine Baustelle zusätzlich eröffnen. So mit Rechtsstreit und Rechtsanwälten, die nur spitz drauf sind, möglich viel aus einer Sache herauszuschlagen."

„Aber es war wohl wirklich Störung der Totenruhe!"
„Was heißt das überhaupt, Totenruhe? Darüber könnten wir uns jetzt stundenlang unterhalten. Wie gesagt, meine Tante hätte sich darüber köstlich amüsiert und mit einem Bierchen oder einem Glas Sekt darauf angestoßen."
„Wie standen Sie zu Ihrer Tante? Das war doch sicher die Schwester Ihrer Mutter?"
„Ach, die Tante Johanna war wirklich eine Tante, wie sie immer beschrieben wird. Witwe, kinderlos, mit viel Geld auf dem Konto. Wir Kinder konnten nicht klagen. Manchmal denke ich, die Conny ist auch wie meine Tante Johanna. Ihr Mann war 19 Jahre älter als sie und er starb schon anderthalb Jahre nach der Hochzeit. Die Tante lebte dann noch 45 Jahre allein und fand das, wie ich glaube, wunderschön. Sie hat ihr Leben genossen und die Welt gesehen, hat Theateraufführungen besucht, Konzerte gehört, ist zu Diskussionen und Vorträgen gegangen und konnte noch vier Tage vor ihrem Tod mit mir über die Bundestagswahl 2002 reden."
„Herr Lutter, leider ist unsere Zeit für heute um. Denken Sie mal bis morgen darüber nach, was denn mit Ihrer Frau los war. Immerhin waren Sie ja 10 Jahre mit ihr verheiratet!"
Lutter erhebt sich aus dem roten Plastiksessel, streckt seine Glieder und reicht Frau Urbach die Hand:
„Tschüss, ich versuch's mal mit dem Nachdenken", sagt er und geht hinaus.

13 Der Abflug

Es sind Osterferien 2004. Lutter und Conny verbringen sie in Dannenfels und machen von dort aus Ausflüge. Doch am Ostermontag hat Lutter schlechte Laune. Morgen fliegt Conny vom Flughafen Hahn aus ein paar Tage nach Südfrankreich. Mit einer Kollegin will sie dort die Abschlussfahrt ihrer Klasse im Juni vorbereiten.
„Warum willst du eigentlich nicht, dass ich mitkomme?", fragt er sie, als sie gerade vom Johanniskreuz im Pfälzerwald in Richtung Elmstein fahren.
„Wieso will ich nicht? Den Flug habe ich schon im Dezember mit Marlies gebucht. Da war das mit uns noch gar nicht klar."
„Aber du bist doch ganz zufrieden damit, dass ich zu Hause bleiben muss!"
„Hör mal, wenn du mir so kommst, dann dreh um und fahr zurück. Ich hole meine Sachen und gehe bis morgen früh nach Lorsch!"
Der erste Streit, stellt Lutter fest. Nur weil er eifersüchtig ist. Es könnte ja sein, denkt er, dass sie da mit dieser Marlies ... Quatsch, was soll das! Nichts könnte sein.
Aber er fühlt sich irgendwie gekränkt. Sie fliegt in die Welt hinaus und er muss zu Hause bleiben.
Gewiss, er könnte mal wieder Petra anrufen. Oder Rebecca. Außerdem muss er den Mietvertrag abschließen mit diesem Ehepaar samt seinen drei Kindern, die unter allen Umständen in sein leerstehendes Reihenhaus einziehen wollen und sogar einen annehmbaren Preis bieten.
Er könnte aber auch alles rückgängig machen, seine Siebensachen in Lorsch packen und selbst wieder dorthin zurückkehren. Conny macht ja doch, was sie will, und er ist der Doofe. Bestimmt fliegt sie im Sommer zu ihrer Freundin nach Flori-

da. Auch ohne ihn. *Meine Freundinnen und du, das sind zwei Paar Schuhe, unterschiedliche Schuhe sogar*, hatte Conny kürzlich mal zu ihm gesagt. *Zwei verschiedene Welten. Ich brauche sie beide.*

Jetzt sitzt sie beleidigt auf dem Beifahrersitz. Weil er nicht wendet, sondern stur weiter in Richtung Elmstein fährt, wo heute das dampfbetriebene Kuckucksbähnel zu bestaunen ist?

Conny schweigt bis zum Bahnhof. „Kannst ruhig deine Loks bestaunen. Ich warte hier!"

Lutter steigt aus.

Dann muss er eben alleine los. Am Bahnsteig haben Eisenbahnfreunde bereits ihre Kameras und Stative aufgebaut. Scheinbar kommt der Zug aus Lambrecht bald. Lutter geht an ihnen vorbei. So ein Fan wie die da ist er nun wirklich nicht. Dampfloks sind für ihn eine schöne Erinnerung an frühere Zeiten, natürlich auch an seine Kindheit. Sonst aber nichts. So verrückt wie die hier ist er nicht.

Wo ist eigentlich die Lok der Baureihe 64, der sogenannte *Bubikopf* geblieben? Der war doch beim letzten Mal hier irgendwo als Denkmal aufgestellt! Vielleicht wird die Lokomotive, ohne dass er es in einer seiner Eisenbahn-Fachzeitschriften gelesen hätte, gerade irgendwo aufgearbeitet, oder sie fährt längst wieder bei einer anderen Museumseisenbahn? Er wird wohl einen der Eisenbahn-Freaks hier danach fragen müssen. Da wird die Ankunft des Zuges angekündigt. *Bitte Vorsicht am Bahnsteig.* Lutter schlendert zurück und beobachtet das Einfahren. „Schön", denkt er, „vorne eine T 3 und hinten als Schiebelok eine V 36. Ob sie für die Rückreise rangieren?"

Langsam läuft er durch die Massen, die den sechs alten Waggons entquellen, vor zu der T 3. Der Heizer hat sich weit aus seinem Fenster gebeugt und scheint die Fragen einiger Neugieriger zu beantworten.

„Ach Gott, er spricht mit Conny!"

14 Die Frauen des Reiner Lutter

Ulrike kannte ich von der Uni. Sie war zwei Jahre jünger als ich und fing ein Jahr nach mir mit ihrem Studium an. Ihr Vater war ein braver Beamter und er sorgte für eine Erziehung, an der der Papst seine Freunde gehabt hätte. Ulli, wie wir sie alle nannten, bekam deshalb, wenn sie am Wochenende bei mir übernachtete, sonntagsmorgens gegen zehn Uhr immer Beklemmungen, weil das eigentlich die Zeit des Kirchgangs gewesen wäre.
Nachdem wir uns näher kannten, machte sie auch in der GEW-Gruppe mit. Sie entwarf ein neues Emblem, mit dem unsere Flugblätter wirklich toll aussahen und bestimmt häufiger als früher gelesen wurden. Dennoch schien es mir, als wäre sie innerlich immer noch das angepasste Papa-Kind, zu dem sie ihr Vater auch mit Schlägen gemacht hatte.
Wenn ich beispielsweise in ihrer Bude war, beobachtete sie ständig über einen Außenspiegel, wer unten vor der Haustür stand. War es dann wirklich der Vater, so verfrachtete sie mich schnell ins Nachbarzimmer, in dem eine sehr attraktive Studienfreundin lebte. Die war es dann auch, mit der ich Ulli das erste Mal betrog. Was musste sie auch andauernd nach Hause zu ihren Eltern fahren!
Aber das mit dem sogenannten Fremdgehen war damals ziemlich normal. Ulli gehörte allerdings nicht zu denen. Sie galt als die „Eiserne", weil bei ihr nichts zu machen war.
Zu unserer Clique gehörten auch Mona, Linda und Franziska. Im Laufe der Heidelberger Jahre landete ich gelegentlich in deren Betten. Auch viel später noch. Diese Frauen zählten nach Abschluss ihres Studiums zu denen, die einen guten Beruf hatten, nie heirateten, alleine wohnten und eigentlich immer für ein Abendessen bei einem guten Italiener zu ha-

ben waren. Mit ihnen und ein paar anderen Freunden bin ich dann auch jahrelang im Sommer irgendwohin verreist, meistens in die Bretagne.

1974 lernte ich, als ich mal ganz alleine in Finnland Urlaub machte, Uschi kennen. Eine Frau für vier Stunden. Sie war mit ihrem Verlobten da, den sie sechs Tage später heiraten sollte. Für sie war es vielleicht so eine Art Junggesellenabschied. Für mich aber nicht. Ich habe ihr immer hinterher getrauert. Mit ihr hätte ich gerne eine Familie mit Kindern gehabt. So richtig spießig! Doch Uschi wurde wohl auch von ihren Eltern ferngesteuert. Da war etwas mit deren Baugeschäft, für das ein Nachfolger gebraucht wurde wegen ihrer Altersversorgung. Uschis Ehe mit ihrem Hampelmann muss wohl ziemlich beschissen verlaufen sein.

Ich habe vor lauter Frust dann Ulli geheiratet. Der kam das ganz zupass, denn so bekam sie eine Stelle in Bürstadt und nicht in Badisch- oder Hessisch-Sibirien.

Wir lebten zusammen, schön brav und scheinbar anständig, besuchten an Weihnachten meine Mutter und ihre Eltern, fuhren auch mal zusammen in Urlaub, aber sonst war wirklich nicht viel. Langweilig war's, kein Ansporn, keine geistigen Herausforderungen. Und überhaupt: Ulli sagte zu allem Ja und Amen. Ich konnte vorschlagen, was ich wollte, sie stimmte immer zu. Sie hatte die 68-er Jahre mitgemacht ohne zu kapieren, was die für eine Frau eigentlich bedeuteten.

In der Zeit mit ihr gab es mal dieses oder jenes Abenteuer. Ich ging ja auf Lehrgänge oder hatte Sitzungen der Schul-GEW-Gruppe. Aber das war alles nichts Aufregendes, keine Liebe. Ich hatte den Eindruck, man ging abends oder auch schon nachmittags zusammen in die Kiste, weil man sonst nichts anderes zu tun hatte. Oder weil es in der Liste wieder eine mehr werden würde. Jagd nach Rekorden und Bestleistungen eben.

Damals, Ende der siebziger Jahre, kaufte ich dann einfach kurz entschlossen eine alte Bauernkate mit kleinem Grundstück in Dannenfels am Osthang des Donnersbergs. Ulli konnte deshalb am Wochenende schön zu ihren Eltern fahren und ich in meine Hütte. Da waren wir beide froh.
1985 beschlossen wir, uns einvernehmlich scheiden zu lassen. Mag sein, dass Ulli da auch mal eine Beziehung nebenher hatte. Obwohl, zuzutrauen war ihr's eigentlich nicht, sie machte immer noch auf gut katholisch.
Nach der Verhandlung beim Familiengericht 1987 gingen wir essen und dann in unsere bisherige Wohnung in Lampertheim, die ich übernehmen sollte. Wir tranken eine Flasche Chianti zusammen und landeten anschließend im Bett. Ich glaube, Ulli hatte da zum ersten Mal einen Orgasmus.
Natürlich half ich ihr beim Umzug und ich kam auch hin und wieder bei ihr vorbei. Bis sie eines Tages schon an der Tür sagte, ich solle wegbleiben, und zwar für immer.
Da kam ich halt nicht mehr und habe sie erst wieder am Sterbebett meiner Mutter 2005 gesehen.
Nun, gelegentlich durfte ich an meiner Schule in Gernsheim Mentor für Studienreferendarinnen spielen. Da blieb es nicht aus, dass man sich näherkam. Hin und wieder halt. Nichts Festes, nichts auf Dauer. Ich hatte auch genug um die Ohren, denn ich war nach Bensheim umgezogen, fuhr jeden Tag mit dem Rad zur Schule nach Gernsheim, 15 Kilometer hin, 15 zurück und war noch in der Kommunalpolitik aktiv. Was blieb da Zeit für Frauen oder sogar für eine Familiengründung? Ich glaube, ich trauerte die ganze Zeit um meine Uschi, deren Tochter Dorothee irgendwann an meiner Schule auftauchte.
In deren letzten Jahren an der Oberstufe war ich zuerst ihr Klassenlehrer und dann ihr Tutor. Sie mochte mich ganz offensichtlich, ich sie auch. Uschi erschien nie, weder zu

Elternabenden noch bei Sprechtagen. Selbst Entschuldigungen schrieb ihr Mann, solange Dorothee noch nicht volljährig war.

Ich hatte damals mal wieder den *Homo Faber* von Max Frisch zu unterrichten. Dorothee war Feuer und Flamme vom Inhalt und sie schrieb darüber sogar ihre Abi-Klausur. Ich weiß noch genau, dass sie sich darüber ausließ, wie sie sich eine Beziehung zu einem rund 30 Jahre älteren Mann vorstellte. Ich konnte mir schon denken, dass sie damit mich meinte. Ich fühlte mich natürlich geschmeichelt. Beim Abi-Ball schenkten mir Nicole, das war ihre beste Freundin, und Dorothee eine sogenannte *Homo-Faber-Tour Paris-Avignon*, die ich damals zu gerne als Kursfahrt ein paar Monate vorher unternommen hätte, was aber bei der geheimen Abstimmung alle bis auf eine oder einen ablehnten.

Ist ja eigentlich nichts dabei, die Schulzeit war vorüber, die beiden jungen Damen 20, also längst erwachsen. Doch dann erschien am Treffpunkt nur Dorothee und erklärte ganz cool, das habe sie mit Nicole so abgesprochen, dass nur sie mit mir fährt.

Also fuhren wir alleine los. Eine wunderschöne Zeit hatten wir, bis dann in Névez urplötzlich Uschi vor dem Zelt stand und mit barschen Worten die Herausgabe ihrer Tochter verlangte.

Dorothee packte ihre Sachen und ging mit. Unterwegs saß sie auch mal am Steuer. Da passierte das Unglück. Sie kam mit dem Wagen von der Autobahn ab, überschlug sich und landete in einem Feuerwehrteich. Uschi war sofort tot, Dorothee wurde schwer verletzt.

Ich ließ mich anschließend nach Riedstadt versetzen.

Von Frauen ließ ich zwei Jahre lang, bis 1998, die Finger. Ich hatte erst einmal genug von all den Geschichten und dem ganzen Schlamassel. Aber eigentlich sollte das Chaos erst dann so richtig anfangen. 2000 tauchte in der Toskana, in

San Vivaldo, wohin ich mit einer jungen Kollegin gefahren war, jene Lore Herkenrath auf, die mir meine zwei Kinder präsentierte. Eigentlich unvorstellbar die Geschichte, aber dennoch wahr. Das Zusammensein mit Lore war schnell die Hölle, denn sie war es gewohnt gewesen, alleine zu leben und alles selbst zu regeln. Bald war sie also wieder weg.

Als ich schon dachte, das war's dann also gewesen, tauchte Conny auf. Sicherlich die Liebe meines Lebens. Sie hatte so alles, was ich an einer Frau schätze. Allerdings auch Angewohnheiten, die ich überhaupt nicht mochte. Aber das Positive überwog, ich sage mal 80 zu 20. Wo gibt es das schon? Aber letztes Jahr im Oktober sagte sie aus heiterem Himmel tschüss und ging. An diesem Tag hatten wir erst in Weiterstadt ein Sofa gekauft, später in Weinheim in einer gemütlichen Kneipe Kaffee getrunken und waren dann zu mir nach Bensheim gefahren. Dort packte sie ihren Rucksack und sagte Ade.

Nein, wir hatten uns an diesem Tag nicht gestritten. Es war nichts vorgefallen. Sie hatte wohl einfach genug von mir und dem ständigen Herfahren von Gießen an den Wochenenden. Seither ist sicherlich endgültig Schicht mit den Frauen. Es hat alles keinen Sinn mehr, es ist aus und vorbei.

So, das war's mit den Frauengeschichten des Reiner Lutter. Und was schließen Sie daraus, liebe Frau Urbach?

15 Spinnen zum 40. Geburtstag

Conny hatte endgültig ihre Zelte in Oberhessen abgebrochen. Sie war ab dem kommenden Schuljahr an das Überwald-Gymnasium in Wald-Michelbach versetzt worden.
Eigentlich sollte sie ja an Lutters Brüder-Grimm-Schule kommen, doch das mochte sie nicht. Lieber wollte sie ab Ende August jeden Tag von Lorsch bis weit in den Odenwald hineinfahren als mit Lutter praktisch Tür an Tür zu arbeiten. Und da hatte sie vollkommen Recht, fand auch er.
Doch nun stand Connys vierzigster Geburtstag vor der Tür. Eine große Feier abzuhalten, kam nicht infrage. Sie hatte von den Verabschiedungen in Wettenberg noch genug. Sie wünschte nur, mit Lutter an diesem Tag ganz allein zu sein und dem stimmte er mit Freunden zu.
Ob sie denn Marbach kenne, hatte er gefragt. Als Conny verneinte, ließ er dort für drei Tage ein Hotelzimmer reservieren und bestellte für ihren Geburtstag zum Frühstück einen riesigen *Blumenstrauß rustical*.
Am Vortag waren sie losgefahren und hatten Schillers Geburtsstadt hoch über dem Neckar trotz der großen Hitze zu Fuß erkundet und anschließend vorzügliche Kalbkoteletts mit Pfifferlingen und Spätzle im Schatten mächtiger Kastanienbäume verzehrt, einen einheimischen Trollinger dazu getrunken und schließlich noch einen Eisbecher bestellt.
Zufrieden mit sich und der Welt waren sie ins Hotelzimmer zurückgekehrt und gegen elf unter beständigen Beteuerungen ihrer gegenseitigen nie enden wollenden Liebe eingeschlafen.
Doch bereits gegen fünf, als es dämmert, weckt Conny Lutter unsanft auf: „Reiner, bitte, hau mir sofort diese entsetzlichen Spinnen da an der Decke tot", fleht sie ihn an.

„Wo?", fragt er schlaftrunken und ohne seine Brille fast blind.

„Da, über der Gardine!"

Er tastet nach seiner Brille und setzt sie auf. Tatsächlich, zwei dicke, fette Biester sitzen da oben friedlich im Abstand von höchstens fünfzig Zentimetern an der Decke.

„Was die da wohl vorhaben?" fragt er sich, denn von Netzen ist weit und breit keine Spur zu sehen.

„Jetzt mach schon was!", fordert Conny und kriecht unter die Decke.

Lutter steht auf und überlegt, wie er, ganz der galante Ritter, seine Dame vor der Gefahr beschützen kann. Die kleinen Ungeheuer mit der Hand einzufangen und aus dem Fenster zu werfen, wäre ja am besten. Beißen oder stechen werden sie wohl kaum. Doch wie soll er das bewerkstelligen?

Er bräuchte eine Zeitung, mit der er sie von der Decke wegschubsen könnte. Dann würde er sie auf dem Boden erwischen und friedvoll entsorgen. Aber auch eine Zeitung gibt es hier nicht. Der Hausprospekt des Hotels ist wiederum zu kurz.

„Bist du fertig?", ruft Conny unter der Decke hervor.

„Gleich, noch einen Moment!"

Er muss also zum äußersten Mittel greifen und todbringende Gewalt anwenden. Connys Schuh scheint ihm geeignet zu sein. Er steigt auf einen gepolsterten Stuhl und verrichtet seine Scharfrichter-Aufgabe bravourös. Die Reste der beiden Gesellen kleben allerdings jetzt breit geklopft an der Tapete.

„Unschön", denkt er.

Als er zu Conny zurückkehren will, fällt sein Blick auf die Wand, an der seine Bettseite steht. Dort warten vier noch dickere Ungetüme geduldig auf ihre Hinrichtung.

„Was die anderen Hotelgäste sich wohl denken? Vielleicht, dass er seine hübsche Begleiterin erschlägt? Egal!"

Zur Sicherheit überprüft Lutter jetzt den gesamten Raum und das Badezimmer. Seiner Mordlust fallen fünf weitere schwarze

Spinnen zum Opfer. Erst dann kehrt er zum Bett zurück und zieht Conny die Decke weg.

„Alles Gute zum Geburtstag!", sagt er, umarmt und küsst sie auf den Mund.

„Hast du auch wirklich alle erledigt?", fragt sie.

Als Lutter nickt, kuschelt sie sich eng an ihn und ist bald darauf eingeschlafen. Lutter hat weniger Glück. Jetzt ist er wach und muss andauernd die Ergebnisse seiner frühmorgendlichen Heldentaten ansehen. Irgendwann schläft auch er wieder ein.

*

Eigentlich wollten sie am frühen Nachmittag die ausgedehnten Gartenanlagen des Ludwigsburger Schlosses besichtigen, aber es ist einfach zu heiß. Das Thermometer mag 32 oder sogar 33 Grad zeigen, da soll man, finden Conny und Lutter übereinstimmend, lieber irgendwo im Schatten sitzen und ein kühles Bier (er) und ein Cola light mit vielen Eisstücken (sie) trinken.

Doch nach einer halben Stunde drängt Conny zum Aufbruch. Von ihrem Platz aus hat sie am Ende der Straße vor dem hässlichen Einkaufszentrum einen Flohmarkt entdeckt, und den muss sie anschauen, selbst wenn dort die Sonne vom Himmel knallt.

„Mit Flohmärkten kannst du mich aus Morpheus Armen reißen!", sagt sie und ruft die Bedienung herbei.

„Und aus meinen!", denkt Lutter und ist gar nicht so erfreut, dass er jetzt wieder laufen muss. Vom Bahnhof her und dann zum Schloss war es eigentlich schon mehr als genug gewesen! Aber schließlich hat sie heute Geburtstag und er will mit seinen 17 Jahren Altersvorsprung bei ihr keinesfalls als lahmer, alter Opa gelten. Also muss er mit.

Aber nach den ersten Flohmarkt-Ständen kapituliert er doch und schleppt sich in das Einkaufszentrum. Vor dem Eingang zum Karstadt findet er eine Sitzbank, auf der schon mehrere Rentner Platz genommen haben.

„Na, da bin ich richtig!", denkt er und wischt sich mit einem Taschentuch den Schweiß von der Stirn.

Die Rentner, teilweise mit Stock oder vor sich stehender bereifter Gehhilfe, brabbeln hin und wieder auf schwäbisch miteinander oder übereinander. Lutter versteht rein gar nichts. Vielleicht haben sie sogar ihn schon angesprochen? Oder über ihn geschimpft, weil er noch viel zu jung ist, um das Recht zu haben, hier zu sitzen?

Conny erlöst ihn nach einer Viertelstunde. „Karstadt hat tolle T-Shirts im Angebot. Wir suchen ein paar für dich aus!"

Das Gute am Aussuchen ist, dass der gesamte Einkaufskomplex angenehm kühl ist. Doch ansonsten? Conny entdeckt immer wieder neue Hemdchen, die sie an ihn hält und überlegt, ob sie ihm stehen. Dabei steht ihm doch eigentlich jede Farbe und jedes Muster!

Am Ende muss Lutter mit vier Shirts zur Umkleidekabine. Viermal ausziehen, anziehen, rausgehen und vor Connys kritische Augen treten. Dann entscheidet sie sich für zwei in knackig bunten Farben und eilt damit zur Kasse. Lutter hinterher. Sie zahlt trotz seines Einspruchs.

Danach übergibt sie ihm die Tüte zum Tragen und dirigiert ihn zu einem *Subway*-Restaurant. Lutter mag sich aber nicht in die Schlange einreihen, überlässt das Bestellen Conny und sucht nach einem ruhigen und nicht allzu verdreckten Tisch.

Mit zwei riesengroßen Sandwichs, aus denen irgendwelche Barbecue-Soßen herausquellen, und zwei Bechern Cola kommt sie nach ewig langer Zeit zu ihm.

„Mahlzeit", sagt er und beißt mit größtmöglicher Verachtung in das Ami-Essen. Aber es schmeckt gar nicht mal so übel. Besser als der McDonald's-Scheiß, den er sich früher, warum auch immer, so gerne reingezogen hat.

„Und?", fragt Conny.

„Danke, gut!", antwortet er ohne lügen zu müssen.
„Meine Schwester ist heute genau seit vierzig Jahren verschwunden!", wechselt Conny unvermittelt das Thema.
„So?"
„Am Tag meiner Geburt ist sie abgehauen und nie mehr zurückgekommen!"
„Vielleicht wollte sie keine Konkurrenz zu Hause?"
„Ach, lassen wir's. Ich möchte gleich noch einmal zum *kik*. Ich denke, da hast du keine Lust dazu. Wartest du hier auf mich?"
Lutter nickt. Er wartet, selbstverständlich.
„Du kannst dir übrigens so viel Cola nachholen, wie du willst. Das ist im Preis inbegriffen!"
Mit einem Küsschen verabschiedet sie sich.
Ihr Sandwich hat sie nur zur Hälfte aufgegessen, bemerkt Lutter. Er nimmt seine Serviette und packt die Reste ein.
„Vielleicht hat sie ja auf der Rückfahrt nach Marbach wieder Hunger", denkt er.

*

Nachts wacht Lutter auf, legt die Decke beiseite und geht zum geöffneten Fenster. Er beobachtet im Schein einer Straßenlaterne, wie an der Außenwand des Hotels eine dicke Spinne emporklettert und im Nachbarzimmer verschwindet.
„Du meine Güte", sagt er zu sich. Doch offenbar zu laut. Conny wird wach und fragt ihn, was denn los sei. Lutter mag aber mit der Wahrheit nicht herausrücken und sagt, irgendein nervender Traum habe ihn aufgeweckt. Außerdem sei es ihm zu heiß unter der Decke gewesen.
„Dann komm jetzt wieder her!", sagt Conny schlaftrunken, dreht sich um und atmet sofort langsam und tief.
Vorsichtig legt sich Lutter neben sie. Morgen will er das Problem mit diesen Spinnenmonstern mal bei der Rezeption ansprechen.

16 Die Befindlichkeitsspirale

Nachdem Frau Hahn, die Gestaltungstherapeutin von Lutters Gruppe, in den letzten Stunden einen Pfingstochsen, eine Wüstenlandschaft, ein Selbstportrait mit geschlossenen Augen und zuletzt eine Blume hatte anfertigen lassen, sollen die Patienten heute ihre Befindlichkeit farblich ausdrücken.
„Und zwar am besten in einem Kreis, einer Ellipse oder einer Spirale. Dies soll Ihre Innenwelt sein, die Sie, wenn Sie mögen, auch mit einem Schlagwort benennen können. Zum Beispiel Hass oder Liebe, um einmal zwei Gegensätze anzuführen. Um Kreis, Ellipse oder Spirale herum gestalten sie Ihre Außen- oder Umwelt. Ob Sie jetzt das Außen vom Innen stark trennen oder abgrenzen, oder aber ob Sie fließende Übergänge herstellen, das sei Ihnen und Ihrer Intuition überlassen. Bevor Sie aber anfangen, bitte ich um zwei Minuten absolute Stille!"
Lutter blickt dabei auf seine Schuhe. Schwarze *Asics*, leider etwas beschmutzt, weil er sie gestern bei dem Regen zum Nordic Walking angezogen hatte und natürlich ohne Schuhbürste in die Klinik angereist war. Monika neben ihm hat dagegen blitzblanke Sneakers an. Auch sonst kommt sie ihm immer vor wie aus dem Ei gepellt. Warum so eine Frau hier gelandet ist? Er kann kaum glauben, was sie alles schon mitgemacht hat. Und nachher muss sie in der Gruppentherapie erneut von sich und ihrer selbstzerstörerischen Beziehung zu ihrem Mann, von dem sie nicht lassen will, erzählen.
Josefine, die Neue, trägt ihre Hausschuhe. Eine Oma, wie man sie aus dem Märchen kennt. Dabei erst 50 Jahre alt. Natürlich Grundschullehrerin. Die gute Fee, die an der Verdorbenheit der Welt zugrunde geht!

Aber, fällt ihm ein, er soll ja nur über sich nachdenken und, falls möglich, die Energieströme seines Körpers wahrnehmen. Bisher allerdings vergeblich. Und wenn er jetzt an diese Spirale oder den Kreis denkt? Holzauge, sei wachsam! Wer weiß, was die gesamte Therapeuten-Clique aus seinem Werk, das gleich entstehen wird, herausliest!

Schwarze Farben lieber nicht benutzen. Dafür helle, freundliche. Und ja keine starre Trennung zwischen der inneren Gefühlswelt und dem äußeren Handlungsraum einarbeiten. Mauern und Grenzen mögen sie hier nicht!

Er wird also Aquarellfarben nehmen. Die sind eh nicht so plakativ und außerdem kann man da die Farben so herrlich ineinander zerfließen lassen. Lutter wird eins mit seiner Umwelt! So will er es anfangen.

Lutter holt sich also einen Bogen Aquarellpapier, einen mittelbreiten Pinsel, Wasser im größten Glas, das er finden kann, eine Farbpalette und ein kleines Schwämmchen. Das Papier weicht er ein, den Rest stellt er auf seinen Tisch. Jetzt braucht er nur noch einen großen Unterlegbogen, um sein ultimatives, eindringliches und natürlich auch emphatisches Befindlichkeitsbild zu kreieren.

Aber als der große Künstler begonnen hat, wird er gewahr, dass sein neustes Werk eigentlich nur eine Farbe zeigt: ein schmutziges, blasses Grau-Blau. Zu lange hatte er offenbar das Malpapier gewässert, denn auch das schönste Rot oder das grellste Gelb hat sich augenblicklich verflüchtigt und mit den anderen Tönen eine amorphe Masse gebildet. So eine öde Befindlichkeit ist nun wirklich nicht die seine! Wie aber kann er sein missratenes Werk den gestrengen Augen der Therapeutin entziehen und es still und heimlich im Papierkorb entsorgen?

Ganz einfach, findet Lutter: Er beginnt noch ein neues, jetzt aber endgültig großartiges Gemälde. Dieses aber mit Kreidefarben, aus denen so wunderschöne Pastelltöne entstehen

können. Und wie schwungvoll er sie auf die Malfläche bringt! Richtig flott sieht bald sein Werk aus! Lutter, der dynamische, gefühlvolle, tatkräftige Patient. Der längst Genesene, wenn jemals überhaupt Erkrankte!
Im allgemeinen Durcheinander des Aufräumens schafft es Lutter spielend, das erste Werk in den Müll zu expedieren. Stolz präsentiert er in der nun folgenden Besprechung sein Kreidebild.
Doch die Therapeutin fragt nach dem Kreide-Vorgänger. Dort habe er seinen verletzlichen, empfindsamen Charakter offenbart, der so im Kontrast stehe zu den hier dargebotenen unverbindlich wirkenden Kringeln.
Und sie geht schnurstracks zum Abfallkorb, entfaltet Lutters Aquarell und erläutert, wie sehr es doch hier dem Patienten gelungen sei, sein Inneres der Außenwelt zu präsentieren. „Wohl aber widerstrebt dies Ihnen sehr, Herr Lutter!", meint sie leicht verärgert und weist noch einmal auf das ungeschriebene Gesetz hin, nach dem es nicht erlaubt sei, seine Arbeiten zu vernichten und damit einer Analyse zu entziehen.
„O weh!", denkt Lutter, „das sieht aber jetzt sehr nach einer Verlängerung meines Klinik-Aufenthalt aus!"

17 Die Liste

Seit Conny endgültig in Lorsch ist, klingelt das Telefon viel öfter als sonst. Hinz und Kunz rufen an und verlangen nach ihr. Dies ist ein wenig mit Schwierigkeiten verbunden, denn der Apparat steht in Lutters Arbeitszimmer und Conny hält sich meistens, wenn sie aus ihrer Wald-Michelbacher Schule zurückgekommen ist, im Keller auf. Dort hat sie, über eine wohnungsinterne Treppe erreichbar, einen Raum belegt, in dem sie neben ihren umfangreichen Arbeitsmaterialien auch Bilder und Gegenstände verwahrt, die oben weder im Wohn- noch im Ess- oder Schlafzimmer und erst recht nicht in Lutters Stube Platz gefunden haben.
Läutet also das Telefon für Conny, muss Lutter zu ihr nach unten steigen und den Hörer übergeben. Dann ist die Leitung meist für eine halbe bis eine ganze Stunde belegt, gelegentlich noch viel länger. Grund genug für ihn, Conny die Anschaffung eines ISDN-Anschlusses mit zwei Telefonnummern und Apparaten vorzuschlagen. Immerhin habe sie den ja bisher bereits in Gießen gehabt, obwohl sie dort alleine wohnte und wohl kaum imstande gewesen sei, mit zwei Leuten zur gleichen Zeit zu reden.
Weit gefehlt, muss Lutter erkennen.
„Natürlich habe ich das öfter mal gemacht. Was denkst du denn?"
Und brüsk weist sie Lutters harmloses Ansinnen zurück.
„Zu teuer!"
„Und wenn wir das Telefon in dein Zimmer nach unten verlegen?"
Auch das findet keine Gegenliebe.
„Damit ich abends, wenn ich im Wohnzimmer bin, immer nach unten rennen muss? Nein, alles bleibt so, wie es ist!

An einem schönen Spätsommer-Nachmittag klingelt wieder einmal das Telefon. Lutter ist sofort dran, erkennt ihm Display eine ellenlange, ihm vollkommen unbekannte Nummer und drückt die Empfangstaste.
„Hallo!", sagt er, interessiert daran, wer sich denn da die Mühe gegeben hat, ihn oder Conny anzuwählen.
Eine weibliche Stimme fordert in harschem Ton, Conny sprechen zu können.
„Und wen darf ich melden?", fragt Lutter ganz devot, jedoch nicht ernst gemeint.
„Anne!"
„Kenne ich nicht!", sagt Lutter ganz der Wahrheit entsprechend.
„Kann ich jetzt Conny haben oder nicht?"
„Aber natürlich! Ich verbinde!"
Und beim Hinabgehen trällert er, wie so oft, die Internationale.
„Bitte sehr, Liebste", unterbricht er das Kampflied der Arbeiterklasse, als er zum Schreibtisch Connys gekommen ist, „eine gewisse Anne!"
Conny reißt ihm den Hörer aus der Hand.
„Anne, wie lieb!", flötet sie mit einer wahren Inbrunst, „endlich ..."
Lutter macht, dass er wieder hinauskommt. Leise und behutsam schließt er die Tür und summt auf der Treppe die dritte Strophe des Loblieds.
Nach so viel Mühe mit dem Treppenlaufen, meint er, habe er ein paar Minuten Ruhe verdient. Er legt sich auf sein blaues *Ikea*-Sofa, zieht sich ein Kissen unter den Kopf und ist auch gleich eingeschlafen.
Doch seine verdiente Ruhe währt nicht lange. Conny taucht bei ihm auf und ist, das erkennt er trotz seiner Schlafmützigkeit, geladen.
„Ich verbitte mir das!", faucht sie ihn an, „meine Freundinnen so zu behandeln. Was denkt Anne jetzt von mir, geschweige

denn von dir? Wenn mich jemand anruft, dann möchte ich den Hörer kommentarlos gebracht bekommen. Und ohne jede Begleitmusik!"

„Aber du hast doch sogar ein Marx-Poster bei dir da unten hängen, da werde ich doch mal ..."

„Nein, ich bestehe darauf, dass du das so nicht mehr machst!"

„Woher soll ich wissen, dass das wieder eine Freundin von dir ist?"

Conny macht kehrt und schließt die Tür so, dass Lutter merkt, wie sauer sie ist.

„Humorloses Volk!", denkt er sich, zieht seine Schuhe an und holt sein Fahrrad.

„Ich fahre ein bisschen in die Weschnitz-Aue", denkt er, „und überlege mir dabei, wie ich morgen das Plusquamperfekt in der 5. Klasse einführe."

Als er nach mehr als einer Stunde mit sich und der Welt zufrieden wieder nach Hause kommt, liegt auf seinem Schreibtisch eine Liste.

Connys Freundinnen und Freunde steht dort als Überschrift und es folgen, fein nummeriert, 27 Namen, fünf davon männlichen Geschlechts.

„Siehe da!", findet er, „fünf Freunde. Sogar Herbert ist dabei!"

Ihm ist noch nicht ganz klar, was er davon halten soll. „Am besten gelassen bleiben!", beschließt er und legt die Liste zusammengefaltet in eine Schublade.

Da kommt Conny die Treppe herauf und zu ihm ins Zimmer.

„Wie wäre es, wenn ich dich gleich zum Italiener einlade?", fragt sie und schaut ihn dabei so lieb und nett an, dass Widerspruch zwecklos ist.

„Aber vorher brauche ich noch eine kleine Kuscheleinheit von einer wunderbaren Frau!", antwortet er und zieht sie ins Wohnzimmer.

18 Die alte Mutter

So ganz zufrieden mit ihrer neuen Stelle am Überwald-Gymnasium in Wald-Michelbach ist Conny nicht. Sie klagt darüber, dass sie dort praktisch niemanden näher kenne lerne. Jeder und jede sei mehr mit sich selbst beschäftigt und habe familiäre Verpflichtungen. Nur zwei wesentlich ältere Kolleginnen wären geschieden und hätten signalisiert, dass man sich vor oder nach einer nachmittäglichen Konferenz mal *zu einer Tasse Kaffee* treffen könne.
„Blödes Volk hier in Südhessen!", urteilt Conny eines Abends, als sie zusammen im Bett liegen, frustriert. „In Oberhessen war das anders. Kaum war ich an einer Schule, und ich war ja an ziemlich vielen wegen der verflixten Vertretungsverträge, da kamen wir zusammen, machten eine Fete nach der anderen oder fuhren sogar mal am Wochenende zusammen irgendwohin. Aber hier? Nichts!"
Lutter ist es gar nicht unrecht. Da hat Conny viel Zeit für ihn. Sie können mehr zusammen unternehmen. Zum Beispiel in Dannenfels ausgedehnte Spaziergänge rund um den Donnersberg machen. Oder nach Kaiserslautern zum Frühstücken fahren. Oder, oder, oder. Dennoch scheint ihm Conny unzufrieden zu sein. Wegen ihm? Weil er ihr immer etwas Sinnvolles vorschlägt? Theater in Mannheim, Theater in Darmstadt, Kabarett in Heidelberg? Kino in Hemsbach? Oder einen gemütlichen Fernsehabend, falls mal ein anspruchsvoller Film kommt?
Und jetzt schimpft sie wie ein Rohrspatz auf ihre Kolleginnen und Kollegen aus dem Odenwald. Dabei stammt sie doch auch aus Südhessen, aus dem Nachbarkreis. Und hätte, wie sie mal erzählte, um ein Haar nicht in Groß-Gerau, sondern in Gernsheim Abitur gemacht. Vielleicht

sogar bei ihm. Er war doch über die Hälfte seiner Dienstzeit dort Lehrer gewesen und führte meistens einen Deutsch-Leistungskurs in der Oberstufe.

Doch zum Glück war dieser Kelch an ihm vorübergegangen und Conny brav in Groß-Gerau geblieben.

„Nächstes Wochenende fahre ich nach Gießen. Damit du es weißt!", sagt sie in die Dunkelheit des Schlafzimmers hinein.

„Ach! Zu wem denn?"

„Ich fahre, das muss dir reichen!"

„Na, du bist vielleicht gut. Was würdest du sagen, wenn ich wegginge ohne dir zu sagen, wo ich bin!", empört sich Lutter.

„Du gehst ja nie, was soll das dann?"

Das stimmt. Er ist sehr häuslich geworden, seit er mit Conny zusammenlebt und hat überhaupt keine eigenen Kontakte mehr gepflegt. Warum auch? Mit ihr ist es, meistens wenigstens, wunderschön und die letzten Wochen sind so abwechslungsreich verlaufen wie selten zuvor.

„Rufst du mich dann wenigstens mal an, wenn du weg bist?", fragt er sie.

„Ja, bestimmt. Kein Problem!"

Aber verraten, wo sie übernachtet, das empfindet sie wohl als Kontrolle. Als ob er ihr nachstellen oder sie gar von einem Detektiv überwachen lassen wollte.

„Überhaupt, du musst übernächste Woche mal mit nach Berkach zu meiner Mutter. Die hat Geburtstag."

„O weh", denkt Lutter. „Ein Unglück kommt selten allein!"

„Ich habe sie heute in einer Freistunde angerufen. Sie will dich mal beschnuppern."

Zu seiner Mutter würde Conny nie mitkommen. Doch das kann er verstehen. Selbst er bequemt sich nur selten nach Darmstadt. Sehr selten. Eventuell, wenn die Kinder da sind, die ihre Omi sehen wollen. Aber er, Lutter, kommt nicht mit Retourkutschen. Da beißt er halt in den sauren Apfel und besucht die alte Dame.

„Wie alt wird sie denn?", fragt er.

Aber das weiß Conny nicht. Jedenfalls nicht so genau.

„Ich glaube, sie ist 1928 geboren. Wie viel Jahre sind das also, Mathe-Genie?"

„76", sagt Lutter wie aus der Pistole geschossen.

„Dann wird sie also 76. Mein Vater wäre, wenn er noch lebte, bereits 86."

„Und wann ist er gestorben?"

„Als ich im zweiten Semester war. Ich erfuhr es aber erst viel später, weil ich nicht erreichbar war. Ich wohnte zwar im Studentenheim, aber meistens war ich aushäusig. Also kam weder die eine noch die andere Tochter zu seiner Beerdigung. Lustig, was? Aber ich weiß gar nicht, ob ich überhaupt seine Tochter bin oder war. Doch das ist mir so was von egal!"

„Wirklich egal. Hauptsache, es gibt dich und es ist schön mit dir!

Conny rutscht zu ihm ins Bett. „Lass mich dich noch ein bisschen spüren, das tut mir gut!"

*

Lutter will durch das Ried zum Geburtstag von Connys Mutter fahren. „Weißt du, ich möchte mal wieder sehen, wie es da so aussieht. War doch ewig im Ried Lehrer gewesen!", hatte er eben den Verzicht auf die schnellere Autobahn-Verbindung in den Groß-Gerauer Vorort begründet. Conny war es egal und sie hatte ihm sogar die Schlüssel für ihren roten Skoda überlassen. Heute sei sie schon genug im Odenwald herumgekurvt wegen eines Unfalls bei Mörlenbach. Da möge er mal ihr Auto ausprobieren.

Es ist eine Tour der Erinnerungen.

Gernsheim: Hier trat er 1974 seine erste Stelle nach dem zweiten Staatsexamen an und später war die Schule Ziel seiner täglichen Radtour von Bensheim aus. Lore wurde in Gernsheim geboren, Dorothee lernte er am Gymnasium kennen.

Biebesheim: Hier lebte Uschi.

Stockstadt: Der Zugang zu seinem geliebten Kühkopf. Bei den Riedbuchmessen in der Altrheinhalle sahnte er dreimal Preise ab.

Riedstadt: Seine Ortsteile Erfelden, Goddelau und Wolfskehlen passiert er nun auf der Umgehungsstraße. Goddelau ist Geburtsort des großen Georg Büchner, aber auch Sitz einer integrierten Gesamtschule, seiner zweiten pädagogischen Heimat nach seinem Weggang aus Gernsheim.

Überhaupt waren die Städte und Gemeinden entlang der Bundesstraße 44, die er gerade befährt, der rote Faden seiner Literatur. Seine Romane und Erzählungen hatte er immer auf diese Region zwischen Lampertheim im Süden und Riedstadt im Norden bezogen und festgelegt.

Und schon sind sie in Groß-Gerau. Die Ortsdurchfahrt des Stadtteils Dornheim unterbricht seine Erinnerungen und zwingt ihn wegen Ampeln, Kurven und schlechter Fahrbahn zur Konzentration. Dann aber haben sie Berkach erreicht und Conny muss ihm den Weg zu ihrer Mutter weisen.

Von der Bundesstraße wechseln sie auf die Kreisstraße in Richtung Büttelborn, biegen kurz vor dem Ortsende nach rechts ab, dann noch einmal rechts und halten vor einem zweigeschossigen Haus mit Walmdach. Eine vielleicht 20 Meter hohe Tanne steht im Vorgärtchen, das von einem Jägerzaun begrenzt wird. Einige Rosenstöcke links und rechts des mit Waschbetonplatten befestigten Wegs zum Haus sind mit gelben Plastiksäcken gegen die zu erwartenden Minusgrade in den kommenden Monaten gesichert.

Der Eingang hat ein moosüberzogenes Vordach aus Plexiglas, links neben ihm lässt eine Reihe Glasbausteine Licht in den Flur eindringen. Conny klingelt, eine junge Frau öffnet und sagt: „Hallo, Conny, dich hab ich ja schon zehn Jahre nicht mehr gesehen!" Conny antwortet: „Hast dich ja schwer gemacht, mein Patenkind!" und stellt Lutter vor: „Das ist der Reiner!"

Die Mutter sitzt am Wohnzimmertisch und denkt gar nicht daran, ihren Platz zu verlassen, als Conny und er hineinkommen. „Alles Gute, Mutter!", sagt Conny und überreicht ihr das gemeinsame Geschenk: einen gelb-braun gestreiften, warmen Schal.

„Danke, Kind!", antwortet die Mutter und schiebt das Päckchen beiseite. „Und das da ist der Herr Lutter?"

Conny nickt und lässt ihn zu ihrer Mutter. „Auch meinerseits alles Gute zu Ihrem heutigen Geburtstag. Und vor allem Gesundheit!", wünscht er.

Die Frau sieht ihn dabei nicht an und schiebt Connys Geschenk noch weiter von sich. „Da ist Platz", sagt sie und weist ihnen zwei frei gebliebene Plätze am Ende des langen Tischs zu, an dem etwa 12 Leute bereits mit dem Kaffeetrinken begonnen haben.

Conny begrüßt der Reihe nach die anderen Gäste, Lutter folgt.

Connys Patin schenkt nun den Kaffee ein und serviert Käsekuchen. „Vom Atze-Bäcker", sagt sie, „aber dennoch gut. Nachher gibt es noch ein Stück Torte, von mir!"

Lutter spürt, wie er von allen aufmerksam gemustert wird. So ein alter Knacker, ach Gott, werden sie denken. Da wird es jetzt wohl endgültig nichts mehr mit dem erhofften Enkelchen für die Mutter!

Dabei dementiert Conny, wie Lutter weiß, bei jedem ihrer seltenen Besuche jeglichen Gedanken oder Wunsch auf Nachwuchs.

Wo aber sitzt der frühere Liebhaber der Mutter? Er käme eigentlich immer, natürlich vollkommen korrekt in Begleitung seiner Frau. Connys Patin dagegen scheint das Kind des Ehepaars neben ihm zu sein. Die Frau führt an diesem Ende des Tischs das große Wort, der Mann stochert, wie Lutter, stumm in seinem trockenen Käsekuchen herum.

Conny scheint ihn vergessen zu haben. Sie redet mit jedem, dessen sie habhaft werden kann. Und zwar im breitesten Südhessisch. Lutter wundert sich, denn so hat er sie noch nie erlebt. Er konnte früher auch mal Darmstädterisch, aber das hat er längst verlernt, vergessen, mit Ausnahme einiger gängiger Ausdrücke wie beispielsweise *Ei guude, wo machsten hi?* Conny dagegen beherrscht noch jede Wendung, kann laut und vernehmlich *babbele*.

Lutter erhebt sich, fragt nach der Toilette. Nicht, dass er müsste, aber er will mal für kurze Zeit dem Geburtstagstreiben entfliehen.

Das Patenkind schickt ihn den langen, dunklen Gang entlang. „Dann rechts gleich die erste Tür!", sagt sie.

Alles akkurat. Blau-weiße Fliesen mit holländischen Windmühlen, ein silberner Seifenspender, Miniwaschbecken in grau, ein roter Plastik-Handtuchhalter daneben. Auf dem Boden ein dunkelblauer Läufer mit ellenlangem Flausch, die Decke mit Nut- und Federbrettern verkleidet, das kleine quadratische Fenster vergittert. Und, wie Lutter alsbald spürt, gibt es auch eine Fußbodenheizung.

„Sehr gut", sagt er spöttisch, „Note eins plus." Alles hat hier seine Ordnung, wie offenbar im gesamten Haus. Wer aber lebt eigentlich im ersten Stock? Oder hat die alte Dame alles für sich?

Doch er kann hier nicht ewig hocken und nichts produzieren. Er erhebt sich, spült das Nichts hinunter und wäscht ausgiebig seine Hände.

Draußen im Gang trifft er das Patenkind. „Noch ein Stück Kuchen?", fragt sie und vermeidet die Anrede.
„Kannst ruhig Du zu mir sagen. Ich bin der Reiner!"
„Und ich die Franziska. Oder auch nur Franzi."
„Wie die Schwimmerin?", fragt Lutter.
„Ja, das bekomme ich von jedem gesagt. Aber Cornelia gefiel meinem Vater nicht, und deiner Freundin war's egal, wie ich heiße. Da haben die Eltern in einem schlauen Buch nachgeschlagen und die Mutter hat entschieden."
„Und was machst du?"
„Studieren. Psychologie in Frankfurt!"
„Schön. Ein sicherer Arbeitsplatz, wenn man bedenkt, dass bald jeder Deutsche zur Therapie muss!"
„Mich interessiert mehr, wie Babys und Kleinkinder lernen. Darüber will ich meine Diplomarbeit schreiben und später vielleicht promovieren."
„Da habt ihr neben der Conny also noch eine Koryphäe in der Familie!"
„Na, ich weiß nicht ..."
„Die Conny und du, wie seid ihr denn verwandt?"
„Meine Mutter ist die Cousine von der Conny. Also bin ich so eine Art Nichte zweiten Grades. Aber ich muss zurück ins Wohnzimmer. Kommst du mit?"
Lutter nickt. Was soll er machen, er muss hinein in das für ihn zweifelhafte Vergnügen.
Conny findet er mit Händen und Füßen redend neben einem weißhaarigen Mann.
„Ihr scheint das gutzutun", denkt er, „aber mir?"
Er beschließt noch eine Tasse Kaffee zu trinken und abzuwarten, ob sich vielleicht irgendjemand mit ihm unterhält.

*

Geschlagene vier Stunden später sitzen Conny und Lutter wieder im Auto und sind auf der Rückfahrt.

„Hast du eigentlich mal mit deiner Mutter geredet?", fragt Lutter.
„Etwas. Ein paar Sätze. Dass es mir gut gehe in Lorsch mit dir."
„So, es geht dir gut mit mir. Das ist schön zu hören, Liebste!", meint Lutter scharfzüngig.
„Davon habe ich die Zeit eben eigentlich überhaupt nichts bemerkt!"
„Wenn du auch wie ein Häuflein Elend herumsitzt!", antwortet sie prompt, „dann brauchst du dich nicht zu wundern, wenn dir langweilig wird."
Dazu schweigt Lutter. Außerdem muss er aufpassen, denn es hat angefangen zu schneien. Noch tauen die Schneeflocken auf der Straße, aber das kann sich jeden Moment ändern. Connys Wagen gleich beim ersten Mal gegen den nächsten Baum zu fahren mag er auf gar keinen Fall.
„Meine Mutter wartet immer noch auf die Rückkehr ihrer verlorenen Tochter. Die soll sogar das Haus erben!", sagt Conny nach einer Viertelstunde Schweigens.
„Und du bekommst nichts?"
„Meinst du, ich wollte in so einer Bude wohnen? Das ist ja schlimmer als in deinem Reihenhaus! Nein, ich brauche nichts von ihr!"
Das kann Lutter gut verstehen.

19   Mirtazapin

Sie hatten Lutter vor ein paar Tagen ein Medikament gegen seine schwere Depression verpasst. *Valdoxan* heißt es und auch andere Patienten werden damit beglückt. Lutter aber fühlte sich bald wie im Tollhaus. Er wurde immer aggressiver, motzte nur noch herum, schlief nachts überhaupt nicht mehr und in seinem Schädel ratterten die Presslufthämmer. Ihm ging es, so befand er, schlechter als neulich, als er in Bensheim feststellte, dass etwas in ihm nicht mehr in Ordnung ist.

Weil er sich trotz seines fortgeschrittenen Alters noch zu den kritischen Geistern in der Klinik zählt und meint, die Tricks und Winkelzüge der pharmazeutischen Industrie zu kennen, so setzte er sich an den Patienten-PC, warf zwei Euro ein und gab in die Suchmaschine *Valdoxan* und *Nebenwirkungen* ein.

Es kam, wie es kommen musste. Lutter entdeckte zunächst, dass das Medikament erst seit knapp acht Wochen von der EU zugelassen ist. Und er fand jede Menge von Patientenberichten, die ähnliche Symptome beschrieben wie bei ihm.

Er also Versuchskaninchen eines Pharma-Konzerns? War nicht vorletzte Woche ein Vertreter des Hersteller-Konzerns hier gewesen und hatte *Valdoxan* als neues *Wundermittel ohne jede Nebenwirkung* über den grünen Klee gelobt? Ob der nicht sogar ganz kostenfrei und unverbindlich einige Klinik-Packungen hier gelassen hatte zum Ausprobieren an den Patienten?

Alt-Achtundsechziger Lutter fand beim Recherchieren auch heraus, dass das Wundermittel auch das teuerste aller Anti-Depressiva ist. Klar Fall: Das nimmt er nicht mehr, unter gar keinen Umständen! Und sofort stand er beim Oberarzt auf der Matte.

Der hörte sich Lutters Begehren an, erklärte, es komme vor, dass ein Anti-Depressivum nicht wirke und verordnete, ab sofort abends vor dem Schlafengehen zu nehmen, 15 mg Mirtazapin. „Das ist schon lange auf dem Markt, wie Sie vielleicht bereits wissen. Es gibt aber Nebenwirkungen, die bald vergehen. Und die meisten Patienten nehmen durch Mirtazapin um einige Kilos zu. Aber das wird Ihnen sicher nicht schaden!"

Also schluckt Lutter abends, nachdem er *Neues aus der Anstalt* gesehen und sich köstlich über Georg Schramm und Urban Priol amüsiert hat, die neue Pille und harrt in seinem Bett der Dinge, die da auf ihn zukommen sollen.

Doch davon bemerkt er nichts mehr. Er schläft nach ein paar Minuten ein und nicht einmal der Wecker vermag es am folgenden Morgen um halb sieben, ihn aufzuwecken. Dies schafft erst Schwester Anke, die um halb neun alarmiert wird, weil Lutter nicht zur Gruppentherapie erschienen ist.

Aber Lutter, der ansonsten höchst erfreut über solch angenehmen Besuch in seinem Zimmer gewesen wäre, erkennt seine Lieblings-Schwester nicht und begreift erst recht nicht, was sie will. Er spürt nur übergroße Übelkeit und heftige Schmerzen in allen Gliedern.

„Sie müssen aufstehen!", wiederholt Schwester Anke. „Ihre Therapien haben begonnen!" Aber Lutter dreht sich nur um und schläft trotz seiner Beschwerden sofort wieder ein.

Gegen elf wird er von alleine wach und schleppt sich zur Toilette. Dann nimmt er einen großen Schluck Orangensaft und kriecht ins Bett zurück. Dieses Mal sind die Schmerzen größer, er kann nicht mehr schlafen.

Er greift zum Telefonhörer und ruft im Schwesternzimmer an. „Mir tut alles weh und mir ist so übel!", klagt er Schwester Anke.

„Das sind die Nebenwirkungen Ihres neuen Medikaments", erklärt sie ihm. „Aber heute Nachmittag müsste es Ihnen besser gehen. Soll ich Ihnen Ihr Mittagessen ans Bett bringen?"
„Gerne, aber es wird vergebens sein", sagt Lutter. „Nein, ich esse nichts, leider!"
„Gute Besserung!", wünscht Schwester Anke und Lutter legt auf.
Wie schlecht muss es ihm gehen, dass er nicht einmal diese wunderbare Frau in seinem Zimmer sehen kann? Doch sie hatte ihm ja Besserung für den Nachmittag angekündigt. Und wenn sie das sagt, dann wird es stimmen. Aber ein Kaffee oder ein Cappuccino wäre jetzt nicht schlecht, denkt er.
Er tastet sich nach draußen, dann mit einer Hand immer an der rechten Wand des Gangs entlang zum Automaten, wo er eine Tasse unter die Öffnung stellt und dann aus Versehen auf *Doppel Espresso* drückt. Ist vielleicht auch besser so, findet er, als er ihn nach einer Minute ohne Zucker hinunterkippt.
Dann geht er, ohne die Wand als Stütze zu gebrauchen, wieder in sein Zimmer, zieht den Vorhang zurück und öffnet die Tür zum Balkon.
Mit Sonne geflutet, denkt er, als seine Behausung in hellem Lichte erstrahlt.

*

Nachmittags ist das Schlimmste überstanden, der Gliederschmerz hat *sich in ferne Berge* zurückgezogen und *sendet von dorther fliehend nur* hin und wieder *körniges Eis in Streifen über die blühende Flur*, wie Lutter Goethes Faust auf seinen Zustand umdeutet. Er rasiert sich, duscht und macht sich gegen vier Uhr auf zu seiner äußerst attraktiven Körpertherapeutin Freiburger, die sich gewöhnlich seiner Achillodynie annimmt und versucht mithilfe chinesischer Massagekünste seinen gestörten Leber-Meridian in Ordnung zu bringen.

Bald danach steht bereits das Abendessen auf dem Plan. Nina, Lutters ständige Tisch-Genossin, fragt ihn besorgt, was mit ihm denn den ganzen Tag losgewesen sei. Sie habe sich Sorgen gemacht und hätte ihn, wenn er jetzt nicht erschienen wäre, mal in seinem Apartment besucht. Lutter erzählt von seinen Mirtazapin-Problemen.
„Weißt du, was du da machst? Du halbierst einfach deine Pille und spülst die zweite Hälfte in der Toilette runter. Da geht's deinem Körper besser und die Bakterien in der Kläranlage freuen sich, dass sie auch mal keine Depression haben!"
„Wenn du meinst ..."
„Das habe ich auch so gemacht. Nach zwei oder drei Tagen nimmst du dann wieder die ganze Pille. Bis dahin hat sich dein Körper an den Wirkstoff gewöhnt."
„Am besten", meint Lutter anerkennend, „stelle ich dich als meine persönliche Medikamentenberaterin ein. Allerdings nur als Ein-Euro-Jobberin. Mehr ist nicht drin."
„Geizhals", lacht sie, „andererseits typisch Alt-Achtundsechziger. Die sind keinen Deut besser als die anderen Kapitalisten!"
Ninas Ratschläge bringen die erwünschten Erfolge. Am nächsten Morgen ist Lutter fünf Mi-nuten vor seinem Wecker wach und fühlt sich gut. Nur hätte er von der Spül-Aktion nichts seiner Einzel-Therapeutin verraten sollen. Die reagiert ausgesprochen biestig auf seine Beichte. Aber Lutter ist halt immer wieder für ein Eigentor gut.

20 Die will ich nicht sehen!

Conny und Lutter besuchen den Darmstädter Herrngarten und anschließend eine der angesagten Eckkneipen im sogenannten Watzeviertel. Dann möchte Conny noch ein bisschen Jugendstil genießen und sie brechen deshalb zur Mathildenhöhe auf.
„Da war ich zwar schon mal vor zwei Jahren, und zwar mit dem Kollegiums-Ausflug, aber damals hat das dort eigentlich keinen interessiert. Wir wollten nur in die Stadt um zu shoppen", sagt Conny.
„Gibt's in Gießen nichts zu kaufen?"
„Doch, natürlich. Eigentlich genug. Und Frankfurt ist ja auch nicht so weit. Aber wie die lieben Lehrerinnen und Lehrer halt sind ... Ich habe mich dann in der Stadt von den anderen abgesetzt und im Museum den Beuys-Block bewundert."
„Echt? Bewundert? Kann man das?"
„Man kann, wenn man auf Fett und Filz steht!"
„Und das tust du?"
„Tagaus, tagein. Ach, übrigens, von wegen Fett. Ich habe mich in Heppenheim in einem Studio angemeldet. Ich muss mal wieder etwas gegen zu viele Pfunde tun."
Conny ins Studio! Kein Wunder, dass sie sich ein Arschgeweih hat stechen lassen. Studio und Arschgeweih, das passt zusammen wie die Faust aufs Auge!
Doch Lutter weiß, dass er nicht schimpfen darf. Bei ihr bewirkt es nur das Gegenteil.
„Was kostet denn das?", fragt er, denn er weiß, dass seine Conny sparsam ist.
„Vier Wochen lang nichts, da ist alles frei, und dann 19 Euro im Monat. Das ist super günstig!"
„Und wie lang musst du buchen?"

„Zwei Jahre, aber wenn ich weiter als 50 Kilometer wegziehe von Lorsch, dann kann ich sofort aussteigen."
„Willst du weg?", fragt Lutter scharf.
„Nein, aber wenn, dann zahle ich doch nicht ewig lange 19 Euro!"
Sie will also weg. Zumindest erwägt sie es oder schließt es nicht aus. Kaum ist sie hier, denkt sie schon an den Abflug.
Lutter schweigt beleidigt.
Als sie die Dieburger Straße überqueren, deutet er auf ein Hochhaus in der Nähe:
„Da wohnt meine Mutter. Sagen wir ihr kurz Guten Tag?"
„Nein!", antwortet sie ohne nachzudenken.
„Aber zu deiner musste ich neulich vier oder fünf Stunden lang! Da kannst du doch wenigstens mal vorbeischauen für zehn Minuten!"
Sie denkt nach.
„Machen wir es so: Du gehst hin und ich so lange in das Jugendstil-Museum. Ich klingele dann und du kommst wieder runter."
„Das ist unfair. Warum gehst du nicht mal mit?"
„Diese Frau kann mich nicht leiden. Das weiß ich."
„Woher denn?"
„Nach all dem, was du über sie erzählt hast, ist das sonnenklar. Oder hast du mich belogen?"
Ein schöner Streit! Aber er denkt nicht dran, jetzt nachzugeben.
„Ich gehe hoch", sagt er, „und frage, ob du willkommen bist. Dann hole ich dich unten ab. So machen wir es!"
Sie geht mit, sagt keinen Ton.
Er klingelt, fährt mit dem Fahrstuhl in den vierten Stock. Seine Mutter steht in der geöffneten Tür.
„Warum hast du denn nicht vorher angerufen?", fragt sie vorwurfsvoll.
„Unten wartet Conny", sagt er. „Kann sie mit zu dir?"

„Was? Nein. Die kommt mir nicht ins Haus!"
Lutter macht wortlos kehrt und nimmt die Treppe nach unten.
„Und?", fragt Conny.
„Gehen wir ins Museum, wenn du noch magst!"
Sie mag und zahlt für beide.

*

Abends in Lorsch kommt Conny mit einer Sporttasche aus ihrem Kellerzimmer.
„Ich fahr dann mal", sagt sie zu Lutter, der gerade die Sportschau sieht.
„Ins Studio?"
„Ins Studio, ja!"
„Na denn viel Spaß! Wann kommst du wieder?"
„Ist doch egal, oder?", sagt sie und geht.
Jetzt zeigen sie im Fernsehen den Bericht über die erneute Niederlage des VfB Stuttgart gegen Bayer Leverkusen.
„Ein Unglück kommt selten allein", denkt Lutter und schaltet ab.
Aber was macht er jetzt? Weggehen, irgendwo ein Bier trinken oder zwei? Aber er kennt ja niemanden in Lorsch.
In Bensheim jemanden anrufen? Jetzt, am Samstagabend? Die braven Familienväter und -mütter?
Lutter geht in die Küche und entnimmt dem Kühlschrank die noch volle Flasche Mirabellenschnaps aus Dannenfels. Er schraubt sie auf und füllt ein Cola-Glas zur Hälfte.
„Prost!", sagt er in die Dunkelheit draußen hinein, „Prost, ihr blöden Weiber!"

*

Anderthalb Stunden später ist Conny abgekämpft und mit rotem Kopf wieder da. „Hat das gutgetan!", strahlt sie den

auf dem Sofa liegenden Lutter an. „Ich war fast nur auf dem Stepper. Morgen habe ich bestimmt überall Muskelkater. Ich habe dir übrigens bei McDonald's einen McRib mitgebracht. Den magst du doch?"
Den mag er. Er rappelt sich hoch und geht unsicher, aber kaum auffällig zum Esstisch. Dann sitzen sie da, Conny mampft ihre Hamburger, er seinen klebrigen McRib.
„Himmlisch", sagt er, „erst Mirabellenschnaps, jetzt so was. Was will man mehr in seinem Leben?"
Conny spürt die Ironie, das erkennt Lutter an ihren Zornesfalten im Gesicht. Aber beweisen kann sie ihm seine Frechheit nicht. Denn eigentlich hat er ja nur ihre Fürsorge gelobt, denn auch den Mirabellenschnaps hatte sie vor drei Wochen in Dannenfels beim Bauern besorgt.
Etwas Harmloses sagen, und sie dennoch damit treffen, das wird seine Gegenstrategie ab heute sein.
Conny holt eine Flasche Chianti aus dem Schrank. Einen Gallo Nero, den er so schätzt.
„Du trinkst doch noch ein Gläschen mit mir?", fragt sie.
Er nickt. Sie entkorkt die Flasche, holt zwei Gläser und füllt sie zur Hälfte.
„Wenn das der Winzer wüsste!", sagt Lutter, als er sein Glas hebt, „erst McDonald's und dann seinen Wein, er würde sich im Grabe herumdrehen!"
„Aber noch lebt er! Prost!"
Unentschieden, findet er.

21   Herbert

Drei Tage später hat Conny bis in den späten Nachmittag hinein Unterricht, während Lutter längst zu Hause in Lorsch hin und her überlegt, ob er sich nun gemütlich auf das Sofa legen oder trotz des schlechten Wetters mit dem Fahrrad eine Runde durch Feld und Wald drehen soll. Da meldet sein Handy, dass eine SMS eingegangen ist.
Erwartungsvoll öffnet er die Nachricht, denn sie kommt von Conny. *Hallo, Herbert, aus dem Raucher-Lehrerzimmer meiner neuen Schule schicke ich dir liebe Adventsgrüße. Ich hoffe, dass es dir allmählich besser geht und du bald wieder unterrichten kannst. Man sieht sich! Conny,* liest er und muss sich setzen.
So ist das also mit dem Weib! Hat noch beste Kontakte zu dem Vorgänger! Weiß, dass er offenbar krank ist, vielleicht weil er den Verlust seiner geliebten Conny nicht verkraftet hat. Und sie macht ihm Hoffnungen, diese blöde Kuh!
Und wie doof ist er doch! Er glaubt noch das, was sie sagt, wenn sie über Nacht zu einer Freundin nach Gießen fährt. Wer weiß, wo sie wirklich ist!
Er liest den Text noch einmal durch. Kein Zweifel, da hat sie sich vertan. Und er weiß jetzt Bescheid!
Er drückt den Antwort-Knopf und gibt ein: *Bin leider nicht der Herbert, habe aber deine Nachricht mit Interesse gelesen.* So, reicht das oder soll er noch etwas dazu schreiben? O ja! *Das war's dann ja wohl!* Und ab geht die Post!
Dann holt er sein Auto aus der Garage und fährt an den Parkplatz in der Weschnitz-Aue. Er steigt aus und läuft den Betonweg neben dem Flüsschen entlang. Böen peitschen immer wieder dicke Regentropfen an sein Gesicht, der Anorak hält kaum die Kälte ab. Bis zum Wehr, wo alte und

neue Weschnitz zusammenfließen, kämpft er sich durch und hält einen Augenblick im Windschatten des Pumpenhauses inne. Dann stürzt er sich wieder ins Getöse. Noch weiter weg vom Städtchen und der warmen Wohnung treibt es ihn. Doch jetzt, als der pechschwarze Himmel seine Schleusen öffnet, kehrt er um, erreicht sein Auto mit Mühe, setzt sich hinein und genießt den Schutz, den ihm sein Blechkleid bietet.
Aus dem Handschuhfach nimmt er eine Packung Tempo, reibt sich damit die Nässe aus dem Gesicht, säubert die Brillengläser.
Dennoch fröstelt es ihn. Wenn er hier noch länger herumsitzt, ist er morgen krank und kann die Klausur in der 11 nicht schreiben lassen. Also zurück in die Wärme. Er startet den Motor, schaltet die Scheinwerfer ein, will losfahren. Da biegt Conny mit ihrem Skoda auf den Parkplatz ein, hält neben ihm, kommt zu ihm ins Auto und setzt sich auf den Beifahrersitz.
„Ich habe Scheiße gebaut. Entschuldige. Es kommt nicht mehr vor!"
Warum wirft er sie nicht raus? Warum saugt er ihre Worte auf wie ein Verdurstender die letzten Wassertropfen seiner Feldflasche? Warum kann er ihr nicht sagen, dass er ihr eh nichts mehr glaubt, egal, was sie zur Entschuldigung vorbringt?
Warum muss er sie jetzt sanft auf ihren Mund küssen und mit einem Tempo ihre Tränen wegwischen?
„Los, wir fahren heim", sagt er bloß. „Wir machen uns einen Glühwein!"
Sie nickt und geht zu ihrem Auto.

22 Stille Nacht

Stille Nacht, heilige Nacht in der Dannenfelser Bauernkate. Nach einem Festmahl beim Chinesen in der nahen Kreisstadt Kirchheimbolanden entzündet Conny, die Gottlose, eine dicke, rote Stumpenkerze im engen Wohnzimmer und überreicht Lutter, dem Gottlosen, vier sorgsam verpackte Geschenke.
„Aber bitte gleich auspacken!", verlangt sie und setzt sich neben ihn auf die Couch. Lutter würde ihr ja gerne nun seinerseits seine ungeschickt eingeschlagenen Liebesgaben übergeben, doch Conny, das weiß er, duldet keinen Widerspruch.
Er beginnt mit dem kleinsten Päckchen. Eine klappernde Blechschachtel. Auf ihrer Vorderseite ist ein listiges Häschen abgebildet, das *Ich schwöre bei meiner Möhre, dass ich dir gehöre* zu dem Betrachter sagt. Und drinnen? Jede Menge bunter Gummibärchen.
„Lieb", sagt Lutter.
Das nächste Paket enthält zwei Pullover, einen roten von *Daniel Hechter* und einen dunkelblauen von *Camel*.
„Zieh sie doch mal an! Ich möchte zu gerne wissen, ob sie dir passen!", fordert Conny.
Lutter muss sich aus seinem *Aldi*-Sweatshirt herauswinden und die beiden neuen anprobieren.
„Die stehen dir toll!", freut sich Conny, „Gott sei Dank, ich dachte schon, sie wären zu kurz!"
Nun kommt ein schweres Paket an die Reihe. Bücher, vermutet Lutter.
In der Tat, es sind fünf mehr oder weniger dicke, antiquarische Bände über Dannenfels und den Donnersberg. Dabei ist auch eine topografische Karte aus dem Jahre 1908.

„Toll", sagt Lutter und entfaltet sofort die Landkarte. „Wunderbar, so etwas mag ich doch so sehr!" Und Conny bekommt einen dicken Kuss.

Weil Lutter sich nicht von der historischen Karte trennen kann, muss Conny ihn auf das letzte Geschenk hinweisen: „Auf, ich möchte wissen, ob du dich auch darüber freust!"

Sie reicht ihm ein kleineres Päckchen.

„Aber nicht vor dem Auspacken schütteln!", mahnt sie, „sonst geht es kaputt!"

Was kann denn das wohl sein?

Vorsichtig löst Lutter die Tesafilm-Streifen von dem rot-bunten Papier.

„Du liebe Zeit!"

Er hält eine H0-Modellbahn-Dampflok der Baureihe 78 in der Hand. Das ist vielleicht eine Überraschung! Die muss er sich sofort unter richtigem Licht ansehen. Er erhebt sich, geht zum Schreibtisch und schaltet die Lampe an. Eine wunderschöne, filigrane Personenzug-Lok, für die er oben in der einen Dachkammer sogar die passenden Wagen hat. So was hat er sich früher als Kind immer vergebens gewünscht und später nie selbst gekauft.

Wie Conny auf solche Ideen kommt! Er hat doch nie davon gesprochen. Aber sie kann offenbar hellsehen. Sie kennt ihn halt besser als er sie.

„Ich habe auch etwas für dich, Liebste", meint er nach einer Weile. Der Schublade des Vertikos entnimmt er einen in Weihnachtspapier eingeschlagenen, dicken Briefumschlag mit einem Gutschein für eine Urlaubswoche am Kaiserstuhl samt vielen Prospekten und Vorschlägen für alternative Touren. Dann holt er oben vom staubigen Schrank eine schmale, federleichte lila Tüte, die mit goldenen Kordeln zusammengehalten wird.

Jetzt ist er gespannt wie ein Flitzebogen, ob Conny die silberne Kette mit den unterschiedlich großen Rechteck-Formen gefällt.

Sie strahlt, zieht ihren schwarzen Rollkragenpullover aus und legt die Kette an.
„Und?", fragt sie.
„Ausgezeichnet. Ich hoffe, dass du sie auch mal trägst, wenn wir ausgehen!"
„Bestimmt!"
Jetzt bekommt auch er seinen verdienten Danke-schön-Kuss.

*

Am zweiten Feiertagmorgen wollen Conny und er nach Lorsch fahren, denn ihre in die USA ausgewanderte Freundin Anna will samt US-Army-Ehemann Lance und Adoptivsohn Bobby einen zweitägigen Besuch bei ihnen abstatten. Für Lutter eine gräuliche Vorstellung, einen Armee-Angehörigen, der schon bei Präsident Bush die Lage zu erklären hatte und ansonsten Bomben- und Raketenziele im Irak oder in Afghanistan vom Schreibtisch aus festlegt, in einer Wohnung zu begrüßen, die auch die seine ist.
„Was hältst du davon, wenn ich bleibe, die gesamte Eisenbahn-Anlage aufbaue und deine wunderschöne Lok fahren lasse?", fragt er deshalb seine Conny beim Frühstück.
„Anna will dich aber kennen lernen!", wirft sie ein, „und da darfst du nicht einfach fehlen!"
„Aber ich kann doch nur hier mit der Eisenbahn spielen", verteidigt sich Lutter. „Ich wusste doch vorher auch gar nicht, dass du mir so etwas Tolles schenkst!"
Conny winkt ab. Sie ist sauer. Und nicht zu wenig. Aber er, Lutter, hat wirklich keine Lust, den Obristen zu begrüßen. Wenn er eine Telefonnummer der Taliban hätte, dann könnte er beinahe in Versuchung kommen ...
Nein, das würde er natürlich nicht. Er verabscheut Gewalt. Früher ebenso wie heute. Es würde keinen Selbstmord-Anschlag in Lorsch geben.

Nachher träfe es auch Conny. Nein, er will einfach in Ruhe Eisenbahn spielen. Wie früher.
„Lass mich hier, bitte. Und ausgehen könnt ihr auch ohne mich!"
Geschützt von so einem großartigen Krieger wird wohl der Besuch einer Pizzeria oder eines Land-Gasthofs problemlos verlaufen!
„Wie du willst!"
Conny steht auf, packt ihre paar Sachen und fordert seinen Autoschlüssel. Das wird ihm nichts ausmachen, hier zwei, drei Tage festzusitzen. Notfalls kauft er Nachschub unten im Dorf ein.
„Tschüss", sagt Conny und geht. Kein Kuss, keine Umarmung. Nichts. Draußen kratzt sie die mit Eisblumen verzierten Scheiben des Suzuki frei, startet und rast davon.
Als Lutter den Tisch abgeräumt und gespült hat, will er im Wohnzimmer Holz in den Ofen nachlegen. Da entdeckt er die silberne Kette auf dem Schrank.
„Connys Rache", denkt er. Aber das macht ihm im Augenblick überhaupt nichts aus.

*

Doch Conny hat eine weitere Überraschung für ihn bereit. Zwei Tage später erst meldet sie sich bei Lutter über ihr Handy.
„Ich war mit Anna bei ihren Eltern in Nordhessen. Wir haben Lance und Bobby dort allein gelassen und fahren jetzt nach Gießen. Wir haben uns so viel zu erzählen! Wir übernachten bei Heike, die kennt Anna auch vom Studium."
„Wie schön für euch drei!"
„Jetzt spotte nicht und gönne mir das Wiedersehen. Ich komme an Silvester zu dir und bringe was zu essen mit."
Und schon legt sie wieder auf.

„Ich bräuchte eine Drehscheibe für meine Anlage", überlegt Lutter. „Und einen Decoder für die neue Lok. Dann ließe sie sich unabhängig von den anderen steuern."
Aber jetzt kann er nicht nach Kaiserslautern. Er sitzt ja fest im Gebirge!

23 Unschlagbar

Gruppentherapie-Sitzung bei Frau Mansholt. Das bedeutet 100 Minuten angestrengt zuzuhören, mitzuleiden, infrage zu stellen, zu argumentieren oder selbst die Hose herunterzulassen, sprich, aus seinem Leben schnörkellos und wahrheitsgemäß zu berichten.
Heute muss Lena in den sauren Apfel beißen und sich über die Stationen ihres Trinkerlebens auslassen. Ihr arbeitsloser Lebensgefährte, berichtet sie, trage mit seinen häufigen Depressionen und seiner eigenen Trunksucht in hohem Maße dazu bei, dass sie nicht vom Alkohol lassen könne.
Einhellig rät die Gruppe Lena, sich doch von ihm zu trennen, zumal er sich in ihrem Haus breitgemacht habe und es mit der Liebe wohl auch nicht zum Besten bestellt sei.
Doch Lena weiß nicht, wie sie das bewerkstelligen soll. „Mir fehlt einfach das Selbstvertrauen dazu!"
Frau Mansholt weiß Abhilfe. Sie nimmt sich einen Edding-Stift und sucht auf der Flipchart eine freie Seite.
„Meine Damen, meine Herren, wir wollen einmal zusammentragen, wie Frau Dämgen mit ihrem Partner reden sollte. Und zwar unterscheiden wir Stimme, Formulierung, Inhalt, Gestik und Mimik." Diese vier Punkte schreibt sie nun links auf das Papier und sammelt dann reihum Beispiele.
Lutter hätte es in seinem Unterricht in der Oberstufe nicht besser gemacht!
„Nun aber wollen wir streichen, womit Frau Dämgen keinen Korb bei ihrem Partner gewinnen könnte, womit sie also die notwendige Auseinandersetzung nicht bestehen würde. Bitte, meine Damen und Herren!"
Übrig bleibt nach kurzer Diskussion um die eine oder andere Vokabel:

Stimme:	*laut, klar, deutlich*
Formulierung:	*eindeutig*
Inhalt:	*präzise, begründend, eigene Bedürfnisse ausdrückend, Verwendung des Pronomens ICH, direkte Benennung von Gefühlen*
Gestik, Mimik	*unterstreichend, lebhaft, entspannte Körperhaltung, Blickkontakt*

„Ich möchte nun, dass wir das Gespräch, das Frau Dämgen mit ihrem Lebensgefährten führen soll, einmal im Rollenspiel darstellen. Frau Dämgen, Sie übernehmen natürlich selbst ihren Part, Sie sollen es ja lernen. Und wer ist Ihr Lebensgefährte?"
Lutter meldet sich sofort. Theater spielen, das ist sein Ding. Da will er mal sehen, wie er als versoffener Partner der armen, unscheinbaren Lena diese um seinen Finger wickelt und die schönen Regeln der Frau Mansholt ad absurdum führt!
„Gut, Herr Lutter. Kommen Sie bitte beide mit Ihren Stühlen hier vor die Tafel. Frau Dämgen sitzt so, dass sie spicken kann. Und Herr Lutter braucht ja bloß zu antworten."
„Das könnte dir so passen!", denkt Lutter.
Und so reagiert er brav und treuherzig auf die Vorhaltungen seiner Partnerin, die diese nervös, aber nach besprochenem Konzept vorträgt.
„Und deshalb wünsche ich, dass du gehst!", endet Lena.
„Aber liebe Lena, das ist aber gar nicht schön von dir. Wo soll ich denn hin?"
„Weiß ich auch nicht. Du sollst gehen."
„Noch vor einer Woche hast du mir aber gesagt, dass ich dein Ein und Alles bin."
„Jetzt aber nicht mehr!"
„Das hast du bestimmt in dieser Untertalklinik gelernt. Da haben sie dich doch aufgehetzt!"
„Nein, Albert, das haben Sie nicht! Wir haben nur gelernt,

wie man selbstbewusst mit seinem Partner redet."

„Ach so, deshalb hast du mit mir geredet. Und in so schönem Hochdeutsch."

„Du musst gehen, damit ich aufhören kann mit dem Trinken!"

„Du musst gehen, du musst gehen. Aber selbst wenn du mich nicht mehr liebst, kannst du mich nicht rauswerfen. Wir haben einen Mietvertrag miteinander gemacht und ich gebe dir jeden Monat von meiner Stütze 300 Euro ab."

„Ich werfe dich raus!"

„Jetzt wirst du aber aggressiv. Du weißt doch, dass das keinen guten Eindruck macht."

„Du gehst jetzt und zwar sofort!"

„Dann hole die Polizei. Der kann ich unseren Mietvertrag zeigen und die wird dich über deine Rechte informieren!"

Lena schüttelt den Kopf. „Ich kann nicht mehr! Was soll ich denn gegen einen solchen Mann machen?"

Das weiß auch Frau Mansholt im Augenblick nicht so genau.

„Sie können aber davon ausgehen, dass Ihr Partner nicht so eine harte Nuss ist wie Herr Lutter!", meint sie tröstend zu der armen Lena.

Dann kündigt sie an, dass die Szene morgen noch einmal gespielt werden soll. Da werde sie die Rolle von Frau Dämgen übernehmen, damit sie mal sieht, wie das zu machen sei.

24 Die Klassenfahrt nach Frankreich

Am späten Abend des ersten Schultags nach den Winterferien liegen Conny und Lutter in bester Stimmung im Bett und erzählen. Aber dann berichtet Conny von der schweren Erkrankung der Französischlehrerin ihrer Klasse.
„Dann muss jemand anderes mit den Schülern nach Frankreich zum Austausch im März fahren."
„Du", sagt Lutter. „Wer sonst?"
„Nein, das muss jemand sein, der fließend Französisch spricht. Und das tue ich nun mal überhaupt nicht."
„Du hast doch neulich mal erzählt, dass ihr kaum Französisch-Lehrer habt, und wenn jetzt noch der Ausfall dazukommt, dann wette ich mit dir, dass sie dich nehmen!"
„Nein, ich nicht. Jetzt hör auf mit dem Blödsinn!"
Aber Lutter hört nicht auf mit dem Blödsinn. Schließlich hat er 20 Dienstjahre mehr als Conny und war dazu noch Mitglied der Schulleitung in Goddelau gewesen.
„Sie nehmen dich. Garantiert!"
„Nein, sie nehmen mich nicht. Was hast du für eine Ahnung, wie das in Wald-Michelbach läuft!"
„Es läuft überall gleich. Die Schulleitung wird dich beauftragen, weil du die Klasse am besten kennst. Absagen werden die den Austausch doch auf gar keinen Fall."
„Ist schon alles bezahlt, und die Zuschüsse sind auf dem Schulkonto."
„Na, siehst du. Du fährst!"
Conny dreht sich um, macht ihre Leselampe an, nimmt ihre Bettwäsche und geht wutentbrannt ins Wohnzimmer.
Lutter rückt nach rechts und knipst die Lampe wieder aus. Dann legt er sich in sein Bett zurück und versucht einzuschlafen.

Aber es ärgert ihn, dass sie einfach die Augen vor dem Naheliegenden verschließt. Jeder Schulleiter würde so handeln, wie er es gesagt hat. Warum macht sie da so einen Terz? Was treibt sie an, so vehement zu widersprechen? Weil sie im April noch mit einer anderen Klasse nach Prag fährt? Weil sie wohl 24 Prüflinge im Abitur bekommt? Weil die schriftlichen Klausuren kurz vor den Osterferien geschrieben werden müssen? Meint sie, deswegen würde die Schulleitung den Kelch an ihr vorübergehen lassen? Nie und nimmer!
Nach über einer Stunde schaut Lutter auf die Uhr. Halb eins und Conny ist immer noch nicht zurück. Da muss er halt mal nach ihr sehen.
Sie liegt im Wohnzimmer auf dem Sofa, der Fernseher läuft ohne Ton und sie liest in einem uralten Heft.
Typisch Conny! In der gleichen Haltung korrigiert sie immer ihre Klausuren und bringt es auch noch fertig, ihre ellenlangen Kommentare in einer kaum lesbaren Schrift dazu zu schreiben. Aber woher hat sie dieses komische Heft?
Lutter versucht, sich zu ihr zu setzen, aber sie rückt kein bisschen beiseite. Doch er gibt jetzt nicht auf und nimmt, koste es, was es wolle, den vielleicht fünf Zentimeter schmalen Streifen Polsterfläche in Kauf. Wie stünde oder vielmehr säße er sonst da?
„Was liest du denn?", fragt er.
„Das Tagebuch meiner Schwester. Ganz hinten, da schreibt sie von einem Reiner mit ei und nicht mit ai. Hör zu: *Reiner ist zwar sehr süß, hat aber überhaupt keine Ahnung von allem. Noch nicht einmal richtig küssen kann er. Aber egal, ich haue sowieso zu meinem Antoine ab, wenn Mutter im Krankenhaus ist.*
Dieser Reiner ist fast so doof wie du! Aber meine Schwester hatte wohl auch ne Meise. Wie konnte sie ihr Tagebuch liegen lassen?"
Aber dazu mag Lutter jetzt keinen neuen Streit vom Zaume

brechen. Das mit vorhin reicht ihm gerade.
„Kommst du jetzt wieder rüber ins Bett?", fragt er devot.
„Wenn du nicht wieder mit der Klassenfahrt anfängst, dann ja."
Sie schläft die ganze Nacht eng an ihn gekuschelt. Als Lutter, der morgens immer viel später aufstehen muss, zum Frühstückstisch kommt, liegt da ein Zettel: *Ich hab dich lieb, deine Conny.*
Schade, dass sie schon weg ist. Sie hätte dafür einen Kuss verdient.

*

Zwei Wochen später muss Conny abends zum Elternabend in den verschneiten Odenwald. Mütter und Väter wollen informiert werden über die Austauschfahrt nach Frankreich.
„Viel Glück mit ihnen und komm gut zurück!", wünscht er ihr draußen vor der Haustür bei der Abfahrt. Dann geht er schleunigst wieder in sein Zimmer. Dieses Mal muss er Klausuren korrigieren.
Aber dass er Recht hatte mit seiner Vermutung neulich, das hat Conny bis heute mit keiner Silbe erwähnt.

25   Die Raucherin

Dass Lutter für sein Verhalten bezüglich der Klassenfahrt dennoch büßen muss, merkt er erst viel später. Da stellt er fest, dass schon wochenlang das Telefon für Conny nicht mehr klingelt. Nur er wird noch verlangt. Ebenso schweigt ihr Handy, mit dem sie oft für ewige Zeiten, wie es Lutter schien, in ihr Keller-Zimmer verschwand.
Und was hat dies zu bedeuten?
Konnte Herbert sein Comeback feiern? Oder ein anderer? Warum erwähnt sie neuerdings so überaus positiv einen Kollegen ihrer neuen Schule? Warum fährt sie öfter denn je abends in den Odenwald? Angeblich zu Kurs-Treffen. Kurs-Treffen, das hat er noch nie gehört. Weder in Gernsheim noch jetzt in Bensheim. Als ob ein Lehrer auch noch dafür Zeit opfern könnte!
Außerdem dehnt Conny ihre Studio-Besuche immer mehr aus. Fast jeden Tag ist sie in Heppenheim um zu trainieren. Aber verschwitzt kehrt sie nie zurück. Keinen Sportdress findet er, wenn er die schmutzige Wäsche sortiert und die Maschine füllt. Gut, hin und wieder schon, aber eigentlich müsste sie doch jedes Mal etwas Frisches anziehen! Muffeln ist sonst absolut nicht ihr Ding!
Da könnte, da muss doch etwas faul sein! Nur hat Lutter keine Lust, ihr hinterher zu spionieren. Dabei wäre es so leicht. Er bräuchte bloß mal auf dem Parkplatz vor dem Studio nachzuschauen, ob dort ihr Skoda parkt.
Aber das scheut er. Sie einfach zu fragen, bringt erst recht nichts. Als er es einmal versuchte, wies Conny alles, was er vorbrachte, als Unterstellung zurück und war in der Folge für ein paar Tage lang nur mit Vorsicht zu genießen.
Nun aber ist sie für eine Woche in Frankreich. Gut und schlecht zugleich. Er kann tun und lassen, was er will, vor allem wieder

mal herrliche Suppen kochen, die Conny ansonsten verschmäht. Aber natürlich fehlt sie ihm. Zwar ruft sie regelmäßig an, doch eine echte Conny an seiner Seite wäre ihm tausendmal lieber.
Jetzt sitzt Lutter an der Vorbereitung für seinen Deutsch-Grundkurs in der 12. *Gedichte des Expressionismus*. Welche soll er nehmen, mit welchen aus früheren Epochen wären sie am besten zu vergleichen? Verflixt, das hat er schon ewig lange nicht mehr unterrichtet! Sonst käme er schneller auf einen brauchbaren Einstieg. Hat Conny nicht neulich davon geredet, dass sie so eine Einheit besitzt, mit allen Arbeitsblättern und der Vorgehensweise?
Aber er kann doch jetzt nicht einfach runter in ihr Zimmer gehen und alles durchwühlen. Außerdem kommt er mit ihrer Ordnung sowieso nicht klar. Bei ihr sieht es immer so aus, als sei alles ein ungeordnetes Chaos. Sie aber beherrscht die Unordnung vorzüglich.
Also muss er ihr eine SMS schicken. *Brauche dringend UE zum Expressionismus. Hast du eine irgendwo? LG Reiner.*
Vier Minuten später klingelt sein Handy, Conny dirigiert ihn durch ihr Zimmer, lässt ihn Akten aus dem Regal heben und durchsuchen, bis er hat, was er sucht.
„Danke dir, Liebste, du bist ein Schatz. Der Abend ist gerettet!"
„Wir haben heute Party. Aber noch läuft nichts. Die Franzosen rauchen alle heimlich vor der Tür und unsere Schüler saufen öffentlich in der Aula. Zum Glück ist um elf Schluss!"
Beim Aufräumen der Akten fällt Lutter das alte Heft mit den Tagebucheintragungen von Connys Schwester in die Hände.
„Wo ist denn das rausgefallen?", überlegt er. Aber das kann er jetzt nicht rekonstruieren. Am besten legt er es auf Connys Schreibtisch. Soll sie es wieder in ihr Chaos einsortieren.
Aber mal schnell reingucken wird doch erlaubt sein! Ehe er sich setzt und die Kladde aufschlägt, klingelt oben das Telefon. Er lässt das Heft liegen und rennt nach oben.

*

Nach ihrer Rückkehr ist Conny wie verwandelt. Weder küsst sie ihn noch lässt sie sich umarmen. Und abends im Bett liegt sie steif wie ein Brett, die Arme über ihren Brüsten verschränkt und als Lutter sie streicheln will, leistet sie Widerstand.
„Was hast du denn?", fragt er und ahnt Schlimmes.
„Nichts, ich bin nur müde und will schlafen."
„Sonst war dir das auch egal!"
„Aber heute nicht!"
„Hast du einen anderen?"
Sie antwortet nicht, sondern beginnt zu weinen. Das hat sie noch nie getan, seit er sie kennt. Die taffe Conny, die starke Frau kennt keinen Schmerz! Heute scheinbar doch.
„Dann sage mir doch, was los ist. Dann kann ich dich wenigstens verstehen!", fordert er, allerdings vergebens. Sie dreht sich um und wickelt sich in ihre Decke ein.
Lutter, der Ex-Frauenversteher, ist am Ende seiner Weisheit.

*

Wenn Conny nachmittags oder abends vom Studio nach Hause kommt, spürt Lutter immer einen Hauch von Zigarettenqualm an ihr. Außerdem lutscht sie beständig an *Fisherman's* Pastillen
„Rauchst du?", fragt er sie.
„Wo denkst du hin! Ich rauche nicht!"
„Aber man könnte es denken, denn dein Haar riecht danach."
„Und wenn schon. Wenn ich aus dem Studio gehe, muss ich an der Kasse vorbei. Der Typ dort raucht wie ein Schlot!"
„Wer's glaubt, wird selig", denkt Lutter, hält aber seinen Mund.

*

Die Abitur-Klausuren sind geschrieben und die Osterferien haben begonnen. Conny und Lutter haben zwar zwei Wochen frei, aber dennoch Arbeit in Hülle und Fülle. Doch sie haben den Vorteil, dass sie sich bei der Bewertung der Abitur-Arbeiten absprechen können. Sie sind ein gutes Team, kommen voran, sodass Conny am Ostermontag bereits an die Vorbereitung des mündlichen Abiturs gehen kann. Sie hat in Gießen erst einmal solche Prüfungen abgenommen und ist deshalb sehr unsicher. Sie scheint es zu genießen, wie Lutter, der alte Hase, ihr hilft, die immer wieder auftauchenden Klippen zu umschiffen.
Aber selbst nach einem schönen Abendessen beim Griechen in Schwanheim erlebt Lutter ein Fiasko. Conny mag auf gar keinen Fall mit ihm schlafen. Und wieder weint sie, als er fragt warum.

*

Tags drauf wirft der Postbote eine Karte für Conny in den Briefkasten. Urlaubsgrüße der Kollegin, die sie nach Frankreich begleitet hatte. Ehe Lutter die Ansichtskarte zu Conny in den Keller trägt, liest er: *Liebe Conny, herzliche Grüße aus Ilanz. Ich bin – wie du – am Korrigieren. Ich freue mich, dass du dein Problem lösen konntest, meines wartet noch darauf. Bis bald, ich drücke dich, deine Ilka.*
Über Connys Gesicht geht ein Lächeln, als er ihr die Karte übergibt.

*

Eine Woche später sitzen Conny und er wieder an ihren Schreibtischen und arbeiten. Conny, die heute das Essen kochen wollte, fragt Lutter, ob er so nett sein könne und für sie beide je einen Döner hole.

„Ich komme einfach nicht dazu, einzukaufen und zu kochen. Nimm mein Auto, da brauchst du nicht zu rangieren!"
Im Skoda liegt auf dem Beifahrersitz Connys Sporttasche. Sie mieft penetrant und Lutter findet, das könne nur Zigarettenqualm sein. Er muss es genauer wissen, nimmt die Tasche und riecht daran. Der Gestank wird stärker. Er öffnet den Reißverschluss. Trikot, Trainingshose, der Sport-BH, eine fast volle Packung Tabak, Zigarettenpapier und in einem Briefumschlag jede Menge Filter.
Lutter nimmt die Tasche, verschließt das Auto und geht zu Conny in den Keller.
„Ich kann keinen Döner mehr holen!", sagt er so ruhig wie er kann, geht hoch, nimmt sein Fahrrad aus der Garage und fährt davon.
Lügenweib! Wer weiß, was sie ihm sonst schon alles vorgelogen hat!
Er fährt nach Schwanheim, dann nach Langwaden und über die Autobahnbrücke bis nach Gernsheim an den Rheinhafen.
Aber was er dort soll, weiß er auch nicht.

*

Auf dem Rückweg im stockdunklen Gernsheimer Wald klingelt Lutters Handy. Lutter bremst, gerät ins Straucheln und dreht einen Salto vom Rad. Langsam rappelt er sich auf. Nichts scheint gebrochen oder kaputt. Dafür dreht sich der Vorderreifen nicht mehr richtig. Aber die Ursache kann Lutter nicht erkennen. Er muss sein Rad nach Langwaden zerren, erst da kann er es im Schein der erleuchteten Telefonzelle näher untersuchen: Ein Holzstück hat sich zwischen Gummimantel und der Gabel verkantet. Schnell behebt Lutter den Schaden.

„Und wer hat vorhin angerufen?" Das will er jetzt wissen. Er holt sein Handy aus der Tasche. Aber es war nicht Conny, sondern eine Kollegin. Enttäuscht lässt er das Mobiltelefon wieder in seine Jacke gleiten.

Jetzt muss er noch neun Kilometer fahren, bis er wieder zu Hause ist.

„Hoffentlich hält die Mühle das durch", denkt er, als er hinter dem kleinen Ort in den Waldweg nach Schwanheim abbiegt.

Sein alter Hirsch lässt ihn nicht im Stich und so schließt er eine halbe Stunde später erwartungsvoll die Haustür in Lorsch auf.

Doch Conny ist nicht da. Aber er entdeckt auf seinem Schreibtisch eine Nachricht von ihr: *Bin im Studio und anschließend eine rauchen, Conny*, steht da. Unfreundlich und frech, findet er, zerknäult den Zettel und wirft ihn in den Kaminofen. Dann holt er Anzünder und Holz und macht Feuer. Nach der Kälte unterwegs will er sich wenigstens wärmen können.

In der Zwischenzeit schickt er seiner Schulleitung ein E-Mail und entschuldigt sich für den kommenden Tag. So fix und fertig, wie er ist, kann er sich keinem Kurs und keiner Klasse zumuten.

Als der Ofen wohlige Wärme abgibt, setzt er sich vor ihn und sieht den Flammen zu. „Alles Käse!", denkt er. „Diese Frau ruiniert mich noch völlig!"

Er weiß, dass er ihr und ihren Lügen nicht mehr gewachsen ist. Aber er weiß auch keine Lösung.

Da kommt sie zurück, sagt freundlich Guten Abend und rückt einen Stuhl neben den seinen an den Ofen.

„Schön, wie warm es neben dir ist. Ich hatte im Studio immer daran gedacht, dass wir uns mal wieder ans Feuer setzen sollten und jetzt tun wir es." Sie schmiegt sich an ihn und er lässt es geschehen.

„Mensch, bin ich ein Trottel!", denkt er dabei.

26 Die Katastrophen

Protokoll der Therapiestunde vom 17. Juni 2009

Reiner Lutter erschien zur heutigen Therapiestunde gut gelaunt und hatte seine gestrige Unpässlichkeit, bedingt durch die erstmalige Gabe von Mirtazapin, offenbar überwunden.
Ich sprach zunächst das immer wieder aufgetretene Scheitern seiner Beziehungen an und fragte, wie er sich das erkläre.
Lutter meinte, wenn er das wüsste, wäre es nicht so oft passiert. Er bedauere es selbst am meisten, dass zum Beispiel die Verbindung zu Conny, die er nach wie vor liebe, zerbrochen sei.
Dabei sei er seiner Meinung nach weder Chauvi noch Frauenfeind, auch kein Macho oder Schläger. Wenn er eine Frau kennen gelernt habe, die mit ihm auf gleichem Niveau anzusiedeln sei, dann klappe es nicht. Und bei den anderen langweile er sich schon nach kurzer Zeit. Besonders störe ihn an diesen Frauen, dass sie seine Führungsrolle bedingungslos akzeptierten und praktisch alle Angelegenheiten von ihm allein entscheiden ließen.
Gerade bei Conny, fand Lutter, habe er einfach nicht mehr gewusst, wie mit ihr umzugehen sei. Nie habe er hinter ihre Mauern schauen können. Sie habe sich ihm nie so gezeigt, wie sie wirklich ist.
Lutter sagte, sie sei seiner Meinung nach ein Widerspruch in sich selbst. Als Deutschlehrerin vermittle sie ihren Schülern den Umgang mit der Literatur und habe zweifelsohne große Erfolge. Aber sie selbst lese nur billige Krimis oder sehe anspruchslose Filme bei den, wie sich Lutter ausdrückte, Werbe-Sendern. Sie gehe mit ihren Kursen und Klassen ins Theater, aber verweigere sich fast immer, wenn sie das

mit ihm tun solle. Sie bringe ihren Schülern demokratisches Verhalten und Denken bei, gehe aber aus Prinzip nicht wählen. Hobbys habe sie auch keine; sie lebe nur für die Schule. Er habe versucht, sie für viele Dinge zu interessieren, aber außer Städtereisen und Flohmarkt-Besuchen sei nichts von Bedeutung zustande gekommen.
Einmal seien sie mit seinen Kindern 14 Tage an den Atlantik in der Bretagne gefahren. Dort habe sich Conny aber nur gelangweilt und viele Aktivitäten nicht mitgemacht. Außerdem habe sie sich über das Verhalten der Kinder beklagt, die Lutter morgens ausschlafen ließ und nicht mal zum Bäcker geschickt hätte.
Ich machte daraufhin Lutter mit seiner neuen Diagnose vertraut, die wir Therapeuten in unserer letzten Sitzung am 15. Juni 2009 einhellig festgelegt hatten. Er habe neben einer schweren Depression (ICD-10 F32.2) auch eine narzisstische Persönlichkeitsstörung (ICD-10 F60.8). Ich versuchte, ihm klarzumachen, was das bedeutet. Lutter war jedoch sehr erbost und schnitt mir das Wort mehrfach ab.
Er meinte, wenn das stimme, dann sei wohl jeder Mensch, der eine eigene Website besitze oder Bücher geschrieben und herausgegeben habe, gestört. Alle Politiker, Musiker und Künstler natürlich auch.
Er beruhigte sich nur langsam und ich bemühte mich ihm klarzumachen, dass der Krankheitsbegriff Persönlichkeitsstörung unglücklich gewählt sei, jedoch nicht von uns, sondern von der Ärztekammer vorgegeben wäre und mit der Abrechnung der Leistungen zusammenhänge.
Gemeint sei, dass er, Lutter, nicht in sich selbst die notwendige Anerkennung finde, sondern sie sich „draußen", etwa bei seiner jeweiligen Freundin oder Lebensgefährtin, suchen müsse. Folglich sei er auch besonders verletzlich, weil diese logischerweise ihr eigenes Leben führten und nicht in jedem Fall auf die besondere Befindlichkeit ihres Partners Reiner

Lutter eingehen könnten und wollten. Da die Stunde dem Ende zuging, bat ich Lutter, er möge bis morgen überlegen, ob diese Interpretation für ihn zutreffe.
Lutter versprach mir, dass er sich Gedanken machen wird.

Andrea Urbach, Dipl.-Psych.

27 Die tote Mutter

Das erste Jahr, das Conny und Lutter in einer gemeinsamen Wohnung verbringen, neigt sich seinem Ende zu. Die Abiturienten sind längst entlassen, also kann Conny entspannen und Lutter sich voll auf seine Theaterpremiere vorbereiten. Er hat seine Truppe Szenen von Karl Valentin einstudieren lassen und die letzten Proben vor der Aufführung versprechen ein beständiges Lachmuskel-Training bei den Zuschauern. Das meint selbst die kritische Conny, die zweimal dabei ist und, obgleich überhaupt nicht vom Fach, Ratschläge gibt, wie dies und das noch besser rüberkommen könne.
Doch macht Lutters Mutter Probleme, die schwer erkrankt ist und zu sterben droht. Eine letzte Bluttransfusion bringt zwar vorübergehende Linderung, aber der Krebs verrichtet dennoch seine todbringende Arbeit, an dessen Ende er die fast 92-jährige Patientin bezwungen, aber gleichzeitig sich selbst mit ins kühle Grab gebracht haben wird.
Als Lutter ans Krankenbett seiner Mutter kommt, findet er dort Ulrike vor, seine längst geschiedene Frau. Sie ist rank und schlank wie damals, trägt jetzt aber statt ihrer langen, schwarzen Haare kurzgeschnittene graue, die ihr ein fast ehrwürdiges Aussehen verleihen. Sie sitzt neben Lutters Mutter, hält immer wieder ihre Hand, unterstützt die alte Frau nach Kräften und erzählt ihr, dass sie - bald wieder zu Hause – dort von einer fachkundigen Pflegerin rund um die Uhr betreut werden kann.
Lutter steht sprachlos daneben und staunt. Haben die beiden Frauen doch, ohne dass er es wusste oder mitbekam, offenbar jahre-, wenn nicht jahrzehntelang Kontakt gehalten! Selbst Lutters Schwester Bettina geht sehr vertraut und verbunden mit ihrer Schwägerin a. D. um.

Als Ulrike einmal die Intensivstation verlässt, folgt er ihr.
„Ihr scheint euch noch gut zu kennen?", fragt er.
„Was dagegen?", antwortet sie weder hart noch übertrieben freundlich.
„Nein"
„Irgendjemand musste sich ja um sie ein bisschen kümmern, nachdem du dich fast vollkommen zurückgezogen hast!", sagt sie.
„Und da bist du immer von Heidelberg hergefahren?"
„Ich lebe jetzt in Schwetzingen, aber das ist ja auch nicht weiter weg."
„Und du hast das mit einer Pflegekraft organisiert? Meinst du, sie käme noch einmal nach Hause?"
„Wenn sie dort jemand Tag und Nacht betreut, ja. Dann kann sie zu Hause sterben. Aber das wird jetzt deine Aufgabe sein, jemanden zu finden. Ich kann dir nur eine Telefonnummer geben."
Sie drückt Lutter einen Zettel in die Hand. Die Nummer ist eine ausländische. Aber aus welchem Land?
„Das ist eine Kroatin. Sie hat meine Mutter bis zu ihrem Tod gepflegt. Wenn du Glück hast und sie gerade frei ist, kann sie übermorgen hier sein."
Lutter beeilt sich zu versichern, dass er natürlich anrufen wird. Am besten gleich, beschließt er und verabschiedet sich übereifrig, um zu Hause das Notwendige zu erledigen.

*

In der Nacht träumt er Abstruses. Er verbringt eine Nacht bei Ulrike. Sie hat auch seine Kinder eingeladen. Morgens möchte er ins Badezimmer, doch er kommt kaum hinein. Ulrike hat es in eine ultramoderne Plastiklandschaft verwandelt. So zum Beispiel das Klosett. Je nach Größe des Besuchers muss aus dem Plastik-Ungeheuer eine genau passende Brille herausgezogen werden, doch für Lutters Maße scheint es keine zu geben. Außerdem stören ihn die vielen Mopeds, die Ulrike auch noch in dem stillen Örtchen abgestellt hat. Aber Lutter muss dringend, deshalb versucht er sich an der nächst besten Schublade und uriniert stehend hinein. Doch jetzt ist sein linker Fuß eingeklemmt. Wie bekommt er den wieder heraus? Außerdem stört ihn, dass er vorhin ein ganzes Paket Maoam in seinen Mund gestopft hat. Den Geschmack mag er nicht länger ertragen und reißt sich die hellrote Masse, die an den Zähnen klebt, heraus. Doch wohin damit? Zum Glück hat er seinen Fuß wieder freibekommen und kann zur Tür hinaus. Dort steht sein Vater mit seinen beiden Koffern und bittet ihn, sie die Treppe hinunter zu tragen. Seit wann bittet ihn sein Vater um etwas? Das kann doch nicht sein!

Aber Lutter hat ja noch die Hand voller Maoam, also kann er ihm nicht helfen. Schnell geht er noch einmal in die Toilette, vielleicht kann er die klebrige Masse dort noch in einer der Schubladen entsorgen. Aber das Maoam rutscht ihm von der Hand und ergießt sich über das gesamte Plastik-WC. Ulrike kommt dazu und schimpft.

Doch nun kann Lutter endlich die Koffer nach unten tragen. Sein Vater ist jedoch längst weg, dafür steht auch vor dem Haus zwischen quadratischen Pflastersteinen ein überdimensioniertes Klosett. Und nicht nur das. Dort arbeitet vollautomatisch eine riesengroße Wäsche-Mangel. Ein aufgeschlagenes Heft zeigt, dass sich Ulrike damit einen Nebenverdienst sichert. Plötzlich kommt der Nachbar mit seinem Opel Astra angerast und fährt trotz Verbotsschilds mitten durch Ulrikes Anlage. Natürlich rammt er alle aufgestellten Teile, doch da sie aus Plastik sind, richten sie sich nach der Karambolage sofort wieder auf. Lutter eilt nach oben, um Ulrike von dem verbotswidrigen Tun des Nachbarn zu berichten, doch sie winkt nur ab. Dafür deutet sie auf die belebte Straße, die man von der Südseite der Wohnung einsehen kann. Dort steht

Lutters Tochter Lena, angezogen wie eine Prostituierte und auf Kunden wartend. Ulrike sagt, die Kleidung habe sie Lena geschenkt und sie finde sie für seine Tochter vollkommen passend und angemessen.

Lutter ist empört und er rast nach unten. Er zerrt Lena von der Straße und schreit sie an. Sie solle unverzüglich diesen Mist ausziehen. Lena sieht das aber gar nicht ein und wendet sich ab.

Darüber ist Lutter so erregt, dass er aufwacht.

Conny liegt neben ihm und atmet wie immer ruhig und leise. Draußen ist es hell. Viertel nach fünf zeigt der Radio-Wecker.

„Wieso träume ich jetzt so einen Mist von Ulrike?", fragt er sich. Dann steht er leise auf, geht auf die Toilette und holt anschließend von draußen die Zeitung herein.

In der Küche macht er sich einen Kaffee und beginnt zu lesen.

28   Die Angst des Torwarts beim Elfmeter

Auch Andrea Urbach scheint heute besonders gut gelaunt zu sein. Sie scherzt, erzählt von ihrem geplanten Urlaub, den sie, Lutter gleich, in der Bretagne verbringen will und fragt schließlich, ob er denn Fotos von Conny dabeihabe. Allzu gerne würde sie sich mal ein objektiveres Bild von ihr machen.
„Auf dem Laptop in meinem Zimmer, da gibt es welche", sagt Lutter. „Doch angeschaut habe ich die seit ihrem endgültigen Auszug nicht mehr."
„Dann gehen wir jetzt zu Ihnen und Sie zeigen mir die Bilder!", sagt sie und erhebt sich aus ihrem roten Plastiksessel.
Lutter ist wie von Sinnen. Sie kommt in sein Apartment! Sie wird sich dicht neben ihn setzen und er wird ihr alle seine Fotos zeigen.
Noch nie hat er gehört, dass eine Therapeutin ihren Patienten auf dem Zimmer besucht hat. Wenn überhaupt jemand kommt, dann der Oberarzt bei der Visite oder eine Krankenschwester. Aber ihr scheint das nichts auszumachen. Wunderbar!
Vor allem besitzt Lutter Aufnahmen von Conny in und um seine Dannenfelser Kate herum. Conny pflanzt Rosenstöcke, Conny harkt Unkraut, Conny im Sessel, Conny staubt sein Jugendstil-Buffet ab, Conny auf dem Hochstand, Conny unter dem Kirschbaum auf einer Wiese, Conny mit dem Mund voller Mirabellen, Conny eingeschlafen auf der Decke am Bach.
Frau Urbach interessiert sich auch für Lutters Kate. Sie glaubt nicht, dass man von hier bei klarer Luft bis nach Darmstadt, Bensheim und Heidelberg sehen kann. Sie findet toll, dass hinter dem Häuschen bereits der Wald beginnt. Sie fragt nach den Kaulquappen in Lutters kleinen Teichen und den Wasserlilien, die er spätestens nach zwei Jahren aus dem Uferbereich herausziehen muss, weil sie sonst alles zuwuchern.

„Ihre Conny hat sich aber in Ihrer Hütte ganz schön ins Zeug gelegt. Nach Ihren Beschreibungen hätte ich das Gegenteil vermutet."
„Gut, am Anfang unserer Beziehung hat sie sich wirklich an allem, was es zu tun gab, beteiligt, sich sogar Handwerker-Handschuhe gekauft oder sich an die Sense getraut, im zweiten Jahr aber saß sie, wenn sie überhaupt mitkam, nur noch auf dem Sofa herum und beschäftigte sich mit ihren Klausuren. Da blieb wieder alles an mir hängen."
„Sie hatten doch bestimmt auch Arbeiten zu korrigieren?"
„Ja, aber mir geht das schnell von der Hand. Besonders bei Mathe-Klausuren. Zack, zack, zack, fertig. Und für die Bewertung gibt es in diesem Fach Tabellen. Da schaut man nach und hat die Punktzahl. Anders ist es natürlich in Deutsch. Das dauert viel länger und ist schwieriger zu bewerten. Aber bei mir ist es so, dass ich in Zweifelsfällen pro Schüler entscheide."
Frau Urbach schaut auf ihre Uhr. Die Stunde ist längst rum, ihr nächster Patient wartet sicherlich schon vor ihrem verschlossenen Dienstzimmer.
„Schade", sagt Lutter, als er ihr beim Abschied die Hand drückt und sie dabei eine Sekunde länger festhält als notwendig.
„Ja, schade, und bis morgen überlegen Sie einmal, wovor Sie Angst haben!"
Dann verlässt sie schnell sein Zimmer.

*

Am Abend schaltet Lutter seinen Fernseher nicht an, auch lässt er keine CDs auf seinem Laptop laufen. Er sitzt stattdessen auf dem Liegestuhl draußen auf dem Balkon und beobachtet, wie die Sonne allmählich hinter den mit Mischwald bestandenen Hügeln versinkt. Dabei denkt er abwechselnd an seine Hausaufgabe und an Conny, die sich vielleicht gerade jetzt, wer weiß bei wem, auf dem Sofa räkelt und begierig der Dinge harrt, die alsbald über sie kommen werden.

Blöder Gedanke, er weiß es selbst. Dazu braucht er keine Psychologin. Doch Conny wird nicht ihre restlichen vierziger Lebensjahre praktisch als Nonne zubringen wollen. Sie ist doch attraktiv und begehrenswert! Oder erschrecken sich ihre Bewerber allzu bald an ihren Macken und an ihrer hohen Intelligenz und geben auf?

Aber weg mit diesem Käse! Zurück zur Hausaufgabe Andrea Urbachs. Lutter und die Angst. Als ob er welche hätte. Keine Spur davon. Er greift furchtlos den Direktor seiner Schule an, wenn er zweifelhafte Vorlagen durch die Konferenz bringen will. Er beschwert sich beim Schulamt über fehlende Sozialarbeiter an seiner Schule. Da kennt er keinen Pardon, selbst wenn die überwiegende Mehrheit der Kolleginnen und Kollegen davor zurückschreckt und Sanktionen befürchtet. *Einladungen zum Gespräch* zum Beispiel. Was macht ihm das aus, wenn er tatsächlich einmal vorgeladen würde. Nichts. Da hat er schon ganz anderes bestanden.

Oder damals, als er für seine grüne Wählergemeinschaft im Magistrat der Stadt saß. Seit an Seit mit den Mächtigen der Stadt. Da hat er alles angesprochen und den Finger in die Wunde gelegt, die der Bauamtsskandal den hohen Herren zufügte. Furchtlos. Immer dagegen!

Aber wirklich? Eigentlich war er mehr auf Ausgleich bedacht. Eher diplomatisch. Jedenfalls im Magistrat. Weil er doch irgendwie Angst hatte? Weil er nicht immer nur ankämpfen wollte oder konnte gegen die ewig Gestrigen?

Wenn er fünfzig oder vierzig Jahre früher auf die Welt gekommen wäre, was hätte er gegen den Faschismus getan? Hitler weggebombt, wie Eisler es versucht hat? Oder hätte er sich einem illegalen Zirkel angeschlossen, Flugblätter gedruckt und heimlich in die Briefkästen geworfen? Oder wäre er als Soldat bei der ersten Gelegenheit ubergelaufen? Hätte er sich

geweigert, an Erschießungskommandos teilzunehmen?
Wie wäre es ihm ergangen, wenn man ihn in ein U-Boot oder in einen Panzer gezwungen hätte? Wäre er starr vor Angst ins letzte Gefecht gezogen oder hätte er versucht zu überleben, indem er den bösen Feind erledigt, abknallt oder versenkt?
Gut, dass er heute lebt. Gegen Merkel und demnächst Westerwelle zu sein, kostet nicht das Leben, nicht mal den Job. Wahrlich, wir leben keineswegs in finsteren Zeiten.
Lutter wird es langsam zu kalt auf seinem Liegestuhl. Er steht auf und tritt an die Brüstung seines Balkons. Sechs, sieben Meter sind es bis zum Boden. Wenn er spränge, landete er auf dem geteerten Weg zu seinem Haus. Er wäre tot oder schwer verletzt. Aber ihn treibt nichts hinunter. Ist es nur die Angst, die ihn davor rettet? Oder erwartet er noch etwas vom Leben? Nur was? Was kann er jetzt mit 62 tun? Welche Hoffnung gibt es, welche Schlachten kann er bestehen? Eigentlich keine. Im Gegenteil, sein Körper wird allmählich seine Dienste versagen. Mit den Schmerzen in den Achillessehnen fängt es ja schon an. Vielleicht sitzt er bald im Rollstuhl und muss ins Pflegeheim.
Er könnte also guten Gewissens hinunterspringen. Guten Gewissens? Lena und Lucas, seine beiden Kinder, bekämen ihre Halbwaisenrente und wären versorgt. Sein Verhältnis zu ihnen hat sich eh abgekühlt, seit sie mit Lore nach Berlin entschwunden waren. Auch jetzt, da sie wieder in der Nähe wohnen, fühlt er sich eher wie ihr Onkel, der gelegentlich kommt und sie zum Essen einlädt.
Was hält ihn also hier am Geländer? Ganz einfach: seine Angst. *Die Angst des Torwarts beim Elfmeter* fällt ihm dazu ein. Titel einer Handke-Erzählung. Hat er mal gelesen.
Lutter kehrt in sein Zimmer zurück und verschließt die Balkontür. Morgen wird er Andrea von dieser Angst erzählen. Jetzt aber will er noch ein Kreuzworträtsel lösen. Vielleicht bekommt er alle Wörter heraus wie vorgestern.

29 Die Mutter kommt in den Plastiksack

Conny hat das Telefon läuten gehört und Lutter geweckt. Die Schwester berichtet vom Ableben der Mutter nachts gegen eins. Doch Lutter hatte am Abend eine Schlaftablette genommen, weil er in den Tagen zuvor kaum zur Ruhe gekommen war. Jetzt kann er also nicht nach Darmstadt fahren. Er versucht, so weit es ihm möglich ist, seiner Schwester Bettina den Sachverhalt zu erklären und verspricht, gegen sieben loszufahren. Dann lässt er den Hörer sinken und ist auf der Stelle wieder eingeschlafen.

In der Wohnung in Darmstadt packen, als Lutter kommt, zwei Angestellte eines Bestattungsunternehmens die tote Mutter gerade in einen grauen Plastiksack, heben die Leiche dann auf ein Transportwägelchen und fahren sie raus zu den Fahrstühlen.

Ulrike, die Schwester und die Kroatin weinen, Lutter bleibt cool. Nein, ihm ist nicht danach. Er kümmert sich lieber um Naheliegendes: Ist der Pflegedienst abbestellt? Wie steht es um die Konten der verstorbenen Mutter? Ist Geld für die Beerdigung da? Wann sprechen wir mit dem Pfarrer und dem Bestatter? Sind Abonnements zu kündigen, Mitgliedschaften? Müssen Strom- und Gasversorger informiert werden? Den Rest, das weiß Lutter noch vom Tod seiner Tante, erledigt der Bestatter. Doch wo sind die Unterlagen vom Familiengrab? Wo finden sich Geburtsurkunde und Scheidungsurteil der Mutter? War eigentlich ein Arzt da, der den Totenschein ausstellt?

Die Schwester bejaht. Sie habe dies erledigt. Noch in der Nacht sei Dr. Hilsheimer, der langjährige Hausarzt, gekommen.

Und was ist mit Frau Posilovic? Wann fährt sie heim? Er muss sie doch wieder nach Mannheim an den Busbahnhof

bringen. Und in drei Tagen hat er seine Premiere. Das muss irgendwie alles passen. Die Beerdigung bitte auch. Auf keinen Fall am Tage der ersten Aufführung. „Am besten fahre ich gleich zum Bestatter. Der hat ab acht Uhr auf und ich komme dann sofort dran!"
Er sprüht vor Aktionismus.
Doch anders als beim Tod der Tante mag ihm dieses Mal die Schwester nicht alles überlassen. Sie erklärt, sie komme mit.
Als ob er damals nicht alles wunderbar im Griff gehabt hätte! Aber soll sie halt dabeisein. Kein Problem.
Lutter verabschiedet sich von Ulrike und der Kroatin.
„Hast du eigentlich keinen Unterricht?", fragt er seine Ex-Frau.
„Nicht mehr, bin schon pensioniert. Aus gesundheitlichen Gründen", erklärt sie ihm.
„Ach, das wusste ich aber nicht! Und schön, dass du noch ein bisschen hier bleiben kannst!"

*

Mittags holt Conny Lutter in der Wohnung seiner Mutter ab. So lernt sie Ulrike und die Schwester kennen. Aber bald verabschieden sie sich, denn Lutter hat den ganzen Tag noch nichts gegessen. Sie wollen in ein nahes türkisches Lokal gehen. Die Schwester hatte gesagt, das sei ein Geheimtipp.
Es stimmt. Lutter findet, dass es ihm selten irgendwo besser geschmeckt habe. Allerdings weiß er auch nicht, wann er einmal größeren Hunger hatte.
„Diese Ulrike, dass du mal mit der zusammenwarst, das kann ich nicht verstehen", sagt Conny, als sie bezahlt und den angebotenen Schnaps getrunken hat.
„Ich auch nicht", sagt Lutter.
„Und dass das deine Schwester ist, auf diese Idee wäre ich

nie gekommen! Die beiden sind so alt, wie sie sind, aber du wirkst viel jünger. Auf jeden Fall jünger im Kopf!"
„Danke", sagt Lutter.
„Ich habe dich übrigens in der Schule entschuldigt!", sagt sie, „das hattest du in der Aufregung heute früh glatt vergessen."
„Danke, Conny!"
Er begleitet sie zu ihrem Auto, dann muss er lange überlegen, wo er seins geparkt hat.

*

Zur Beerdigung wollen neben Ulrike auch Lore und die beiden Kinder kommen. Conny dagegen bleibt zu Hause.
„Du wirst mit deinen Kindern und den Ex-en genug zu tun haben. Was soll ich also dort? Außerdem bekomme ich nicht frei", begründet sie ihre Abwesenheit.
Lutter fühlt sich von ihr allein gelassen, sagt aber nichts. Immerhin hatte sie gestern Abend die Premiere besucht und seiner Truppe hinterher mit ein paar lockeren Sprüchen gratuliert.
Beim Begräbnis selbst sind nur wenige Leute anwesend. Ulrike sitzt wie selbstverständlich neben Lutter in der ersten Reihe der Friedhofskapelle und wird von der Pfarrerin ausdrücklich als trauernde Hinterbliebene, *Frau Tribel-Lutter*, angesprochen.
Lutter übersteht die Prozedur gefasst, er entdeckt sogar, dass die Totengräber das falsche Grab ausgehoben haben. Hier hatten sie zweieinhalb Jahre zuvor die Urne seiner Tante bestattet. Aber soll er jetzt wieder einmal rebellieren und Halt! schreien?
Auch Lutters Schwester hat den Irrtum bemerkt. „Was soll man da machen", sagt sie später, als sie alle auf der Terrasse eines Restaurants zu Mittag essen. „Tot bleibt tot!"

Ehe Lore die Kinder nachmittags wieder in ihr Auto packt, macht sie mit Lutter aus, dass er bei seinem Frankreich-Urlaub in ein paar Wochen ihren erheblich größeren Renault Mégane benutzen kann. „Ich habe von deiner Ex vorhin gehört, dass du immer noch für Mini-Autos schwärmst. In meinem bringst du deine Conny und die Kinder viel besser unter. Und Gepäck wollt ihr doch sicher auch mitnehmen!"

Zurück in Lorsch vermisst Lutter Conny. Sie scheint zum Steppen und zum Rauchen in ihr Sportstudio gefahren zu sein.

Sie hätte wenigstens heute mal wieder für ihn da sein können, meint er betrübt und legt eine seiner alten Langspielplatten auf.

Bitterblue von Cat Stevens hört sich an wie ein Abgesang auf Conny. Doch davon will er noch gar nichts wissen. Aber ihm wird klar, dass die Trennungs-Uhr ab heute tickt. Bloß wann wird sie abgelaufen sein?

30 Träume sind Schäume

"Von was träumen Sie am meisten, oder besser ausgedrückt, an welche Träume können Sie sich noch erinnern?", fragt Andrea Urbach unvermittelt während einer Sitzung.
"Hier hat man mir das Träumen dank des Mirtazapins fast ganz ausgetrieben. Insbesondere die Albträume. Und das ist gut so!", antwortet Lutter.
"Wieso?"
Seit die Therapeutin letzte Woche mit ihm auf dem Zimmer zum Bilderbetrachten war, hat sie endgültig bei Lutter einen Stein im Brett. Er macht ihr also eine Freude und erzählt bereitwillig, was sich in seinem Gedächtnis eingeprägt hat.
"Da gibt es die, wie ich meine, normalen Träume. Ich lerne eine schöne oder interessante Frau kennen und will ihr Freund werden. Es klappt aber nur bei denen, die wirklich zu mir passen. Die übrigen lehne ich bald ab oder sie mich und dann ist der Traum auch schon wieder aus."
"Haben Sie die öfter?", will die Therapeutin wissen.
"Weiß ich nicht. Früher bestimmt. Heute sicherlich weniger. Dafür kommt die Schule häufiger vor. Ich unterrichte und die Klasse oder der Kurs mag nicht mitarbeiten. Der ewige Kampf eines Lehrers."
Lutter schweigt. Was träumt er denn sonst noch? Ihm fällt gar nichts mehr ein! Oder doch? Die Sache mit dem Kühkopf. Er will sich im Rhein ertränken, läuft in die Fluten, wird beinahe von der Strömung mitgerissen, verschwindet unter den Wellen, den ein vorüberziehender Tanker verursacht. Rettet sich ans Ufer und muss später ...
Was muss er später? Meistens bricht sein Traum hier ab, denn er wacht auf und kann nicht mehr einschlafen. Das der Therapeutin erzählen? Da gibt es wohl Interessanteres!

Ach, die ewigen Geschichten von seiner Bauernkate.

„Ich habe ja ein uraltes Häuschen am Donnersberg. Manchmal träume ich, es wäre so baufällig, dass es über kurz oder lang zusammenfällt. Oder alle anderen Gebäude ringsum sind abgerissen, nur meines ist übrig geblieben. Oder auf der Vorderseite leben plötzlich andere Leute, die mich nicht leiden können. Ich kann nur noch die Rückseite bewohnen, doch die besteht aus modrigem Holz und der Wind pfeift durch die Ritzen. Oder mein Refugium steht plötzlich im Wald und wird von irgendwelchen Typen bedroht, die es anzünden und die Reste für ihre eigenen Häuser verwenden wollen. Ich glaube, das sind dann schon die unnormalen Träume."

„Gibt's auch noch andere?", will Frau Urbach wissen.

„Doch. Ich muss plötzlich wieder zur Bundeswehr und versuche dort abzuhauen. Oder ich muss endlich mein zweites Staatsexamen machen. Und früher träumte ich oft, dass ich wieder Schüler sei und der Griechisch-Lehrer – für mich zum Glück – vergessen hat, die nächste Klausur zu schreiben. Und die würde ich total verhauen, weil ich von dem Fach wirklich keine Ahnung habe."

„Sie haben also manifeste Existenzängste!", stellt die Therapeutin fest. „Aber warum? Sie haben doch ihr Leben im Griff und alles ziemlich problemlos geschafft. Nach Ihren Worten macht Ihnen auch der Unterricht keine besondere Mühe. Sie sagen sogar, dass die Schüler bei Ihnen ruhig sind und durchaus mitarbeiten, manchmal sogar sehr gerne."

„Wenn Sie so eine Kindheit gehabt hätten, dann wüssten Sie die Lösung!", meint Lutter ungehalten. „Sie sind doch hier die Psychologin und müssten mir erklären, woher solche Ängste kommen!"

Oder aber will sie ihn aufs Glatteis locken? Irgendetwas herauskitzeln? Er ist auf der Hut!

„Aber Sie müssen endlich begreifen, dass Ihre Kindheit vorüber ist und Sie in sehr geordneten Verhältnissen leben!", kontert Frau Urbach gelassen Lutters Angriff.
„In beschissenen Verhältnissen!", schimpft Lutter.
„Von Ihrem Einkommen her würde ich gerne mit Ihnen tauschen!"
„Aber sonst bestimmt nicht!"
„Sie sind als Lehrer sicher angesehener, als Sie es glauben, und Sie arbeiten weitgehend selbstbestimmt. Sie haben Ferien und können dann tun und lassen, was Sie wollen!"
Damit ist Lutter nun wirklich nicht einverstanden. Wer meint, ein Lehrer habe morgens Recht und mittags frei, der soll doch mal ein paar Monate lang in eine ganz normale Schule gehen. Anschließend dürfte er dem Himmel oder sonst wem danken, dass er kein Lehrer geworden ist.
„Ich glaube ganz im Gegensatz zu Ihnen, dass ich in meinem Leben nur Schiffbruch erlitten und nichts Bleibendes geschaffen habe. Ich habe mein Geld verdient und ausgegeben. Ich habe mir jede Menge Schulden eingebrockt, habe keine Familie und keine Lebensgefährtin. Nichts!"
„Jetzt hören Sie damit auf!", schimpft nun auch Andrea Urbach und ihre Augen blinken böse. „Das ist Ihre Depression! Merken Sie das nicht? Sie meinen, Sie hätten im Leben versagt und nur Mist gebaut. Sehen Sie denn nicht auch gute Seiten?"
„Nein!", entgegnet Lutter trotzig. „Mein Schulleiter beispielsweise hat meinen 60. Geburtstag absichtlich übergangen. Er war, wie die anderen auch, zu einem Umtrunk mit Vesper eingeladen. Alle kamen, er nicht. Auch an den nächsten Tagen meldete er sich nicht. Und ich wette, dass er auch mein Dienstjubiläum vergisst. Vergisst in Anführungszeichen. Zu meinen Theateraufführungen hat er auch nie etwas gesagt. Ansonsten lobt er jeden, der beim Kreisentscheid *Jugend trainiert für Olympia* den vorletzten Platz belegt."

„Dann ist Ihr Chef wohl ein armes Würstchen. Oder haben Sie mal Krach mit ihm angefangen?"
„Nicht dass ich wüsste!"
Die Therapeutin schaut auf die Uhr, schüttelt den Kopf und sagt:
„Wir haben da Ihren wunden Punkt getroffen. Daran müssen wir weiterarbeiten. Leider erst morgen. Finde ich selbst sehr schade. Immer wenn's spannend wird, ist auch die Zeit um. Denken Sie mal drüber nach!"
Lutter erhebt sich aus seinem roten Plastiksessel.
Das mit dem Würstchen, das ist gut. So hat er die Sache noch gar nicht gesehen. Er reicht ihr dankbar die Hand und hätte sie am liebsten umarmt.

31 Teilnehmer momentan nicht erreichbar

Knapp eine Woche nach der Beerdigung von Lutters Mutter beginnen die Sommerferien mit einem großen Ärgernis. Conny fährt gleich am Samstagmorgen um halb sechs nach Mainz, wo sie ihre Freundin Sabine ins Auto laden und dann nach Hamburg fahren will um eine weitere Freundin zu besuchen, die gerade ein Kind geboren hat.
Wo denn diese Freundin samt Baby wohne oder wie Lutter sie notfalls dort erreichen könne, verrät Conny nicht. Sie habe ja ein Handy, erklärte sie am gestrigen Abend, und wenn es etwas Wichtiges, zum Beispiel mit der Wohnung gebe, so möge er sie informieren.
Und jetzt am frühen Morgen nimmt sie keineswegs tränenreichen Abschied, sondern sagt nur Tschüss. Dann braust sie davon, ohne ihm noch einmal zuzuwinken.
Lutter legt sich wieder ins Bett. Was soll er jetzt auch anderes tun? Aber der Schlaf will und will nicht zurückkommen. Er rechnet sich stattdessen aus, wann seine Conny in Hamburg ankommen dürfte. In 40 Minuten wäre sie in Mainz. Bestimmt tränken sie zusammen noch ein Tässchen Kaffee und gingen kurz auf die Toilette, dann dürfte es nach Hamburg weitergehen. Bei Connys sportlich-dynamischem Fahrstil bräuchten sie höchstens fünf Stunden. Sie wären also gegen 12 Uhr dort. Doch wegen der Staugefahr gibt Lutter ihnen großzügig zwei weitere Stunden. Ab 14 Uhr spätestens müsste Conny sich melden und sagen, dass sie gut angekommen sei.
Conny aber meldet sich überhaupt nicht. Und selbst als Lutter gegen 18 Uhr, schon in großer Sorge, eine SMS abschickt, bekommt er keine Antwort. Bis zehn am Abend hält er es aus, dann ruft er ihre Handynummer an. *Teilnehmer momentan nicht erreichbar* heißt es lapidar.

Lutter ahnt, dass es kein Unfall war und dass Conny nicht schwer verletzt im Krankenhaus oder gar übel zugerichtet in einer norddeutschen Leichenhalle liegt, sondern dass sie einfach keine Lust hat, sich mit ihm zu unterhalten.
Dennoch findet er ihr Verhalten komisch, sogar verletzend. Darf er sich keine Sorgen machen? Kann sie nicht wenigstens sagen, dass sie angekommen ist? Das ist doch keine Kontrolle!
Für sie scheinbar doch!
Aber wozu hat er die Kate in Dannenfels? Die war schon immer seine Fluchtburg, wenn er Ärger mit den Frauen hatte. Da fährt er jetzt einfach hin. Schnell packt er ein paar Kleidungsstücke zusammen, wirft die Tasche in den Suzuki und fährt mitten in der Nacht los.
Zwei Tage später meldet sich Conny über Handy. Sie bleibe noch ein bisschen länger, verkündet sie und legt, als er sich über ihr Verhalten beschwert, grußlos auf.
„Blödes Weib", schreit Lutter laut und hofft, dass sie das noch mitbekommen hat.
Doch warum ist sie plötzlich so? Kann sie nicht verstehen, dass ihm der Tod der Mutter doch mehr ausmacht, als er nach außen hin zeigt? Ist sie etwa eifersüchtig, weil Ulrike und Lore aufgetaucht waren? Doch das kann nicht sein. Das ist normal, wenn jemand stirbt. So doof ist Conny nicht.
Wenn sie einen anderen Lover hätte, würde sie das doch sagen. Oder nicht?
Fragen über Fragen und bald muss er samt seinen Kindern mit ihr nach Frankreich in den Urlaub aufbrechen. Die Zeichen stehen auf Sturm, sogar auf Katastrophe!
Und es gibt wohl keine Umkehr.

32 Der Kaminofen

Im Frankreich-Urlaub ließ Conny Gnade vor Recht ergehen und riss sich angesichts der anwesenden Kinder stark zusammen. Sie kam zwar nicht mit zum Strand, beteiligte sich aber an allen Ausflügen und Erkundungen anderer Küstenorte. Ansonsten saß sie für sich allein im Liegestuhl vor dem Haus und an solchen Tagen war ihre hauptsächliche körperliche Anstrengung die, ihre Liegefläche immer wieder dem jeweiligen Sonnenstand anzupassen.
Aber ganz konnte sie ihren Missmut nicht verbergen. Lutter telefonierte nämlich in den ersten Tagen ständig mit Lore, denn deren Mégane ließ sich nach der ersten Nacht nicht mehr anlassen. Die Batterie hatte sich offenbar während der 1200 Kilometer langen Anreise vollkommen entleert, aus welchen Gründen auch immer. Jetzt ging es darum, ob das Auto auf wessen Kosten in eine Werkstatt geschleppt werden sollte oder ob man dem Angebot des Vermieters des Ferienhauses folgen könne, die zweieinhalb Jahre alte Batterie mit dessen Ladegerät wieder auf Vordermann zu bringen. Mit der Befürchtung allerdings, dass sie spätestens während der Rückfahrt in vierzehn Tagen wiederum schlapp macht.
Man hatte sich für die billigste Variante entschieden und die ferne Lore atmete merklich auf, als sie erfuhr, dass ihr Auto wieder fuhr.
Hin und wieder rief auch Ulrike an, die es übernommen hatte, den Haushalt von Lutters Mutter aufzulösen. Ob sie dies und das für diese oder jene Summe verkaufen könne, wollte sie dann wissen.
Lutter kam es so vor, als ob diese harmlosen Gespräche seiner Conny nicht gefielen, aber sie danach zu fragen, fand er doch ein wenig lächerlich.

Nach der glücklichen Rückkehr vom Urlaub - das Auto hatte durchgehalten und die danach fällige neue Lichtmaschine ging auf Kulanz – entdeckte Lutter beim Überprüfen seiner Finanzen, dass auf seinem Konto eine beträchtliche Summe Geldes eingegangen war. Es entstammte den Sparbüchern der Mutter. Mit dem Großteil löste Lutter nun ein sogenanntes *Hausbaudarlehen für junge Menschen* ab. Das wäre ansonsten in ein paar Jahren zur Rückzahlung fällig geworden und hätte ihn doch arg belastet.

Mit seiner Schwester verständigte er sich darauf, Ulrike mit einigen tausend Euro zu bedenken, weil sie sich, anders als er selbst, sehr um die alte Frau gekümmert und außerdem fast die gesamte Wohnungseinrichtung, teils über eine Anzeige im *Darmstädter Echo*, teils über *E-Bay* an den Mann und an die Frau gebracht hatte.

Übrig geblieben waren knapp 3000 Euro und Lutter plant, sich davon einen neuen Ofen für seine Dannenfelser Bleibe anzuschaffen. Und wo kauft man diesen besser als in Worms auf halbem Wege zwischen Bensheim und Dannenfels?

Conny soll mitkommen. Schließlich ist sie in Geschmacksangelegenheiten eine ausgewiesene Fachfrau und wird Lutter zweifelsohne gut beraten können. Doch es bedarf größter Überredungskünste und gar leichter Drohungen, bis sie in Lutters Auto Platz nimmt.

Natürlich besteht Conny auf einer Retourkutsche. Im Ofenladen steht sie demonstrativ gelangweilt herum und folgt dem Verkäufer nur widerwillig von Modell zu Modell.

Nach einer halben Stunde drängt Lutter zur Entscheidung. Auch ihm ist allmählich die Lust vergangen, noch exklusivere Ausführungen zu besichtigen.

„Welchen würdest du denn nehmen?", fragt er Conny.

„Keinen!", kommt sofort aus ihrem Mund, „der alte tut's noch ein paar Jahre!"

Das hätte sie ihm auch früher sagen können und nicht hier, wo der arme Verkäufer sich bereits die größte Mühe mit dem wissbegierigen Lutter und seiner desinteressierten Begleiterin gegeben hat. „Dann entscheide ich eben alleine!", denkt er missgelaunt.
„Ich nehme den kleinen Speckstein-Ofen, falls Sie ihn nach Dannenfels liefern und aufstellen können.", bestimmt er.
Genau jetzt müsste sich eigentlich Conny einschalten. Sonst ist sie eine geborene Händlerin. Egal wo auch immer, Conny schafft es in der Regel, irgendwelche Rabatte herauszuholen. Er, Lutter, kann das nicht. Er zahlt gewöhnlich das, was auf der Ware angegeben ist. Es sei denn, der Verkäufer hat vorher bereits angedeutet, dass sich beim Preis noch etwas machen ließe.
Doch Conny sagt, sie gehe schon mal in Richtung Fußgängerzone. Sie habe jetzt ein Eis verdient. Sie könnten sich dann, wenn er fertig sei, vor der Buchhandlung treffen.
„Preisnachlass ade!", ärgert sich Lutter. Aber was soll er machen? Hier im Laden mit ihr herumschimpfen wie ein Rohrspatz? Er wird dann halt darauf dringen, dass sie den alten Kohleofen kostenlos entsorgen, wenn sie den neuen bringen. Wäre auch etwas wert, findet er.

33 Berlin, Berlin, wir fahren nach Berlin

Conny bleibt nicht immer miesepetrig oder bockig. Für die Herbstferien organisiert sie eine Woche Berlin. Übernachtet werden soll in einer zwar heruntergekommenen, dafür aber sagenhaft günstigen Altbauwohnung in einem Kreuzberger Hinterhaus. Angeblich sei die Mieterin gerade im Ausland und deshalb suche ihr Vater für die Dauer der Abwesenheit wochenweise Übernachtungsgäste. Nur 70 Euro solle es kosten.
Dieser günstige Preis hat sich bis ins Lehrerzimmer des Wald-Michelbacher Gymnasiums herumgesprochen. Conny sagt sofort zu und kommt damit dem Chef des Schulamts zuvor, der dann erst in der zweiten Ferienwoche anreisen darf.
Lutter ist skeptisch, als er von dem Schnäppchen hört, denn er ahnt Schlimmes. Aber ehe Conny mit jemand anderem in ihre Lieblingsstadt reist, stimmt er zu. Man wird sehen, sagt er sich. Wenn die Bruchbude unbewohnbar sein sollte, weil dort noch mehr Spinnen und Krabbeltierchen hausen als im vergangenen Jahr in Marbach, dann wird Conny sicherlich sofort ins nächste Hotel umziehen.
Sie nehmen für die Anreise den ICE und während Conny vor sich hindöst, studiert Eisenbahnfreund Lutter eifrig die für ihn bislang unbekannte Strecke Wolfsburg-Berlin. Schnurgerade geht es mit Tempo 230 durch die frühere DDR. Kaum, dass man mal eine Ortschaft sieht, nur die Schutzwälle für die seltenen Groß-Trappen entdeckt er. Die soll ein gewisser Reichsmarschall Göring dort einmal angesiedelt haben, weiß Lutter.
Conny stört seine Betrachtungen. „Ich hole mir einen Kaffee. Willst du auch einen?"
„Aber gerne", antwortet er wahrheitsgemäß.

Am Tisch gegenüber sind auch die beiden kleinen Mädchen wieder aktiv geworden. Sie nerven ihre Eltern und fordern, weil Conny in Richtung Speisewagen entschwunden ist, ebenfalls adäquate Verköstigung. Limo, Cola, Pommes, Schnitzel, Bärchen, irgendetwas soll endlich auf dem Tisch stehen.
Conny kommt schnell mit den beiden Kaffeebechern zurück.
„Siehst du, die Tante da drüben hat auch etwas geholt. Ich will jetzt endlich was trinken und essen!"
„Wir wollen Pommes!", skandiert ihre Schwester und das erste Mädchen fällt ein. Zusammen schreien sie die Forderung ihren Eltern entgegen. Dann unterstützen sie ihre Absicht mit rhythmischen Schlägen auf den Tischrand: „Wir wollen Pommes, wir wollen Pommes!"
Endlich greift die Mutter ein: „Rita, Anne, Schluss jetzt! Sonst steigen wir im Bahnhof Zoo aus und fahren wieder heim. Dann könnt ihr die Oma vergessen!"
Aber die beiden frechen Mädchen scheinen zu wissen, dass die Drohung unerheblich ist. Sie fordern weiter Pommes.
Conny wird es zu viel. Sie steht auf und baut sich vor dem Tisch auf, an dem die frustrierte Mutter, der unbeteiligt erscheinende Vater und die beiden Gören sitzen. Augenblicklich herrscht Ruhe. „Wer hier ist die Rita?", fragt Conny streng. Die ältere der beiden Nervensägen meldet sich ganz manierlich. Conny schaut sie ernst an: „Ich hatte auch eine Schwester, die Rita hieß. Die war so wie ihr beide. Da kam eines Tages ein Mann, der meinen Eltern helfen wollte, weil die ihren Krach nicht mehr vertragen konnten, und hexte sie weg. Und jetzt ist sie immer noch fort. Der Mann sagte, sie käme erst wieder, wenn sie gelernt hätte, ruhig zu sein. Dazu hat sie aber keine Lust. Und wisst ihr, wer der Mann war?"
„Nein", sagen Rita und Anne wie aus einem Munde.
„Dann schaut ihn euch an. Er sitzt nämlich hier!"

Sie zeigt auf Lutter und bedeutet ihm, eine strenge Miene zu machen. „Dies ist der Mann und er kann seinen Zauberstab aus dem Koffer holen, wenn ihr auch weggehext werden wollt!"

„Nein, nein", jammern die beiden Kleinen leise. „Da sind wir lieber ruhig!"

„Das wollen wir mal hoffen!", sagt Conny und setzt sich wieder an ihren Platz.

Die beiden Kleinen halten Ruhe, werfen nur hin und wieder einen scheuen Blick auf Hexenmeister Lutter. Aber kaum, das dieser zurückschaut, wenden sie sich ab und verstecken ihre Köpfe hinter einem Malheft. Als die Familie im Berliner Ostbahnhof aussteigt, wo auch Conny und Lutter den Zug verlassen müssen, steckt Conny Rita und Anne je ein Trinkpäckchen zu: „Fürs Ruhehalten!", sagt sie und winkt ihnen beim Weggehen zu.

„Sag mal, hieß deine Schwester wirklich Rita?", fragt Lutter auf der Rolltreppe.

„Ja. Aber wieso sagst du hieß? Vielleicht liegt sie gerade irgendwo am Mittelmeer in der Sonne. Wer weiß?"

Sie wollen mit dem Bus nach Kreuzberg weiterfahren. Mit der Linie 10. Lutter meint, sie müssten deshalb an der linken Haltestelle warten, Conny sagt, die auf der rechten Straßenseite sei richtig.

„Dann fahr doch dort ab, ich bleibe hier! Außerdem kommt da schon der Bus!"

Er beeilt sich, dass er ihn noch erreicht. Conny geht mit ihrem Gepäck unterdessen zu der anderen Straßenseite.

„Immer will sie Recht haben!", denkt er.

Doch sie hat Recht. Der Busfahrer klärt Lutter auf. Er muss zurück.

Warum er aber nicht zu Conny läuft, sondern mit seinem Gepäck zurück in den Bahnhof marschiert, um sofort den nächsten Zug nach Hause zu nehmen, weiß er selbst nicht so genau.

„Soll sie doch in Berlin bleiben. Ich habe die Nase voll!"
Conny erreicht ihn, als er auf dem Bahnsteig gerade in den ICE nach Stuttgart via Braunschweig und Frankfurt einsteigen will.
„Spinnst du? Los, komm wieder her! Was soll denn die ganze Show, die du hier abziehst?"
Ja, er spinnt. Und zwar gewaltig. Er weiß nur nicht, wieso.
Aber er macht kehrt und geht mit Conny zurück zur rechten Bushaltestelle.
Während der rasanten Fahrt entschuldigt er sich für sein Verhalten. „Ich konnte es scheinbar nicht ertragen, dass du es besser wusstest als ich!", sagt er verlegen und zerknirscht.

*

Conny suchte bereits seit geraumer Zeit vergeblich einen knielangen Wintermantel. Nun hofft sie, einen ihr genehmen in Deutschlands größter Stadt zu finden. Wenn sie also nicht gerade Museen, Galerien oder gar unterirdische Bunker aus der Zeit des Zweiten Weltkriegs besichtigen, streifen sie durch Kaufhäuser, Boutiquen und Second-Hand-Läden. Aber egal, ob sie im Osten oder Westen, in Spandau, Kreuzberg oder Pankow nach einem passenden Schutz gegen die Winterkälte forschen, sie finden nichts. Das heißt, Lutter entdeckt sehr wohl wunderschöne Mäntel und meint, sie sähe in ihnen hinreißend aus, doch Conny treibt nicht nur ihn, sondern jede Verkäuferin, jeden Verkäufer zur Verzweiflung. Berlin ist halt doch Provinz und kann ihr nicht das bieten, was sie eigentlich will.
Selbst als sie einen ganzen Tag allein unterwegs ist, weil Lutter einen Abstecher zu seinen Kindern macht, kommt sie abends frustriert zum Treffpunkt, denn es ist wiederum zu keinem Kauf gekommen.
Dafür hat sie Eisenbahnfreund Lutter einen übergroßen Aufkleber mit dem Logo der verblichenen Deutschen Reichsbahn mitgebracht, über den er sich riesig freut.

34 Er verschweigt etwas

Aus dem Bericht Andrea Urbachs an die Klinikleitung vom 24. Juni 2009

... Zusammenfassend möchte ich feststellen, dass der Patient wach, bewusstseinsklar und zu allen Qualitäten orientiert zu den Sitzungen erscheint. In der Kontaktaufnahme war er zunächst eher zurückhaltend, dann zunehmend freundlich zugewandt. Dabei imponieren seine kognitiv-mnestischen Leistungen, während die Aufmerksamkeits- und Konzentrationsfähigkeit reduziert erscheint. Psychomotorisch unruhig, gespannt und im Antrieb vermindert, schildert er seine Problematik weitgehend differenziert. Sein Denken ist durch depressive Inhalte und Sprunghaftigkeit gekennzeichnet, ohne Hinweise auf paranoid-halluzinatorisches Erleben. In der Stimmung ist der Patient deutlich depressiv bei eingeschränkter affektiver Schwingungsfähigkeit. Akute Suizidalität kann ausgeschlossen werden.
Weiterhin zeigt sich Reiner Lutter trotz bestehender eigener Widerstände therapiemotiviert, was auf einen hohen Leidensdruck hindeutet. Außerdem weise ich auf die desolate soziale Situation des Patienten hin (fehlende soziale Unterstützung, Konflikte und Überforderung am Arbeitsplatz), die ein ambulantes Setting momentan ausschließen. Auch scheinen persönlichkeitsbedingte Faktoren in der Genese der Erkrankung eine wesentliche Rolle zu spielen. Ich bin mir sicher, dass der Patient uns diesbezüglich entscheidende Punkte verschweigt oder aus seinem Gedächtnis verdrängt hat.
Lutter benötigt deshalb auch in den nächsten Wochen das intensive, unterstützende wie beschützende Therapieangebot unserer stationären Behandlung mit multimodalem Therapieansatz ...

Andrea Urbach, Dipl.-Psych.

35 Nur Frauen feiern

Dem Berliner Hoch folgt an Silvester das nächste Tief. Conny hatte sich schlichtweg geweigert, irgendwelche Vorbereitungen für den Jahresabschluss zu treffen. Lutter konnte drängen, wie er wollte. Weder stimmte sie zu, dass sie irgendwelche Leute einluden, noch war sie bereit, den Jahreswechsel in Dannenfels ganz intim zu zweit zu begehen.
Es war also etwas im Busche, befand Lutter, konnte aber nicht herausfinden, was in Conny wieder einmal vorging. Denn sie gab keinerlei Auskunft über ihre tatsächliche Befindlichkeit. So schlägt Lutter am Mittag des 31. Dezembers vor, ins Mannheimer Nationaltheater zu gehen und dort die Vorstellung des *Zerbrochenen Krugs* anzusehen. Sicherlich kein Highlight, erklärt Lutter seiner Conny, aber durch den Schauspieler Holtz, der den Dorfrichter Adam geben würde, gewiss ein mittleres Vergnügen. Er habe sich bereits im Internet auf der Website der Bühne darüber informiert, dass es noch einige Karten gebe.
„Was sollen wir sonst machen?", fragt er und, wie er meint, zu Recht. Conny zieht zu seiner Mitteilung ein Gesicht, als müsste sie an diesem Abend bei lebendigem Leibe auf dem Scheiterhaufen verbrannt werden. Doch sie unternimmt nichts, als Lutter nun beim Theater anruft und zwei Karten reservieren lässt.
Sie folgt ihm auch zum Auto, als er mit Jackett und bester Jeans im Wohnzimmer erscheint und ihr die bevorstehende Abfahrt ankündigt. Im Foyer des Theaters trinkt sie mit ihm eine Cola, besieht sich interessiert die ausgehängten Fotos der Schauspieler und verschwindet schließlich in dem abgetrennten Raum neben dem Aufgang zu den Rängen, um die dort feilgebotenen Bücher und Musikalien zu studieren.

Während der Vorstellung sitzt Conny fast regungslos zwei Stunden lang auf ihrem Platz, gähnt gelegentlich und nun, am Ende der Vorstellung, rührt sie keinen Finger, während Lutter artig Beifall spendet und einzelne Zuschauer sogar lauthals *Bravo* rufen.

Auf dem Weg zum Parkplatz taut Conny etwas auf und erklärt, sie habe sich den Kleist, den sie bisher nur vom Hörensagen kannte, ansehen können, relativiert es aber zugleich, indem sie sagt, in Schulnoten ausgedrückt würde sie der ganzen Chose gerade so eine Vier minus geben.

Lutter ist da natürlich anderer Meinung, selbst wenn er die Nähe der Inszenierung zum billigen Klamauk einräumt.

Als sie dann auf der Waldhofstraße in Richtung Autobahn fahren und eine Tankstelle in Sicht kommt, lässt Conny Lutter anhalten. Zehn Minuten später kommt sie, bepackt mit zwei Tüten Chips, zwei Packungen Erdnüssen, zwei Fläschchen Piccolo-Sekt, zwei Dosen Tuborg-Bier und einer Rolle mit Luftschlangen zurück und verstaut alles im Kofferraum. Was hat sie mit diesen erlesenen Delikatessen vor?

Um halb elf zu Hause in Lorsch öffnet Conny eine Tüte Chips und eine Packung Erdnüsse, verteilt ihren Inhalt auf einem Teller im Wohnzimmer und setzt sich auf die Couch. Dann schaltet sie den Fernseher an und wählt das Programm der ARD.

„Setzt du dich zu mir?", fragt sie, doch Lutter weiß nicht, ob sie das nun ernst meint oder nicht.

Deshalb nimmt er auf einem Sessel gegenüber von ihr Platz, sodass er die dümmliche Revue nicht mit ansehen braucht.

„Ich glaube", beginnt er nach ein paar Minuten betont ruhig, „ich habe das Recht zu erfahren, warum du dich so verhältst. Das geht ja auf keine Kuhhaut mehr, wie du dich aufführst!"

Conny schaut auf ihre Uhr.

„Jetzt beginnt Sabines Party in Mainz. Ich bin eingeladen und habe zugesagt."
„Dann fahren wir eben hin und kommen sogar noch vor zwölf an!", meint Lutter.
„Du bist aber nicht eingeladen!"
„Wie bitte? Wieso nur du, ich aber nicht?"
„Da musst du Sabine fragen. Aber nach dem, was da in Hamburg war, hat sie wohl von dir die Nase voll!"
„Was war denn in Hamburg?"
„Da hast du mich am Telefon fertiggemacht!"
„Wie bitte? Ich habe dir nur gesagt, dass ich in Sorge um dich war und erwartet hätte, dass du nach deiner Ankunft Bescheid sagst!"
Sie schweigt und blickt wieder auf ihre Uhr.
„Es kommen nur Frauen!", sagt sie dann. „Sieben Frauen."
„Und alle lassen ihre Männer an Silvester zu Hause!"
„Das brauchst du ja nicht zu glauben."
„Und warum fährst du nicht weg, wenn du zugesagt hast?"
Statt einer Antwort legt sie sich auf ihren Bauch und fängt an zu weinen. Zum Glück übertönt der Fernseher ihr immer lauter werdendes Schluchzen. Lutter holt eine Decke und breitet sie behutsam über ihr aus.
Sie bleibt liegen, auch als um Mitternacht das Jahr 2006 und draußen die Knallerei beginnt.

36 Ab in den Norden

Drei Wochen nach Jahresbeginn, am Ende eines langen Konferenztages, wartet Conny mit der nächsten Überraschung auf, als sie gegen elf im Bett liegen.
„Ich war bei der Vermieterin und habe die Wohnung zum Sommer gekündigt. Außerdem lasse ich mich nach Gießen zurückversetzen!"
Lutter trifft es wie ein Blitz, aber er liegt ja schon und so nimmt er den umgekehrten Weg. Er schnellt hoch und schaltet die Nachttischlampe an.
„Wie bitte? Was machst du?"
„Ich halte es an der Schule nicht mehr aus. Lauter doofe Pfeffersäcke. Nicht mal eine gescheite Freundin habe ich gefunden. Dazu bin ich nicht für Gymnasien, sondern für Gesamtschulen und hier gibt es bekanntlich keine gescheiten. Außerdem wohnen in Gießen die meisten meiner Bekannten. Die will ich nicht verlieren!"
„Aber offenbar mich!"
„Das ist doch ganz was anderes!"
Lutter hält es nicht mehr neben ihr. Schnell zieht er seinen Trainingsanzug über und die Sportschuhe an, dann rennt er raus, rangiert die Autos, setzt sich in seinen Suzuki und fährt, Conny gleich, mit Vollgas davon.
Nur weg!
Erst in Gernsheim an der Hafenmole findet er wieder ein wenig Ruhe.
Was reitet sie? Was ist so schlimm, dass sie es nicht mehr ertragen will? Er vielleicht? Letztes Jahr noch legte sie ihm, trotz gelegentlicher Meinungsverschiedenheiten, morgens Zettel auf seinen Frühstücksteller, auf denen sie ihm ihre Liebe gestand. Was ist seither geschehen?

Dahinter stecken ihre komischen Freundinnen, findet er. Allesamt ohne Beziehung. Wenn aber doch, dann mit einer Ausnahme in sehr seltsamen. Haben sich die Weiber untereinander verschworen?

He, Conny, das geht doch nicht, dass du ziemlich friedlich mit deinem Macker zusammenlebst! Wir sind frei und du? Angekettet an einen alten Chauvi im spießigen Lorsch. Wo doch Gießen der Nabel der Welt ist, wo dir Freiheit und Selbstbestimmung winken wie früher. Wie konntest du nur damals den Wünschen deines Herzens folgen!

Das Handy klingelt. Conny erkundigt sich nach seinem Verbleib.

„Wenn ich den Gang rausnehme, rolle ich nach einem Meter in den Rhein. Ich schreibe gerade ein paar Abschiedszeilen!"

„Hör auf, komm zurück, bitte!"

„Es gibt keinen Grund!"

Dabei hat er überhaupt nicht vor, sich samt Auto zu ertränken. Schon gar nicht wegen ihr. Aber das Gespräch beendet er trotzdem. Soll sie mal ein bisschen Angst um ihn haben. Geschieht ihr recht.

Erst lockt das Weib ihn aus seinem eigenen Haus und dann wird er zwei Jahre später wohnungslos! Nur weil sie angeblich mit ihrer Schule nicht klarkommt. Ja, und? Die Schule dient in erster Linie dem Geldverdienen. Ist doch egal, ob Gesamtschule oder Gymnasium. Als ob es in dem blöden Gießen nur supertolle Lehrer gäbe. In diesem Kaff, das nicht mal eine Großstadt ist! Oberhessische Provinz!

Das Handy klingelt erneut. Wieder ist es Conny.

„Komm zurück, wir reden!", sagt sie. Lutter lehnt ab. „Es hat doch alles keinen Sinn. Du hast mich hinters Licht geführt. Mir mein bisschen Restleben zerstört. Scheinbar war's bei mir wie immer: Hier mal ein bisschen geliebt, dort mal ein bisschen geliebt. Mal den ins Unglück gestürzt, mal

jenen. Und wenn's dann schwierig wurde, die Zelte abgebrochen. Es gibt ja genug Doofe in Gießen, die nur auf dich warten!"
„Das stimmt doch gar nicht. Lass es mich erklären!"
Lutter beendet den Dialog und schaltet das Handy ganz aus. Dann fährt er langsam nach Lorsch zurück und stellt das Auto am Weschnitz-Parkplatz ab.
Da will er doch mal sehen, was sie macht! Er läuft die paar hundert Meter durch die Dunkelheit und versucht, irgendwelche Lichtstrahlen aus der Wohnung zu entdecken.
Nichts!
Entweder schläft sie oder sie ist weggefahren, um ihn zu suchen. Er klettert über den Zaun und schaut durch das Glasfenster der Garage. Auch nichts. Also ist sie weg.
Er rennt zum Parkplatz, holt sein Auto und parkt es in der Garage, wo es vor seiner Flucht-Aktion schon stand. Jetzt noch in die Wohnung und ab ins Bett.
Eine Viertelstunde später hört er Connys Skoda. Gleich darauf steht sie vor seinem Bett, knipst das Licht an und setzt sich zu ihm.
„Du, ich schwöre dir, dass das alles nichts mit dir zu tun hat. Ich komme auch an jedem Wochenende zu dir, wenn du willst, auch mittwochs. Aber ich kann nicht länger an dieser Schule sein! Verstehe es doch!"
Lutter versteht es nicht. Auch als er sie des Rauchens verdächtigte, schwor sie hoch und heilig, dass sie es nicht täte. Wer einmal lügt ...
Aber ihm ist es jetzt zu spät. Bestimmt schon ein Uhr. Und morgen hat er acht Unterrichtsstunden. Da muss jetzt Schluss sein!
„Sei so lieb und lege dich wieder hin. Wir reden morgen", sagt er.
„Aber ich darf noch ein bisschen zu dir", bettelt sie.
Sie darf.

37 Die Wohnungssuche

Conny ist, nachdem ihre Rückversetzung in die sirrende Provinzstadt Gießen sicher ist, wie ausgewechselt. Davon profitiert natürlich Lutter besonders, denn sie gewährt ihm wieder uneingeschränkte Zuneigung und Aufmerksamkeit. Jedoch nicht immer und zu jeder Zeit, das wäre auch etwas zu viel für sie gewesen.
Eines Tages, als ganz Deutschland während der Weltmeisterschaft vor dem Fernseher sitzt und seiner über sich hinauswachsenden Fußball-Nationalmannschaft angesichts ihres überragenden Spiels gegen die eigentlich unbezwingbaren Kicker von Costa Rica zujubelt, sitzen Conny und Lutter auch, allerdings auf der Terrasse der Bensheimer *Hahnmühle* und lassen sich unter einem Sonnenschirm erlesene Speisen auf der Zunge zergehen. Ihr Glück scheint wiedergefunden, gewissermaßen als Reinkarnation noch einmal zu fast alter Größe.
Doch Lutter kommt es immer öfter so vor, als sei daran nur die sich rasant vermindernde Zahl der Tage schuld, die Conny noch in Südhessen, speziell in Lorsch zubringen muss. Doch er hütet sich, ihr seine Sicht der Dinge zu offenbaren. Himmlische Ruhe und harmonisches Zusammensein sollen, bitte schön, anhalten nach so langer Zeit der Beziehungskrise.
Aber schon droht das nächste Unheil. Vielleicht ja als Folge des wunderschönen Abends in der *Hahnmühle*, wer weiß es schon. Denn drei Tage darauf suchen grausame Unterleibsschmerzen den inzwischen 59-Jährigen heim, gerade als Heerscharen von potentiellen Nachmietern samt Wohnungseigentümerin die frei werdenden Räume in Lorsch besichtigen wollen.

Lutter liegt also außer Gefecht gesetzt in seinem Bett und muss dennoch die vielen Besucher ertragen, die trotz des Unpässlichen partout auch dessen Krankenzimmer begutachten wollen, immer geführt von Conny, die jedem Bewerber die Wohnung anpreist, als handele es sich um den Palast eines vielfachen Millionärs.

Lutters Schmerzen werden stündlich größer. Um sie zu lindern, probiert er gleich zwei Underberg auf einmal. Es könnte ja sein, meint er, dass der Magen rebelliere, sozusagen psychosomatisch auf den drohenden Verlust reagiere und sich mit dem bitteren Schnaps besänftigen ließe. Vergebens. Bald wandert das Zentrum seiner Qualen in tiefere Regionen, sodass er sich krümmt und den Tag verflucht, an dem er gelobte, immer ein edler Indianer zu sein, der selbstverständlich keinen Schmerz kennt.

Als endlich alle Neugierigen abgezogen sind, schleppt sich Lutter in sein Arbeitszimmer, startet den Computer und gibt in Google *Blinddarm* und *Symptome* ein. Bald hat er genug gelesen und ruft Conny zu sich. Sie möge ihn dringend ins Kreiskrankenhaus nach Heppenheim fahren. Er werde operiert.

Conny, die viel lieber den für die nächste Stunde angekündigten letzten Wohnungsaspiranten empfangen und bis dahin auf der Terrasse noch ein paar Lullen mit der Eigentümerin geraucht hätte, missfällt der von Lutter geforderte Einsatz sehr.

Aber angesichts der auch ihr klar werdenden Situation packt sie schnell Lutters Reisetasche und führt ihn, den seltsam Hinkenden, in ihr Auto. Sie hat es eilig, lässt trotz beständiger Schmerzensschreie Lutters kein Schlagloch aus und liefert ihn prompt sechs Minuten später an der Krankenhaus-Aufnahme ab.

Schon von weitem ruft der herbeigeeilte Arzt: „Ach, was kommt denn da für ein schöner Blinddarm!"

Conny begleitet Lutter noch in den Vorraum des OP und trägt seine Personalien in mehrere Bögen ein. Einen davon reicht sie Lutter zur Unterschrift. Der kritzelt irgendetwas auf die entsprechende Spalte und schon kommt eine Schwester im grünen OP-Kittel, um ihn für die Narkose vorzubereiten.
Conny nutzt die Situation und verabschiedet sich: „Tschüss, alles Gute. See you later!"
Lutter fühlt sich plötzlich völlig hilflos und allein gelassen. Nicht mal bis zur Betäubung warten kann das Weib. Wenn irgendein feiner Pinkel im Anmarsch ist, dann ist sie zur Stelle.
Weiter kann Lutter nicht denken. Er entschlummert, noch bevor er in den OP geschoben wird. Die Beruhigungspille, die ihm eine zweite Schwester gerade verpasst hat, wirkt schnell und gründlich.
Stunden oder Tage später, so kommt es Lutter jedenfalls vor, wacht er in einem Krankenzimmer wieder auf. Er erkennt schemenhaft Conny und seine Schwester Bettina, schläft aber sofort wieder für weitere zwei Stunden ein.
Dann aber ist er wach. Conny sitzt neben ihm:
„Der Typ bekommt die Wohnung". sagt sie, „ich habe das mit der Besitzerin so ausgemacht!"

*

Lutter steht selbstverständlich noch in derselben Nacht auf, schiebt den Ständer mit der Infusionsflüssigkeit mit der linken Hand vor sich her und tastet sich mit der rechten an der Wand entlang, raus aus dem Zimmer, rein in die Toilette.
Ins Töpfchen macht er nicht!
Als er sich niedersinken lässt und mit viel Glück auf der Brille zu sitzen kommt, zieht ein stechender Schmerz von der Wunde bis hoch in seinen Hals. Aber der Indianer ...

Und wenn er schon bis zur Toilette gekommen ist, da schaut er auch mal, wo er hier überhaupt gelandet ist.
Die Nachtschwester, die hinter ihrem Tresen döst, erschreckt er fast zu Tode.
Aber dann nickt sie ihm bloß zu und verwehrt ihm nicht die weitere Erkundung. Doch zehn Meter vor dem Fahrstuhlschacht hat Lutter genug gesehen. In ein paar Stunden wird er, frisch rasiert und mit gewaschenen Haaren wiederkommen, nach unten fahren und sich am Kiosk eine Flasche Cola kaufen. Denn dieses blöde stille Wasser, das sie ihm auf den Krankentisch gestellt haben, ist nichts für ihn.

*

Nachdem Lutter an diesem Tag heimlich, still und leise zwei Flaschen Cola getrunken hat, fragt er abends, als ein Pfleger seine Infusionsflasche wechselt, ob er schon Cola trinken dürfe statt des lahmen Wassers.
„Auf gar keinen Fall. Das ist lebensgefährlich!"
Bis jetzt aber lebt er und auch am zweiten Tag, als er bei der Visite erfährt, dass es sich bei ihm um eine Notoperation gehandelt und der Wurmfortsatz bereits kurz vor dem Platzen gestanden habe, hat sich daran nichts geändert.
Noch einen Tag später muss seine Liebste kommen und ihn abholen. Er darf nach Hause.
Weil Conny aber noch wegen mündlicher Abiturprüfungen im Odenwald zu tun hat, packt er vorsichtig seine Tasche, sagt dem greisen Mitpatienten Auf Wiedersehen und steckt in die Schwestern-Kasse zehn Euro. In einem unbeobachteten Moment nimmt er mit der linken Hand seine Tasche und stapft los.
Draußen herrscht sonniges Weltmeisterschaftswetter und er macht sich, nachdem er sich in der Cafeteria ein eiskaltes Coca-Cola und den *Kicker* besorgt hat, auf zu einer Bank un-

ter einer schattigen Kastanie. Dort will er warten, bis Conny, wie versprochen, in etwa einer Stunde vorfährt.
Doch sie verspätet sich. Deshalb schickt sie Lutter eine SMS und nennt darin die neue Ankunftszeit. Lutter packt nach einer weiteren Stunde den *Kicker* in seine Tasche, schenkt einem kleinen Jungen die Colaflasche und den Pfandbon und macht sich in der prallen Mittagssonne auf den Weg zu den Parkplätzen; dann, da weit und breit keine Conny zu sehen ist, bis zur Einfahrt des Parkplatzes; und schließlich bis zur Abzweigung von der Umgehungsstraße. Endlich kommt sie und er ist ganz schön kaputt vom Tragen der blöden Tasche und der Hitze!
Conny kennt jedoch wie immer keine Gnade. Langsam durch die Schlaglöcher sollen andere fahren, nicht sie! Da hilft selbst inständiges Bitten Lutters nicht.
Am Abend hat sich Lutter erholt und fühlt sich trotz seines großen Verbands bereit zu noch größeren Taten. Conny ist auch nicht abgeneigt. Und es ist wunderschön!

*

Der sechste Tag nach der Operation ist gerade angebrochen, da nimmt Lutter in Connys Skoda Platz und ab geht es nach Norden. Conny will insgesamt acht Wohnungen in und um Gießen herum besichtigen.
Da die Autobahn A 5 nicht so viele Schlaglöcher wie die Heppenheimer und Lorscher Ortsstraßen hat, kommt Lutter nach einer Stunde in guter Verfassung, aber mit recht schlechter Laune in der oberhessischen Metropole an.
Jetzt soll es ja Ernst werden mit ihrem Abschied und somit auch von ihm, Wochenenden einmal ausgenommen.
Das ständige Hin und Her, von einer Wohnung zur anderen, geht ihm bald gehörig auf oder an die Wunde. Er kann nicht mehr, er mag nicht mehr. Er bittet deshalb Conny, ihn zum

Bahnhof zu fahren und die restlichen Besichtigungen alleine zu übernehmen. Es ginge ihn ja doch nichts an, wo und wie sie demnächst lebe.

Conny lehnt entrüstet ab und fährt einfach weiter. An einer roten Ampel löst Lutter deshalb den Sicherheitsgurt und steigt aus. Conny schaut ihn entgeistert an, muss aber losfahren, weil sie sonst den Verkehr auf der Hauptverkehrsachse der Stadt lahmlegen würde. Lutter fragt den nächsten Passanten nach einer Bushaltestelle. Offenbar befindet sich diese gleich um die nächste Ecke herum.

Gäbe es in der großen Stadt ein U-Bahn-System, so wäre Lutter seiner Conny sicherlich entkommen. Aber Gießen besitzt nur ein paar kümmerliche Buslinien, die Conny natürlich bestens kennt. Deshalb wartet sie schon am nächsten Haltepunkt auf ihn. Da Lutter nun wirklich keinen Schritt mehr weiterlaufen kann, steigt er ein. Conny setzt ihn an einem Café ab und sagt, dass sie ihn hier nach der nächsten Besichtigung abholen würde. Abhauen sei zwecklos!

Lutter sieht sich gezwungen, das einzusehen und genießt den Kaffee und den Blick auf die überaus junge und hübsche Bedienung.

38 Weil immer was geht

Conny gefielen die bisher besichtigten Wohnungen allesamt nicht. Sie setzt deshalb einen neuen Besichtigungstermin für das kommende Wochenende an. Lutter, dem die Blinddarmnarbe weiterhin Probleme bereitet, hat dafür allerdings Mitfahrverbot und bleibt in Lorsch.
Er muss sich ja auch allmählich um eine Bleibe kümmern, stellt er betrübt fest, zumal der künftige Mieter, ein dynamischer Vierziger, schon zweimal mit Zollstock, Notizblock und dekorativer Gespielin angerückt ist, um beispielsweise herauszufinden, wie viel Geld er einem Polen für die standesgemäße Renovierung der Räume zahlen muss.
Lutter studiert an diesem Samstag, an dem Conny Gießen bereist, die Wohnungsangebote im *Bergsträßer Anzeiger*, dem führenden Blatt der Region. Zweizimmerwohnungen werden in Hülle und Fülle angeboten, kosten aber auch ihr Geld. Mit 500 Euro kalt müsste er jeden Monat in Bensheim rechnen, findet er heraus. Lorsch käme etwas günstiger, aber dort will er nicht länger wohnen.
Da Lutter immer noch unschlagbar im Kopfrechnen ist, kommt er schnell zu der Erkenntnis, dass der Kauf einer kleinen Wohnung entschieden günstiger ist als Miete zu zahlen. Er müsste nur das jetzt auf einem Tagesgeldkonto geparkte Geld aus dem Verkauf der Eigentumswohnung seiner Mutter nehmen und investieren. Dann wäre er in der Tat dreifacher Immobilienbesitzer! Kate in Dannenfels, Reihenhaus in Bensheim und jetzt womöglich eine Eigentumswohnung. Fürwahr, seine Erben Lena und Lucas werden sich einmal freuen!
Auch ein passendes Angebot findet Lutter in seinem Leib- und Magenblatt. *2 ZKB, Balkon, Keller und Stellplatz, kl. Wohneinheit, 74 000 €, sofort frei. Tel. 898912.*

Unter der angegebenen Nummer meldet sich kein Makler, sondern ein pensionierter und damit wohlbekannter Kollege aus dem Gernsheimer Gymnasium. Der freut sich, redet vor Begeisterung nicht enden wollend über die vergangenen Zeiten und nennt erst nach mehrmaliger Bitte den Standort des Objekts. Zeit zur Besichtigung habe er leider erst morgen, aber Lutter könne vorab doch schon mal die Wohnung und sein Umfeld von außen in Augenschein nehmen.

Das Haus im sogenannten Komponistenviertel Bensheims erweist sich als typischer Bau der sechziger Jahre des vergangenen Jahrhunderts, liegt aber in einer ruhigen Nebenstraße und alle Fenster der zum Verkauf stehenden Wohnung gehen in den Hof und damit vorwiegend ins Grüne.

„Gekauft!", entscheidet Lutter beglückt und am liebsten würde er seinen Ex-Kollegen sofort anrufen und ihn zum Notar-Schnelldienst bestellen. Aber leider gibt es so eine, wie Lutter findet, segensreiche Einrichtung nicht und außerdem kann er ja erst morgen Nachmittag die Innenbesichtigung vornehmen. Aber so schlimm wird es da sicherlich nicht aussehen!

Voller Glückseligkeit will Lutter nun seine ferne Conny über den bevorstehenden Kauf informieren, doch ihr Handy ist abgeschaltet.

„Das muss ja so sein!", denkt er, „immer wenn ich mal was Schönes erlebe, dann ist sie weg und ich kann nicht mit ihr darüber reden!"

Conny bleibt auch den Rest des Tages unerreichbar. Sie schickt ihm aber eine SMS, dass sie weitere Wohnungen besichtigen will und deshalb erst morgen zurückkäme.

Lutter antwortet und bittet um ihr Kommen bis spätestens halb drei. Das würde dann, eine Verspätung mit einkalkuliert, reichen, dass sie beim Besichtigen seiner künftigen Wohnung dabei ist. Aber warum er Wert darauf legt, dass sie zu genau dieser Zeit kommt, das verrät er nicht. Jetzt nicht mehr!

*

Conny ist am nächsten Tag, einem sonnigen, aber nicht zu heißen Julisonntag, bereits kurz vor eins in Lorsch zurück und hat großen Hunger. Sie lädt deshalb Lutter, der gestern weder etwas eingekauft noch sich selbst mithilfe der spärlichen Vorräte bekocht hat, zum Vietnamesen in der Bahnhofstraße ein.
„Ich bitte aber um den Inder in Bensheim", entgegnet Lutter, denn dann wäre man näher am Objekt seiner Begierde, von dessen Existenz er Conny immer noch nichts verraten hat.
Conny ist einverstanden. Sie macht heute sogar den Eindruck, als würde sie alles akzeptieren und annehmen. Offenbar hat sie also in oder um Gießen herum fette Beute gemacht.
In der Tat, kaum hat sie die Bestellung aufgegeben und ist vom üblichen Toilettengang zurückgekehrt, da quillt es förmlich aus ihr heraus.
„Ich habe so eine tolle Wohnung, Reiner, die findet man nur einmal. Und so günstig!"
Begeistert beschreibt sie, bald mit vollem Mund, ihre Entdeckung: Eine verwinkelte Altbauwohnung in einem kleinen Ortsteil von Pohlheim, sieben Kilometer von ihrer künftigen Schule entfernt. „Aber was das Beste ist, das winzige Kaff hat die Gießener Telefon-Vorwahl!"
„Das ist in der Tat für Conny ein gewichtiger Grund, dorthin zu ziehen", urteilt Lutter insgeheim.
Doch Conny schwärmt weiter: „Das Zweitbeste ist das riesengroße Wohnzimmer, das ich mir mit einem Raumteiler in zwei Bereiche abtrennen kann, die für sich immer noch die Ausmaße unseres Wohnzimmers in Lorsch haben. Und davor liegt über seine gesamte Breite ein Sonnenbalkon nach Süden hin. Die Küche ist voll eingerichtet, du kannst also alle Geräte aus Lorsch haben. Weißt du, auch von der Küche geht eine Tür auf den Balkon. Das ist praktisch, wenn ich im Sommer Gäste habe!"

Das ist in der Tat praktisch und Lutter merkt, dass seine Errungenschaft da kaum oder gar nicht mithalten kann. Folglich schweigt er und lässt sich nun den Grundriss der Wohnung, den Conny auf eine Serviette zeichnet, erklären.

„Nur das Badezimmer sieht grausam aus", schränkt sie ihre bis dahin so brillante Beschreibung ein wenig ein. „Die Fliesen stammen aus den Siebzigern. Olivgrün mit hellroten Mustern. Doch die werden überpinselt, die bekommen eine neutrale Farbe verpasst!"

Schnell ist die Zeit gekommen, dass Lutter aufbrechen muss, will er seinen ehemaligen Kollegen nicht unnötig warten lassen.

„Wir beide sind verabredet", sagt er und winkt den Kellner herbei. „Meine neue Freundin möchte dich kennen lernen!"

Aber das glaubt ihm Conny nun wirklich nicht. „Komm, erzähl's deiner Oma. Was aber ist denn nun wirklich?"

Mist, früher hätte ihm das jede Frau abgenommen!

*

Bevor Conny generalstabsmäßig Lutters Umzug in die neue Bensheimer Wohnung und ihren eigenen in die Gießener *Banlieue* planen und umsetzen kann, braucht sie für ihr bald fußballfeldgroßes Wohnzimmer noch einen dunklen Fußbodenbelag.

Einen hellen schließt sie kategorisch aus. Und sie lässt sich auch von Lutters Einwänden nicht beirren. Er hatte doch tatsächlich bei einer Besichtigung vor Ort die Frechheit besessen zu bedenken zu geben, dass ihr Tanzsaal anschließend wie eine Leichenhalle aussehen könne.

Doch wenn Conny entscheidet, dass der Mond grün scheint und die Sonne blau, dann ist das eben so, musste Lutter zum wiederholten Male erkennen.

Ferner hatte Conny beim Vergleich der Baumarkt-Preise festgestellt, dass der Quadratmeter Laminat im Gießener OBI doch glatt zwei Euro teurer ist als im Bensheimer.
So wurden Connys Skoda und Lutters Suzuki Alto bis unters Dach mit südhessischer Ware beladen und diese daraufhin nach Oberhessen verfrachtet.
Lutter, nach seiner Operation noch krankgeschrieben und vom Chefarzt der Klinik vor dem Tragen jeglicher Lasten gewarnt, muss also Laminat-Pakete en masse hoch in Connys Wohnung schleppen, doch, und das sagt er selbst, wer am Cola nicht gestorben ist, der übersteht auch das zweistündige Hochtragen und Absetzen der dunkelbraunen Auslegware.
Lutters gut vernähte Blinddarmnarbe hält auch das sich anschließende dreitägige Verlegen aus, sein Rücken aber rebelliert bei den letzten Brettern und so sinken urplötzlich 76 Kilogramm Oberstudienrat ungebremst in Richtung Blumentapete, wo zuerst Schulter und Armgelenk, dann der gesamte Rest-Lutter gegen die Wand donnern und an dieser Stelle in sich zusammenfallen.
Conny eilt herbei, kann aber ihrem Liebsten nicht mehr helfen, denn der liegt bewegungslos mit schmerzverzerrtem Gesicht auf dem Boden und haucht ihr ein einziges Wort entgegen: „Hexenschuss!"
Doch Lutters Medizin gegen diese bitterböse Krankheit liegt im Arzneischränkchen in Lorsch, über 100 Kilometer entfernt.
„Du musst einen Arzt holen", macht er Conny klar. „Ich brauche eine Spritze!"
Conny rennt also runter ins Erdgeschoss, klingelt bei den Vermietern und bittet um ein Telefonbuch.
Oben ruft sie an, richtet das mit der dringend notwendigen Spritze aus und räumt dann ihren fast fertigen Tanzsaal auf. Sägespäne und kleine Laminatreste saugt sie auf, die großen

bringt sie ihrem Vermieter, der sie scheinbar gut gebrauchen kann. Schließlich wird Lutter, der immer noch auf dem Boden liegt, gesäubert. Dann endlich klingelt der Arzt.

*

Knapp zwei Stunden später kann Lutter sich wieder mühselig aufrichten und, gestützt auf Conny, Stufe um Stufe von hunderten von Messerstichen in den Rücken gemartert, die Treppe hinunter und bis zum Auto wanken. Mit viel Mühe schafft Conny es auch, ihn auf den Beifahrersitz zu bugsieren. Sie schnallt ihn an, holt den Werkzeugkasten und ihre Tasche und dann geht's ab nach Lorsch.
Noch zwei gemeinsame Nächte haben sie vor sich in der alten Wohnung. Lutter wundert sich nicht, dass diese jetzt doch so verlaufen, wie er sie während der ersten unruhigen Nacht im Krankenhaus vor sich gesehen hat: Auf der einen Seite des breiten Betts liegt er, einem alten Krüppel gleich, und auf der anderen Conny, eine Frau in ihren besten Jahren, begierig darauf, ihr neues Leben bald allein und ohne jede Rücksichtnahme gestalten und genießen zu können.

39 Es geht in die Verlängerung

Conny wohnt jetzt im Speckgürtel der Metropole Gießen und unterrichtet endlich wieder an einer ultra-fortschrittlichen Gesamtschule. Lutter dagegen lebt, wie früher schon, brav und anständig in Bensheim und muss sich weiterhin an seiner biederen Brüder-Grimm-Schule abmühen.
Wäre ihre Beziehung ein normales Bundesliga-Fußballspiel gewesen, so hätte der Schiedsrichter die Partie längst abgepfiffen. Nachdem Lutter souverän die erste Halbzeit für sich hatte gestalten können und einem sicheren Sieg entgegenzugehen schien, so konnte Conny im zweiten Abschnitt den überheblich gewordenen Lutter glatt an die Wand spielen und ausgleichen.
Unentschieden also, einen Punkt für die Heimmannschaft, einen für die Auswärtigen. Aber das Spiel ist eben kein normales, sondern ein Pokalmatch. Es geht nun also in die Verlängerung. Und steht es dann am Ende immer noch remis, so wird ein Elfmeterschießen über Sieg oder Niederlage entscheiden. Er könnte, überlegt Lutter, jetzt, kurz vor dem Beginn der Verlängerung, zum Schiedsrichter gehen und aufgeben. Warum soll er Kräfte verschenken, wenn doch bald wieder ein Spiel gegen einen anderen Gegner bevorsteht? Darauf müsste er sich jetzt vorbereiten, gezielt für diese Auseinandersetzung trainieren in der kurzen Zeit, die dafür bleibt.
Natürlich könnte auch Conny zurückziehen. Doch sie denkt gar nicht daran, sondern lässt sich von ihren Betreuern fit machen für die folgenden zweimal fünfzehn Minuten. Sie strotzt nur so von Kraft und Selbstbewusstsein. Wie soll er da noch gewinnen können?
Aber für einen echten Fußballer gibt es noch den Ehrbegriff, eines seiner höchsten Güter. Außerdem darf man die Zu-

schauer, die viel Geld für den Pokalfight ausgegeben haben, nicht enttäuschen. Was bleibt Lutter also übrig, als weiterzuspielen und all seine Routine in die Waagschale zu werfen?
Conny anstürmen lassen, einen Sperrriegel vor dem Tor errichten, auf einen Fehler von ihr warten. Dann überfallartig einen Konter setzen und so das entscheidende Tor erzielen zum Sudden Death, zum Sieg, zum Triumph.
Nur so wird es möglich sein. Lutter spült noch einmal seinen Mund aus, lässt den Rest Wasser aus der Flasche über sein Gesicht laufen, schüttelt sich wie ein nasser Hund und trottet dann zum Anstoßkreis.
Der Schiedsrichter pfeift, es geht wieder los.
Lutter hat keine Chance, aber er wird sie nutzen. Das stammt nicht von ihm, ist aber dennoch gut.

40 Gelegenheit verpasst

„Ich verstehe nicht, warum Sie sich das alles haben gefallen lassen!", schimpft Lutters Einzel-Therapeutin. „Und erst recht nicht, warum Sie nicht die Gelegenheit nutzten, als diese Conny wieder nach Gießen zog! Da hätten Sie einen Schlussstrich ziehen müssen!"
Er hätte, aber er hat nicht.
„Was hat Sie denn so an ihr fasziniert? Was ist denn das Besondere an dieser Frau? Mir kommt es vor, als wäre sie eine Chaotin noch und noch!"
Conny, die Chaotin. Wenn man bei ihr zu Hause die Bücherregale ansieht, dann ja. Sonst aber ist sie penibel und genau. Wenn sie sich etwas in den Kopf gesetzt hat, dann wird etwas draus.
„Warum antworten Sie mir nicht?", insistiert Frau Urbach.
Er reagiert nicht, weil er nachdenkt. Schildert er sie einseitig? Stellt er in seinen Erzählungen nur ihre negativen Seiten dar?
„Haben Sie nicht darüber gesprochen, wie sehr sie Sie verletzt?"
„Mit Conny? Conny ließ nicht zu, dass wir über sie redeten. *Komm mir ja nicht mit deiner Psychologie*, sagte sie immer. Dann war ich wieder der Alt-Achtundsechziger und diese könnten immer nur alles zerreden. Ende der Fahnenstange!"
„Sie hätten aber doch darlegen können, wie es Ihnen mit ihren Eskapaden erging!"
„Sie hatte etwas gegen Weicheier. Folglich war sie selbst hart gegen sich. Ich könnte zum Beispiel wetten, dass sie momentan im Krankenhaus liegt und eine schwere Opera-

tion hinter sich hat. Aber das bleibt völlig geheim."
„Wie kommen Sie denn darauf?"
„Conny hat es mir neulich am Telefon angedeutet. Und bisher rief sie regelmäßig einmal die Woche hier in der Klinik an. Jetzt nicht mehr. Und weil sie sonst sehr berechenbar ist, müsste sie folglich verhindert sein anzurufen. Oder sie hindert sich selbst daran, weil sie es hasst, dass sie jemand bemitleidet."
„Und Sie würden in diesem Fall sofort hinfahren und ihr einen Blumenstrauß mitbringen?!
„Nicht sofort, aber am Wochenende bestimmt."
Das könnte er wirklich machen, überlegt er. Hier ist ja doch nichts los und in Bensheim mal nach dem Rechten zu sehen, hat er keine Lust. Aber in welcher Klinik ist sie, wenn überhaupt? Nachher würde er vergebens fahren und sie liegt bloß im Bett eines anderen.
„Dann mögen Sie sie immer noch sehr!", stellt die Therapeutin fest. „Das ist aber nicht gut für Sie, wie ich Ihnen schon öfter erklärt habe. Oder war Conny so toll im Bett?"
„Nein, das war sie nicht!", antwortet er sofort und ohne nachzudenken.
„Umgekehrt war es für sie wohl auch nicht mehr so erfüllend, besonders im letzten Jahr. Aber auch darüber konnte ich mit ihr nicht sprechen. Sie blieb mir ein Rätsel."
Frau Urbach schüttelt den Kopf. Lutter weiß nicht, ob sie damit Conny oder die Gesamtheit ihrer Beziehung meint. Oder sogar seine Doofheit nicht mehr ertragen kann. Dann greift sie zu ihrem Lutter-Ordner, schlägt ihn auf und nimmt ein vollbeschriebenes und mit einem Markierstift bearbeitetes Blatt heraus, das sie kurz überfliegt.
„Sie scheinen sehr leidensfähig zu sein!", stellt sie fest, „wenn Sie sich, nicht nur bei Conny, von Ihren Frauen immer so viel haben bieten lassen."

Dem kann Lutter aber überhaupt nicht zustimmen.

„Ich habe auch ausgeteilt", verteidigt er sich. „Bei Conny weniger, bei anderen aber umso mehr. Insgesamt ist es sicher eine ausgeglichene Bilanz."

„Unentschieden?"

„Ja, unentschieden. Ist das schlimm?"

„Wenn Sie so leiden mussten, dass Sie deshalb an einer schweren Depression erkrankt sind, dann schon. Wir müssen die Ursachen aufspüren, damit Sie aus diesem Loch herauskommen. Sonst sieht es schlimm aus für Sie!"

„Conny sagte kurz vor dem Umzug, dass wir heiraten könnten, wenn sie wieder in Gießen lebt."

„Ach! Und das haben Sie geglaubt?"

Lutter schweigt. Conny hat ihm viel erzählt, was gelogen war. Er war so blöd und hat immer an das Gute in ihr geglaubt, eigentlich entgegen besseren Wissens.

„Da federt also Ihre Conny den Abschied von Ihnen ab, damit Sie ruhiggestellt sind und sie leichter und ohne große Scherereien aus der Lorscher Wohnung kommt! Die hat mit Ihnen doch gemacht, was sie wollte, ohne Rücksicht auf Ihre Befindlichkeit!"

Andrea hat Recht, eigentlich war es noch viel schlimmer.

„Ich bekam dauernd Geschenke von ihr. Und die wurden immer teurer. Klamotten oder Schuhe, zwei Trainingsanzüge und so weiter."

„Ihnen ist wirklich nicht zu helfen!", ereifert sich die Therapeutin. „Da lassen Sie sich auch noch mit Geschenken bestechen und einlullen. Und je nach Bedarf benutzen oder weiter in Bensheim lagern. Ich sage ganz bewusst: lagern. Da wollen Sie diese Conny immer noch zurück?"

Lutter zuckt mit den Schultern. Natürlich will er sie nicht zurück. Aber käme sie, würde sie ihn zu einem Essen einladen und anschließend ...

Er wünscht sie sich zurück, aber anders.

„Und wie wird man sie los?", fragt er.
„Nicht *man*, sondern: Wie werde *ich* sie los? muss es heißen, sonst bleiben Sie immer ihre Marionette. Ich glaube, wir haben noch viel Arbeit miteinander!"
Sie beendet die Sitzung, wünscht ihm noch einen schönen Tag und sagt, was sie immer sagt:
„Denken Sie mal darüber nach! Es wird Zeit!"
„*Es wird Zeit* ist neu. Ist es wirklich Zeit?", überlegt Lutter, als er sich am Automaten einen Apfelsaft holt.

41 Weg für immer, Teil 1

Noch immer hat Lutter Connys fertig eingerichtete Wohnung im Gießener Speckgürtel nicht besichtigt. Sie kommt dagegen treu und brav am Freitagnachmittag nach Bensheim und fährt sonntags nach dem Mittagessen wieder weg. Normalerweise meldet sie sich knapp eine Stunde später am Telefon, erklärt, es habe keine Staus gegeben, sie sei also gut angekommen und müsse jetzt unbedingt Klausuren nachsehen, weil sie am Abend mit Sonja zu einem Kneipenbummel verabredet sei. Oder so ähnlich!
Lutter muss also wegen der beständigen Wochenendtermine auf erholsame Stunden oder Tage in seiner Dannenfelser Kate verzichten. Conny mag verständlicherweise nicht noch länger mit ihrem roten Skoda unterwegs sein.
Deshalb stimmt sie zu, die ersten Ferientage im Oktober am Donnersberg zu verbringen. Wenn Lutter schon so viel Immobilienbesitz sein eigen nenne, dann müsse dieser auch hin und wieder besichtigt und eventuell instand gesetzt werden, meint sie ganz im Ernst.
Doch als sie dann tatsächlich in der kleinen Behausung mit ihrem phantastischen Ausblick urlauben, finden Conny und Lutter keine Ruhe und Erholung. Sie zanken sich wie die Weltmeister und Lutter erinnert sich nicht daran, dass hier im urgemütlichen Wohnzimmer jemals heftigere und lautere Auseinandersetzungen stattgefunden hätten.
Der Anlass ist banal: Conny mag trotz ihrer entgegengesetzten Schwüre nicht in der hintersten, langweiligsten Provinz Ferien machen, eigentlich auch nicht in Bensheim, sondern einzig und allein in ihrem geliebten Gießen. Dort warte nämlich, wie sie erklärt, eine ganze Riege lediger oder geschiedener Freundinnen sehnsuchtig auf ihren Antrittsbe-

such. Freunde gäbe es schließlich auch, fügt sie hinzu. Und sie wiederholt es noch einmal, damit Lutter weiß, was sie kann und er nicht.
Freunde!
Lutter aber schaltet die Tagesschau an, danach folgt ein neuer *Tatort*. Conny geruht, diesen mit anzusehen. „Ein Thriller wäre mir jetzt lieber!", fügt sie hinzu, wohl ungehalten darüber, dass sie sich Lutters Wünschen schon wieder angepasst hat.
Drei Leichen und zwei Täter später schaltet Lutter den Fernseher aus, holt eine Flasche Rotwein, zwei Gläser und zwei Untersetzer.
Als er einschenken will, hält Conny ihre rechte Hand über das Glas. „Nein!", meint sie, „ich trinke nichts!"
„Hast du noch etwas vor?", fragt Lutter erstaunt.
„Ja!", antwortet sie.
„Und was?"
„Ich fahre. Zuerst treffe ich mich mit Herbert, dann mit Ralf, aber den kennst du nicht und schließlich übernachte ich bei Mehmet, mit dem habe ich auch öfter mal geschlafen!"
„Wohl bekomm's", sagt Lutter und trinkt sein Glas in einem Zug leer.
Aber sie geht nicht, um ihre Sachen zu packen, sondern bleibt mit funkelnden Augen auf dem Sofa sitzen.
Lutter schenkt sich nach. Conny verweigert erneut.
„Ich denke", sagt Lutter, „dass das nicht so weitergehen kann. So kannst du dich nicht benehmen. Reden wir mal darüber, warum du mich so behandelst?"
„Nein!"
„Ich verstehe nicht, dass du so aggressiv bist und mit mir nicht darüber sprechen willst."
„Mit dir kann ich nicht reden. Am Ende hast du immer die besseren Argumente und ich komme mir vor wie Klein-Doofi!", meint sie und beginnt zu weinen.

Lutter atmet tief durch. Diese Show kennt er bereits. Soll sie weinen. Das geht vorbei. Sie wird auch wieder irgendwann damit aufhören.

Wirklich trocknet sie schon ein paar Minuten danach ihre Tränen mit einem Tempo ab. Doch dann rennt sie mit ihrer Handtasche raus vor die Tür.

Fünf Minuten später kommt sie, nach Tabakqualm stinkend, zurück.

„Mit dir gewöhne ich mir das nie ab. Immer muss ich nur noch mehr rauchen. Letzten Sonntag ein ganzes Päckchen nachmittags und abends."

„Ziemlich teuer", sagt Lutter und lehnt sich im Sessel weit nach hinten.

„Und du hinderst mich, meine Freundinnen und Freunde zu sehen! Jetzt zum Beispiel ..."

„... wolltest du Herbert besuchen, dann Rolf und schließlich Mehmet bumsen!"

„Na und? Bin ja nicht so spießig wie du!"

„Aber zuerst warst du von diesem Spießer mächtig angetan. Ich kann's dir sogar beweisen. Habe alle deine Briefe und Zettel aufgehoben. *Für immer deine Conny* und so weiter." Wieder rollen die Tränen über ihre Backen.

„Du hast mich um deinen kleinen Finger gewickelt und ich hab's nicht gemerkt!"

„Seit wann lässt sich Frau Studienrätin Fromm um den kleinen Finger wickeln? Ich traue mir das nicht zu.", sagt Lutter.

„Hör mit deiner verdammten Ironie auf!", schreit sie und rennt die Treppe nach oben ins Schlafzimmer. Eine Weile später hört Lutter, wie sie sich im Bad abschminkt und die Zähne putzt.

„An einem späten Abend wie diesem darf ich mir noch ein Glas Bordeaux gönnen", sagt er leise und tritt mit dem Rotwein ans Fenster. In der Ferne sieht er die Lichter der Dörfer

und Städte, unterhalb der Kate huschen hin und wieder Autos die kurvenreiche Ortsstraße entlang. Von Kirchheimbolanden her müht sich ein Fahrer den Donnersberg hinauf. Gespenstisch wirkt es, wenn der gleißende Lichtstrahl der Scheinwerfer Bäume am Straßenrand für Sekundenbruchteile zu bedrohlichen Riesen werden lässt.
Lutter trinkt aus. Auch er geht jetzt ins sein Bett. Morgen wird alles wieder besser aussehen.
Conny hat unterdessen aber Kraft zum Keifen und Wettern getankt. Lutter muss sich eine ganze Suada anhören.
„Schluss, aus, fertig!", unterbricht er sie endlich, „ich kann's nicht mehr hören!" Er nimmt das Kissen, legt es auf seinem Kopf und drückt die Hände damit auf die Ohren.
„Jetzt reicht es mir!", hört er sie wie von fern, „ich fahre nach Hause!"
Sie rafft ihre Sachen zusammen, poltert die schmale Stiege hinunter und knallt die Haustür zu. Lutter sieht, wie sie jetzt ihre Tasche über den Zaun wirft und darüber klettert, da das Törchen abgeschlossen ist. Gleich darauf startet sie ihr Auto.
„Puh", sagt Lutter, „jetzt ist erst einmal Ruhe!" Er geht ins Bett zurück und verfolgt von da aus eine Weile ihren Weg in Richtung Kreisstadt.
„Hoffentlich baut sie unterwegs keinen Unfall", denkt er.

*

Lutter wäre aber nicht Lutter, wenn er nicht anderthalb Stunden später gegen 2 Uhr bei Conny anruft und wissen will, ob sie heil angekommen ist.
Sie ist und beantwortet müde, aber freundlich und ausführlich seine Fragen. Dann legt sie auf, denn sie will in ihr Bett, nicht ohne versprochen zu haben, ihn am folgenden Abend über ihren Zustand zu informieren.

Aber auch dieses Mal muss Strafe sein. Conny erklärt, sie möchte jetzt, nach den anstrengenden ersten Wochen in der neuen Schule, einfach nur entspannen. Und ein paar Freundinnen besuchen. Sie käme dann Freitag in einer Woche für einen Tag zu ihm. Ja, sie habe noch Gefühle für ihn. Ganz sicher.
Lutter überlegt in den nächsten Tagen, ob er sich nicht einen kleinen Hund, beispielsweise einen Rauhaardackel, zulegen sollte.

42 Die fremde Wohnung

Irgendwann war es dann so weit: Ich musste Connys Wohnung besichtigen. Klar, dass ich gespannt darauf war, wie sie aussah und auf mich wirkte. Auch hatte mir Conny am Telefon erzählt, dass sie supergünstig ein neues Bett samt Rost und Matratze für nur 300 Euro erworben und selbst aufgebaut hatte.
Viele wissen, dass ich nur ungern mit dem Auto herumkurve. Eigentlich setze ich mich lieber in einen Intercity und lasse mich angenehm und ziemlich sicher durch die Gegend kutschieren. Von Bensheim hätte es sogar direkte Verbindungen gegeben und Conny wäre bestimmt gerne zum Gießener Bahnhof gekommen, um mich abzuholen. Aber.
Aber man weiß ja nie, sagte ich mir. Vielleicht reitet mich der Wahnsinn und ich muss ganz schnell wieder nach Hause. Da wäre doch ein fahrbarer Untersatz wie mein kleiner, roter Suzuki von Nutzen.
Ich kam also hin und klingelte. Aber niemand machte mir auf. Ich schellte noch einmal. Wieder nichts. Als ich schon im Auto saß und dort überlegte, ob ich wieder heimfahren sollte, ging oben im ersten Stock ein Fenster auf und Conny winkte mir zu. Sie empfing mich im Bademantel und sagte, sie habe gerade geduscht. Sie hätte mich eigentlich erst eine halbe Stunde später erwartet.
Dann ließ sie mich in ihrem Wohnzimmer, dem Tanzsaal, stehen. Ich könne mich in der Zeit, in der sie sich fertig mache, ja schon einmal umsehen.
So ging ich neugierig auf und ab, entdeckte Bekanntes, aber auch Unbekanntes. Zum Beispiel ein aus bunten Fischen bestehendes Mobile, das an der holzgetäfelten Decke nahe

dem Schreibtisch befestigt war und sich sanft hin und her bewegte. Am untersten Fisch war mit einer Büroklammer eine Ansichtskarte befestigt. Ich konnte nicht umhin, und vielleicht war es von Conny auch so geplant, ich musste lesen, was dort stand.

Liebe Conny, ich finde es so toll, dass es dich gibt. Wir bilden in Zukunft ein prima Team und schaffen alles zusammen. Kuss, deine Pina.

Von ihrer Kollegin Pina hatte mir Conny schon am Telefon erzählt. Sie säßen nach der Schule oft beisammen, bereiteten sich gemeinsam auf neue Unterrichtseinheiten vor, träfen sich gelegentlich abends und so weiter und so fort. Außerdem sei sie Lesbe. Besonders amüsant fand Conny in diesem Zusammenhang, dass ein paar Leute an ihrer Schule sie auch schon zu denen vom anderen Ufer zählten.

Doch damit nicht genug. Auf ihrem Schreibtisch lag offen ein kleines handschriftlich verfasstes Briefchen herum. Also für mich auch eine Einladung zum Lesen.

Liebe Conny, du bist eine wunderbare Kollegin. Ich hoffe, wir lernen uns jetzt auch außerhalb der Schule besser kennen .... Ganz liebe Grüße Eberhard.

Ob die hier in Oberhessen alle so miteinander verkehren? Sind das gesamtschulspezifische Umgangsformen? Oder ist alles für bare Münze zu nehmen, was da steht? Ich war ratlos. Bei uns in Südhessen gibt es so einen Ton unter Kolleginnen und Kollegen jedenfalls nicht. Es sei denn, man hätte etwas miteinander.

Auch an den Blumentöpfen auf den Fensterbrettern des Tanzbodens, der jetzt übrigens wegen eines geschickt aufgestellten Raumteilers ganz passabel aussah, fand ich Beklemmendes. Die Pflänzchen dort waren meist mit Widmungen versehen: *Zum Einzug Petra, Endlich bist du wieder da! Holger, Welcome back home, Herbert* und so weiter.

Ich spürte, dass mir plötzlich das Blut aus dem Kopf wich, mir wurde schwarz vor den Augen und es schien mir, als würde mein Hals von einem unsichtbaren Konkurrenten zugedrückt. Ich riss die Balkontür auf und fand dort drei um einen runden Tisch gruppierte Stühle. Mit letzter Kraft schaffte ich es dorthin und ließ mich hineinplumpsen.

„Wo bin ich denn hier hingeraten?", fragte ich mich. Oder träumte ich das alles nur? Doch mein Kreislauf spielte ganz real verrückt und mir wurde immer übler.

Ich bemerkte, dass auf dem Tisch zwei nicht gespülte Weingläser standen, unter ihm die leere Flasche. Mit *Wertkauf*-Preisschild: 1,99 €.

Da kam Conny und fragte, was denn mit mir los sei. Ich sagte, ich müsse wieder nach Hause, ich könne nicht mehr. Das Herz schlage wie wild.

Sie wirkte besorgt, na, eher in der Art, du liebe Zeit, nachher stirbt mir der Alte hier noch. Dann wollte sie unbedingt, dass ich mich drinnen im Wohnzimmer auf die Couch lege, bis es mir wieder besser ginge.

Ich sagte, ich könne noch in Bensheim zu meinem Hausarzt in die Sprechstunde, wenn ich sofort führe. Sie erklärte mich für verrückt, aber ich stand auf und ging schwankend wie ein Betrunkener zum Auto, setzte mich hinein und fuhr unter ihren entsetzten Blicken wirklich weg.

An der Tankstelle von Garbenteich machte ich Halt, tankte voll, besorgte mir die *Frankfurter Rundschau*, Erdnüsse und eine Flasche eiskaltes Coca-Cola, brachte alles zum Suzuki, brauste auf und davon, bis ich außerhalb des Ortes einen Parkplatz fand. Dort hielt ich an, nahm die Zeitung, las, trank und aß. Langsam ging es mir wieder besser.

Da rief sie an. Natürlich meldete ich mich.

Wir verabredeten, dass sie mich abholt und wir auf den Schiffenberg fahren. Sie sagte, dort könne man gut spazieren gehen und später auch zu Abend essen.

*

Am Samstagmorgen laufen Conny und Lutter durch die Einkaufsmeile der großen Stadt und folgen den Menschenmassen bis in den Karstadt. Der bietet in dieser Zeit fast sein gesamtes Sortiment wegen des Firmenjubiläums für einen Spottpreis an. Lutter nutzt diese Chance und erwirbt ein Paar *adidas*-Laufschuhe. Conny sucht in der Zeit der Anprobe einen Stock tiefer vier T-Shirts und einen Pullover für ihn aus. Danach entdeckt sie auch für sich ein Schnäppchen nach dem anderen, sodass sie gegen eins schwer beladen zum Parkhaus zurückkehren.

Nachmittags spazieren sie durch Lich, ein pittoreskes Städtchen mit vor Ort residierendem alten Landadel. Conny führt Lutter in eine Nebenstraße zu einem Trödelladen. Auch hier schlägt sie zu, beschenkt aber auch Lutters Theatergruppe reichlich. Um die Kostümierung seiner Mimen bei der nächsten Aufführung braucht er sich nun wirklich keine Gedanken mehr zu machen.

Anschließend verstauen sie die fette Beute in Connys Wagen und gehen in der menschenleeren Wetter-Aue spazieren.

Das macht ordentlich Hunger, den sie in einem rustikalen Restaurant in Schlossnähe stillen.

43 Weg für immer, Teil 2

Vor der Rückfahrt von jenem denkwürdigen Gießen-Abenteuer verspricht Lutter seiner Conny, dass er sie nicht mehr anruft. Nur sie solle, wenn sie wirklich dazu Lust verspüre, seine Nummer wählen.
Das tut Conny oft. Viermal oder mehr am Tag klingelt bei Lutter nun das Telefon. Morgens kurz vor sieben, mittags über Handy, wenn sie in der Tiefgarage ihrer Schule eine Zigarette raucht, nachmittags, wenn sie zu Hause angekommen ist, und abends vor dem Schlafengehen.
Lutter kann nicht klagen. Außerdem kommt sie – wie früher auch - von Freitagnachmittag bis zum Sonntagmittag zu ihm nach Bensheim
Es sieht so aus, als habe sich ihre Wochenend-Beziehung stabilisiert. Sie unternehmen viel, kein Flohmarkt ist vor Conny sicher, sie bummeln in Heidelberg, kaufen ein in Mannheim, entdecken putzige Städtchen am Neckar und gehen sogar ins Theater. Conny ist besonders von der *Maria Stuart* im Mannheimer Nationaltheater begeistert und bedauert, dass sie diese beeindruckende Inszenierung nicht mit ihrem Deutsch-Leistungskurs besuchen kann. Es sei doch ein Stück zu weit von Gießen her.
Gespannt wartet Lutter nun auf Weihnachten und Silvester. Conny hat wie im letzten Jahr alle Versuche abgeblockt, dass sie sich für den Jahreswechsel etwas gemeinsam vornehmen. Was also hat sie dieses Mal vor?
Doch der Heilige Abend verläuft harmonisch. Sie sind beim Chinesen und beschenken sich anschließend bei Kerzenschein. Conny ist ganz entzückt über den Flachbildschirm und Lutter freut sich über zwei Pullover, eine dicke Winterjacke und einen Atlas zur deutschen Geschichte.

Beim Frühstück am ersten Feiertag weist Conny zuerst den von Lutter selbstgebackenen und allseits gelobten Stollen zurück, nascht nur von den Plätzchen und trinkt zwei Tassen Kaffee mit viel fettarmer Milch.

„Ja", meint sie dann, „lieber Reiner, das ist jetzt die beste Zeit zum Schlussmachen. Ich besuche noch kurz meine Mutter und fahre dann nach Gießen zurück. Du brauchst gar nicht zu denken, dass da ein anderer Mann im Spiel ist. Nein. Aber es geht einfach nicht mehr. Mit der Liebe ist es vorbei. Aber trotzdem habe ich noch freundschaftliche Gefühle für dich. Ganz gewiss."

Lutter hat damit gerechnet, dennoch wird ihm flau im Magen. Aber er ist ja ausgebildeter Indianer ...

Conny verpackt den Monitor sorgsam mit allen Styroporteilen, holt dann ihre rote Tasche und fragt, ob er mit nach draußen zum Auto komme.

„Mach's gut!", sagt sie mit belegter Stimme und umarmt ihn. Dann setzt sie sich in ihr Auto und kurbelt die Scheibe hinunter.

Lutter beugt sich zu ihr hinein und küsst sie.

Solange er sie sehen kann, winkt sie ihm beim Wegfahren zu.

Lutter geht langsam in die warme Wohnung zurück. Eigentlich war es ein Abschied wie immer, denkt er. Das Herunterkurbeln des Seitenfensters, das Küssen und das Winken.

Also kein Abschied für immer.

Aber verstehen kann er sie dennoch nicht.

*

Sechs Tage später, an Silvester, kommt sie nach Dannenfels und sie feiern zusammen ein stilles, aber glückliches Neujahr.

44 Der Stasi auf der Spur

Lutter ist immer bemüht, seiner Conny Abwechslung zu bieten und hat ihr deshalb auch einmal ein Wochenende in Dresden vorgeschlagen. Nicht ganz uneigennützig, denn er möchte zu gerne die wohl erheblichen Unterschiede zu den DDR-Zeiten erkunden und unbedingt die wieder aufgebaute Frauenkirche besichtigen. Diese hatte er damals nur als beeindruckenden Trümmerhaufen kennen gelernt.
Conny aber durchkreuzt seine Wünsche und gibt ihm durch die Blume zu verstehen, dass hier ein gewisser Herbert schneller gewesen war. Aber Leipzig könne durchaus ein Ziel fürs Wochenende sein, meinte sie.
Diese Stadt nun kennt Lutter ein wenig aus den neunziger Jahren. Sein damaliger Verlag hatte ihn während der Buchmesse zu einer Lesung am Stand verpflichtet. Weil er aber anschließend wieder in den Intercity heim nach Bensheim gestiegen war, beschränkten sich seine Erinnerungen allein auf die Untaten eines gewissen Baulöwen Schneider und er stimmte deswegen Connys Wünschen gerne zu.
Conny aber wäre nicht Conny, wenn sie nicht ein äußerst preisgünstiges Hotel garni übers Internet ausfindig gemacht hätte mit S-Bahn-Anschluss fast vor der Tür.
So fahren sie über Fastnacht in die Stadt der Montagsdemonstrationen und sind, kaum dass sie eine Stunde durch die City gebummelt sind, hellauf begeistert von ihrem Entschluss, trotz Winter und Kälte hierher gekommen zu sein. Leipzig bietet einfach alles, was ihnen das Herz erfreut. Conny lässt sich vom Stasi-Museum beeindrucken und dem Haus der Geschichte, Lutter dagegen kann im alten Gasometer eine Stunde lang nicht vom Blick auf das Panoramabild des antiken Roms lassen und erlebt dabei unzählige Sonnenauf- und –untergän-

ge. Conny muss ihn wegziehen, er wäre sonst noch eine weitere Stunde hier geblieben, aber sie müssen nicht nur zügig zu Abend essen, sondern anschließend auch noch ins Kabarett.
Am Morgen des Fastnachtsdienstags ist die Herrlichkeit zu Ende. Lutter tankt sein Autochen auf, Conny zahlt und dann geht es, unterbrochen von einem Spaziergang durch Jena, zurück ins alte Bundesland Hessen.
Conny bekommt vor ihrem Hauseingang noch ein Küsschen, dann schultert sie ihren roten Rucksack, winkt ihm nach, bis er um die Ecke verschwunden ist. Eine Stunde später packt Lutter seine Tasche in Bensheim aus, sortiert die schmutzige Wäsche und startet die Waschmaschine. Beim späteren Aufhängen findet er, dass es endlich mal wieder so ein wirklich gelungenes Zusammensein mit seiner lieben Conny gewesen war.
Aber warum muss man dazu immer so weit wegfahren?

*

Am nächsten Freitag eröffnet ihm Conny, dass sie keine Lust mehr habe, mit ihm zu schlafen. Es habe ihr fast immer Spaß gemacht, auch zuletzt in Leipzig, aber jetzt sei Schluss damit. Nicht für immer, aber für ein paar Monate. Natürlich gebe es keinen anderen Mann. Aber sie habe schon früher solche Phasen durchgemacht. Und wenn sie nicht wolle, dann habe er ja auch nichts davon.
Lutter ist zunächst einmal erleichtert. Sicherlich hatte sie in den letzten Wochen schon ihre Phasen. Mit großen Auswirkungen auf ihn.
„Wenn du das meinst, dann ist es in Ordnung. Es wird ja hoffentlich bald wieder vorübergehen!"
„Aber mit dir abends schmusen, das will ich trotzdem!", sagt sie so lieb und nett, dass Lutter sie in früheren Zeit sofort an der Hand genommen und in sein Schlafzimmer geführt hätte.

45 Der besondere Traum

Lutters Gruppe hat Körpertherapie. Heute meint die attraktive, hochgewachsene Leiterin, Frau Freiburger, dass es an der Zeit sei, wieder einmal hinaus in den Wald zu laufen. Lutter könnte sie umarmen. Seine Achillessehnenbeschwerden sind nahezu verschwunden und seit er die Technik von Nordic Walking beherrscht, da hängt er, der bei weitem Älteste, selbst diesen Jungspund Micha ab. Wenn nur das vorausgehende Dehnen und Strecken nicht wären! Doch das nimmt er, Frau Freiburger zuliebe, in Kauf.
Die Ludwigshöhe ist das Etappenziel, das wissen alle von vorausgegangenen Touren und dort oben soll dann jeder auf eigene Verantwortung die gerade gezeigten und mehr oder weniger perfekt imitierten Übungen wiederholen.
Der sportliche Reiner Lutter findet heute aber seine Meisterin, denn Frau Freiburger, die sonst die Nachhut bildet und den Dickbauchigen Mut zuspricht, gesellt sich zu ihm.
„Ich muss auch einmal etwas für die Figur tun", meint sie. „Abends dann noch mal alleine oder im Verein Sport zu treiben wäre des Guten doch zu viel!"
Sie kommen ins Gespräch. Lutter erzählt von früher, als er mit den Leichtathleten des SV Darmstadt 98 auch hier trainierte, und Frau Freiburger, die Lutter auf vierzig bis höchstens fünfundvierzig schätzt, berichtet, wie sie nach einer Ausbildung zur Gymnastiklehrerin, über Tätigkeiten in Vereinen und Betrieben und nach unzähligen Lehrgängen schließlich an der Untertalklinik eine Anstellung als Körpertherapeutin fand.
„So etwas könnte auch meinen Sohn Lucas interessieren", sagt Lutter, „ich glaube, er wird das Abitur nicht schaffen.

Aber sportlich ist er!"

„Es gibt besser bezahlte Jobs", meint sie.

„Aber Sie können doch bei schönem Wetter wie heute rausgehen ins Freie und haben dabei, hoffentlich, noch gute Unterhaltung! Und die Gruppe ist so klein. Wissen Sie, meine Klasse in Bensheim hat 33 Schülerinnen und Schüler. Das ist kein Zuckerschlecken."

Sie erreichen die Ludwigshöhe. Lutter klettert, wie in seiner Jugend so oft, den Aussichtsturm hinauf, Frau Freiburger bleibt unten und wartet auf die anderen.

Vor Lutter erstreckt sich, nach dem Waldgürtel und dem Marienhospital, seine Geburtsstadt Darmstadt. Klar erkennt er die Mathildenhöhe und den Hochzeitsturm. Ein bisschen daneben, im Alicehospital, da kam er auf die Welt. Und am Horizont, weit weg im Westen, liegt das Rheintal mit dem Kühkopf. Lutter erkennt deutlich das grüne, gewundene Band seines Auenwaldes.

Wie lange war er nicht mehr dort? Richtig, vor zwei Jahren mit Conny!

Hat er nicht die letzte Zeit öfter von der Rheininsel geträumt? Genau, auch heute Nacht. Aber irgendwie bedrohlich, keinesfalls angenehm. Was war denn da passiert?

Nachher hat er Einzeltherapie bei Frau Urbach. Sie will doch immer seine Träume hören. Er könnte ihr ja mal von dieser Geschichte erzählen. Von dieser Geschichte? Es ist ja eigentlich gar keine. Nur so ein blödes Gefühl, als wäre er schuld an etwas Schlimmen.

Aber er muss wieder nach unten. Dehnen und Strecken warten auf ihn. Anschließend wird er wieder die Spitze übernehmen und die Führung nicht abgeben bis ans Ziel im Modautal.

*

Protokoll der Therapiestunde vom 2. Juli 2009

Lutter kam von der Körpertherapie ziemlich abgehetzt zu mir und wirkte zunächst sehr unkonzentriert. Er meinte, er habe sich gerade übernommen, denn er sei viel zu schnell beim Nordic Walking gewesen und nun rebelliere sein Kreislauf.

Mir scheint, dass Lutter nach wie vor Probleme mit dem Akzeptieren seines Alters (62) hat, denn sonst würde er sich beim Sport mehr zurückhalten und sparsamer mit seinen Ressourcen umgehen.

Lutter erzählte mir heute bruchstückhaft und ohne irgendeine zeitliche Reihenfolge einzuhalten von einem Albtraum. Dieser habe ihn trotz der abendlichen Einnahme einer Mirtazapin-Tablette gequält. Er wisse, sagte Lutter, dass er in seinen Studenten-und Junglehrerzeiten häufig genau dasselbe geträumt habe. Dann sei eine Pause eingetreten bis zur Beziehung mit Cornelia Fromm. Er erinnere sich daran, dass dieser Albtraum ihm erstmals wieder bei einem gemeinsamen Berlin-Besuch im Jahre 2005 zu schaffen gemacht habe.

Der Traum spiele immer auf der Rheininsel Kühkopf, zu der Lutter in seiner Schülerzeit häufig gekommen war. Er sei mit einem fünfzehnjährigen Mädchen unterwegs und sie hätten vor, sich irgendwo eine verschwiegene Stelle zu suchen.

Doch dann, so sagte Lutter, stehe er plötzlich bis zum Kopf im Rhein und drohe von der Strömung erfasst zu werden. Mühsam arbeite er sich ans Ufer zurück. Darauf besteige er klitschnass sein Fahrrad und fahre, als wäre der Teufel hinter ihm her, nach Darmstadt, wo ihm seine Mutter eine Szene mache. Das Mädchen bleibe verschwunden.

Nach intensivem Befragen meinte Lutter, dass das Mädchen Rita heißen könne. Er habe in der Tat einmal für ein paar Tage eine Rita aus Groß-Gerau gekannt. Sie sei, wie er, bei einem Leichtathletik-Sportfest gestartet. Rita habe, wie er später hörte, als „Flittchen" gegolten.

Wichtig scheint mir zu sein, dass Lutter sich weiterhin bedroht fühlt. Einmal von Gefahren, in die er sich leichtsinnig begibt (Rhein), dann vor der bestimmenden Mutter, die nicht akzeptiert, dass ihr Sohn sich auch einmal die Kleidung verdrecken darf, und schließlich die Angst vor dem Verlassenwerden. Die Freundin, für die er damals wie heute nur das Wort „Flittchen" benutzt, habe wohl das Weite gesucht, weil sie mehr von dem Ausflug auf den Kühkopf erwartet habe, als der unerfahrene Lutter zu geben bereit war. Eine weitere Möglichkeit des Verschwindens könnten, so machte ich dem Patienten klar, auch die rigiden Sexualnormen der Mutter gewesen sein. „Es gehört sich nicht!", sei ein häufig geäußerter Satz von ihr gewesen.
Ich bat Lutter, darauf zu achten, ob er hier in unserer Klinik noch öfter von diesem „Geschehen" träumt.

Andrea Urbach, Dipl.-Psych.

46 Frühling und Mai

Man könnte meinen, Frühling und Mai hätten ihr blaues Band über die Flur ausgebreitet, so schön und mild, ja sogar warm strahlt die Sonne vom wolkenlosen Himmel. Dabei ist nicht einmal der März vergangen. Die Auwälder der Rheininsel Kühkopf tragen bereits das zarte Grün der sich von ihren Knospenschalen befreienden Blätter und die blendend weißen, hellrot eingerahmten Blüten der uralten Apfelbäume entlang der Sommerdeiche und Wege warten auf brummende und summende Kundschaft.
Bei diesem Wetter wollte selbst Conny raus in die Natur und Umweltfreund Lutter schlug ihr deshalb eine ausgedehnte, aber sehr bequeme Wanderung über die Insel vor. Zwei oder drei Stunden, meinte er, würden sie unterwegs sein und abschließend im Forsthaus einkehren. Obwohl Conny sagte, sie bräuchten dann ja nichts mitzunehmen, steckte er doch ein kleines Fläschchen Orangensaft in seine schwarze Regenjacke, denn man weiß ja nie. Nachher käme ein böses Ungeheuer aus einem der Kolke hervor und sie müssten auf einen Baum klettern und warten, bis kühne Jäger es erledigt hätten.
Sie fahren bis zur Rheinstraße in Erfelden, parken dort Lutters Suzuki und überqueren den Altrhein auf dem Fußgängersteg, der längst die alte Fähre abgelöst hat. Lutter erkennt, dass auch das ehemals heruntergekommene Haus des unfreundlichen Fährmanns wieder in hellem Braun erstrahlt und das Betriebsgelände der Kiesbaggerei Vretter seiner Anlagen beraubt ist.
„Ade, Frachtschiffverkehr auf dem Altrhein", denkt er.
Bald kommen sie am Forsthaus vorbei, dessen Bänke und Tische im Außenbereich restlos von Wanderlustigen wie

ihnen besetzt sind. „In zwei Stunden werden sie aber sicherlich wieder weg sein", urteilt Lutter, der Kühkopf-Experte.

Sie laufen weiter durch den Gemarkungsteil Hoher Wegschlag und biegen dann in der Nähe des Hofguts Guntershausen auf den Weißstorchweg ab. Schnurgerade geht es auf der Betonpiste an den alten Apfelbäumen vorbei in Richtung des früheren Kälberteicher Hofs. Von wegen linder, milder Frühlingstag! Die Sonne brennt ihnen unbarmherzig auf den Schädel. Schatten gibt es erst an der Schutzhütte, an der der Reiherweg zum Schwedenkirchhof abzweigt. Doch hier sind alle Plätze belegt. Zwei Familien haben den Unterstand in Beschlag genommen und vespern. Für Conny und Lutter ist kein Platz.

Enttäuscht laufen sie weiter. „Vielleicht finden wir in der Monchau ein schattiges Fleckchen", meint Lutter, der sich an den Hochsitz erinnert, den sie als Schüler so oft angesteuert hatten bei ihren Kühkopf-Fahrten. Doch der früher so kommode Weg auf dem Sommerdamm ist vollkommen verwildert. „Seit sie die Landwirtschaft hier aufgegeben haben, pflegen sie auch die Deiche und Dämme nicht mehr", erklärt Lutter einer apathischen Conny, die unbedingt Schatten zum Ausruhen braucht.

„Am besten gehe ich vor und schaue, ob wir uns da irgendwo hinsetzen können. Wenn ich was finde, rufe ich und du kommst bitte nach!"

Die ersten zweihundert, dreihundert Meter sind ein Spießrutenlaufen. Immer wieder verhindern Schlehen und Brombeerranken oder von den Bäumen herabhängende Äste das Fortkommen im Auenwald. Doch dann wird Lutter fündig. Irgendjemand muss hier vor Jahren neben den Stamm einer dicken Eiche Bretter abgelegt haben. Vielleicht um einen neuen Hochsitz zu zimmern, der dann nicht mehr gebaut werden durfte?

Lutter testet, ob sie ihn beim Hinsetzen aushalten. Ja und schon ruft er mit seiner lauten, durchdringenden Lehrerstimme nach seiner armen Conny.
Conny aber kommt nicht. Lutter schreit, niemand antwortet. Sie wird doch nicht etwa abgehauen sein? So schnell er kann, läuft er zum Ausgangspunkt zurück. Keine Conny!
Da kann sie nur zur Schutzhütte zurückgegangen sein. Aber dort sitzen immer noch die Familien mit ihren Kindern. Lutter fragt nach, aber sie haben alle Conny nicht gesehen. Ja, wo ist sie denn dann?
Lutter will sie anrufen, aber sein Handy steckt in seiner Jacke und die hat er schon auf dem Bretterstapel ausgebreitet. Also wieder zurück im Geschwindschritt. Und was liegt da abseits der Sommerdamm-Überreste? Das hat er vorhin nicht bemerkt. Da hat doch so ein Vollidiot seine Kleidung entsorgt! Und das in einem Naturschutzgebiet. Aber die Sachen kennt er doch. Du liebe Zeit, das ist ja Conny! Sofort ist er bei ihr. Sie scheint bewusstlos zu sein. Oder ist sie gar tot? Er fühlt ihren Puls. Doch, das Herz schlägt, wenn auch kaum spürbar und so langsam!
Was ist denn los mit ihr?
Er richtet sie auf, jetzt sitzt sie, aber ihr Kopf fällt nach vorne. Vielleicht hat sie einen Sonnenstich? Sie muss raus aus dieser elenden Sonne. Er umfasst sie von hinten, zieht sie in den schmalen Schatten eines Irgendwas. Endlich treffen keine Strahlen mehr auf sie.
Und jetzt zur Jacke. Er rennt, bleibt hängen, reißt die Brombeerranke weg, schon tropft das Blut aus den Rissen am Oberarm. Die Jacke geschnappt, hin zu Conny.
Sie steht und lächelt ihn schwach an. Da fällt ihm der Saft ein. Er öffnet die Flasche und hält sie an ihren Mund. Gierig trinkt sie, bis nichts mehr da ist.
„Was ist passiert?", fragt Lutter. „wie geht's dir? Soll ich den Notarzt anrufen?"

Conny schüttelt den Kopf.

„Dann versuchen wir, zur Schutzhütte zu kommen. Und dann setzt du dich da rein und wenn ich extra einen von diesen Leuten rausprügeln muss!"

Wieder lächelt sie ihn aus ihrem käseweißen Gesicht an. Lutter nimmt ein Taschentuch aus seiner Hose und legt es ihr über den Kopf. „Komm, lass es uns versuchen!", bittet er sie, nimmt ihren Arm, legt ihn um seine Hüfte und umfasst sie mit seiner Rechten. So ziehen sie los, ein geballtes Häuflein Elend, wie der lädierte Lutter findet.

Die Leute in der Hütte sind mit dem Aufbruch beschäftigt. Als sie hören, was passiert ist, lassen sie für Conny eine Flasche Selterswasser da.

„Danke", sagt sie matt und leise.

Aber Conny ist bald darauf fast schon wieder die Alte und verbietet Lutter, einen Krankenwagen oder einen Notarzt herbeizurufen.

„Nein, auf keinen Fall! Ich warte jetzt noch eine halbe Stunde und trinke das Wasser. Danach geht es bestimmt wieder besser und wir laufen zum Forsthaus zurück. Dort kannst du dich dann auch mal saubermachen!"

In der Tat, Lutter sieht aus wie ein Abgebrannter. Hemd zerrissen, Hose verdreckt, Schuhe voller Schlamm, dazu der blutverschmierte Arm.

Sie schaffen es tatsächlich bis zum Forsthaus. Auf dem letzten Kilometer hätte dabei beinahe Lutter schlapp gemacht.

Deshalb bestellt er gleich einen ganzen Liter Cola und trinkt die herrlich kalte Zuckerbrühe fast in einem Zuge hinunter.

„Ich hatte wohl einen Kreislaufkollaps", sagt Conny, als sie gegen sechs wohl gestärkt und beide wieder rüstig zum Parkplatz in Erfelden aufbrechen. „Plötzlich lag ich unten und dann weiß ich nichts mehr!"

Bei der Heimfahrt findet Lutter, dass er in den letzten beiden Jahren nicht mehr so nahe mit Conny zusammen war wie heute.

47   Dackeldame Erna

Lutter geht auf ein Jubiläum zu. Bald soll er stolze 60 Jahre alt werden. Für ihn, den ewig Jugendlichen, eine Katastrophe. Die 50 waren schon schlimm genug und jetzt steht bald vorne eine 6. Krankheit, Siechtum und zuvor die Pensionierung warten bereits vor der Tür!
Überraschend für ihn ist, dass sich Conny und die liebe Verwandtschaft Gedanken um ein passendes Geschenk machen und sie alle zu dem gleichen Schluss kommen: Lutter braucht einen Rauhaardackel!
Er selbst hatte ja auch schon mit diesem Gedanken gespielt. Das muss er allen zugeben. Mit so einem Hundchen ließe es sich im bevorstehenden hohen Alter trefflich leben. Er könnte im Landschaftspark Fürstenlager spazieren gehen und das Kerlchen herumtoben lassen. In Dannenfels mit seinen ausgedehnten Wäldern würde es sich besonders wohlfühlen.
Aber von Conny mag er sich keinen Hund schenken lassen. Wer weiß denn schon, wann sie endgültig ihre Koffer packt? Dann müsste er rund fünfzehn Jahre lang ihre Hinterlassenschaft hegen und pflegen. Nein danke, so geht das natürlich nicht. Und seinen beiden Kindern wird ihr eigener Vorschlag schlagartig zu teuer, als sie sich über den Preis eines Welpen informieren. Bleibt also die Schwester. Gnädig stimmt Lutter hier zu. So ein kleines Ding von ihr kann er akzeptieren.
Dennoch geht jetzt Conny an den PC und forscht nach Züchtern. Und vergleicht die Kosten, angefangen von Mecklenburg-Vorpommern über Nordrhein-Westfalen bis hin nach Bayern.
Hat sie wieder einen Wurf entdeckt, ruft sie Lutter an und verpflichtet ihn, die entzückenden Welpen-Fotos sofort selbst anzusehen.

Aber Dackel sind, wie Lutter inzwischen mitbekommen hat, eine aussterbende Spezies. Die relativ wenigen Züchter sind meistens ausverkauft. Und was hat es für einen Sinn, achthundert Kilometer hin und achthundert zurückzufahren, um sich in Greifswald einen Dackel abzuholen?

Conny aber bleibt am Ball. Plötzlich hat sie einen Züchter entdeckt, der eine elf Wochen alte Rauhaardackeldame zum halben Preis anbietet und auch noch in ihrer Nachbarschaft logiert. Sofort aktiviert sie die gesamte Verwandtschaft Lutters zur Inspektion der Kleinen. Lena und Lucas, die Schwester Bettina samt Ehemann und der künftige Hundehalter selbst müssen nach Mittelhessen aufbrechen und dann Conny ins Gebirge folgen. Sie braust voran, die anderen folgen ihr mühsam auf den kurvenreichen Sträßchen bis nach Hohensolms.

Der Züchter, ein ehemaliger Lehrer, lebt am Ortsrand, nennt neben einem Haus auch windschiefe, vollgestopfte Schuppen und Anbauten sein eigen und lässt etwa zehn ausgewachsene Rauhaardackel auf seinem großen Anwesen herumtollen.

Lutter entdeckt zuerst die Kleine und weiß, es kann nur diese sein, die er haben und mit der er sein Alter verbringen will. Weiblich, goldig, süß und sofort liegt sie auf seinen Armen und schleckt ihn ab.

Der Züchter stellt der Delegation aus dem Süden nun seine anderen Hunde vor, darunter Großmutter, Vater und Mutter der Wuscheligen. Zu allen weiß er, der auch Jäger ist, abenteuerliche Geschichten von Kämpfen mit Füchsen und Dachsen zu erzählen. Und die älteste Dackeldame, er zieht sie am Fell nach oben und weist auf ihre in allen Farben schimmernden Pupillen hin, habe gar tagelang verschüttet im Fuchsbau verbracht, ehe sie sich daraus befreien konnte. Vom vielen Sand und Dreck sei sie blind geworden, habe aber dennoch wieder zu ihm hierher zurückgefunden.

„Aber warum kostet denn nun die Kleine so viel weniger als Ihre anderen Welpen, die Sie schon verkauft haben?", will Conny wissen.
„Die hat einen Überbiss!", sagt der ehemalige Lehrer, holt sich die Kleine, zieht sie auch am Rückenfell hoch und schiebt die Lefzen beiseite. „Sehen Sie, das Maul schließt nicht ganz ab. Ein paar Millimeter fehlen. Deshalb ist sie von der Zucht ausgeschlossen!"
„Eine ehrliche Haut", denkt Lutter, „ich hätte dies nie bemerkt."
Der Kauf wird einstimmig besiegelt, eine Anzahlung quittiert. Conny verspricht, das Dackelmädchen in drei Tagen, wenn Lutter Geburtstag hat, abzuholen und nach Bensheim zu fahren. Dort soll Lutter alles vorbereiten für seine neue Mitbewohnerin.
Der Abschied von der Kleinen fällt allen schwer.
„Mal was Positives aus dem Metropol-Bezirk!", denkt Lutter, als er wieder auf der Rückfahrt ist.

*

Lutters Geburtstag fällt auf einen Mittwoch. Vormittags gibt er in seinem Lehrerzimmer eine Art Empfang und die lieben Kolleginnen und Kollegen dürfen sich an Kartoffelsalat, Würstchen, Sekt und Saft erfreuen. Selbst die Mitglieder der Schulleitung erscheinen, denn wo es kostenlos etwas abzuräumen gibt, da darf man nicht fehlen. Nur der Schulleiter selbst mag da nicht mitmachen, wer weiß, warum.
Zum Nachmittagskaffee kommt als erste Conny mit Klein-Erna, wie die Dackeldame heißen soll. Sie ist noch ein wenig verstört und weiß nicht, wohin sie watscheln soll. Selbst das exquisite, von Lutter im *Fressnapf* erstandene Welpenfutter verschmäht sie.

Dann bringt Lore, die längst von Berlin nach Erfelden zurückgekehrt ist, die Kinder, wünscht Lutter kurz und bündig alles Gute und verschwindet wieder.

Lena und Lucas nehmen die Kleine und tragen sie nach draußen in den Hof. Dort taut Klein-Erna sofort auf und tobt herum. Selbstverständlich bleibt sie auch hin und wieder stehen und begießt den Rasen. Mal sehen, denkt Lutter, der sein Dackelchen zusammen mit Conny vom Balkon aus im Auge behält, welche netten Hausbewohner nachher oder morgen vorbeikommen und über Ernas Hinterlassenschaften schimpfen.

Als sie danach auf dem Balkon Lutters selbst gebackenen Apfelkuchen essen und dazu Cola oder Kaffee trinken, macht sich die Kleine plötzlich an ihren Futternapf im Flur. Dann setzt sie sich vor die Wohnungstür.

Ob sie ein großes Geschäft machen muss? Lutter bringt Klein-Erna wieder nach draußen auf den Rasen. Sie läuft suchend hin und her und hält schließlich das Himbeerbeet für geeignet, sich zu entleeren. Hundekenner Lutter lobt sie – das hat er irgendwo gelesen – und bringt sie wieder nach oben. Den schönen stinkenden Haufen entsorgt er in der Biotonne.

Für den Abend hat Conny im *Piano* in Zwingenberg einen Tisch bestellt. Nun können auch Schwester und Schwager Klein-Erna bewundern, die beim folgenden Essen auf Lutters Schoß sitzt und sich dort sehr wohl zu fühlen scheint.

Als Lore gegen zehn kommt, um die Kinder wieder zu holen, fährt auch Conny nach Gießen zurück, nicht ohne Klein-Erna einen Kuss auf die Schnauze verpasst zu haben.

Nun ist Lutter sehr gespannt, wie die erste Nacht mit seiner neuen Mitbewohnerin verläuft.

48 Ab nach Florida

Dackeldame Erna wächst und ist der Hit. Plötzlich grüßen Lutter Menschen, die ihn nie zuvor wahrgenommen haben, und oben im Landschaftspark Fürstenlager, wo er samt Erna viele Nachmittage verbringt, lernt er andere Hundebesitzer kennen.
Auch Conny ist hellauf begeistert über ihr von Lutter so trefflich erzogenes *Kind*. Wenn sie freitags kommt, legt sie sich nicht mehr müde aufs Sofa, sondern spielt mit dem Wirbelwind, bis Erna nicht mehr kann und sich erschöpft auf ihrem Schoß ausruht.
Conny hat an diesem Wochenende für Lutter eine Überraschung bereit, mit der sie abends beim Essen herausrückt. Sie fliegt über ihren Geburtstag für zweieinhalb Wochen nach Tampa in Florida.
„Kostet fast nichts, denn die US-Army zahlt den Großteil. Lisa fliegt auch mit. Sie kann dort Bekannte besuchen und kommt die letzten Tage zu mir."
„Ach, du willst zu der Freundin mit dem Bush-Krieger!", sagt Lutter wenig überrascht. Dass Conny über kurz oder lang über den Atlantik jetten würde, hatte er erwartet. Und er selbst hatte sich von der Begleitung ausgeschlossen, weil er vor anderthalb Jahren nach Weihnachten weder Freundin noch Obristen sehen wollte. So ist das halt. Außerdem wäre er nie auf US-Army-Kosten nach drüben geflogen. Wer ist er denn?
„So und als Entschädigung darfst du mich vorher eine Woche an die Ostsee begleiten. Da wolltest du doch schon immer hin!"
„Und Klein-Erna?"
„Die geht natürlich mit."

Dann zieht Conny eine ausgedruckte Liste mit preiswerten, aber dennoch zentral liegenden Ferienwohnungen in Mecklenburg hervor und Lutter darf aussuchen, was seiner Meinung nach geografisch am günstigsten wäre.
„Ich würde mich für Bad Kleinen entscheiden", sagt der wiederum wenig erstaunte Lutter, denn Zuckerbrot und Peitsche sind die Instrumente, die Conny virtuos beherrscht. „Von da aus kann man leicht Schwerin, Wismar oder sogar Bad Doberan und Rostock erreichen. Auf dem Bahnhof vom dem Örtchen wurde mal ein Terrorist erschossen und, glaube ich, auch ein BGS-Polizist!"
Er weiß einfach alles. Selbst über Gegenden, die er nie besucht hat. Auch über noch nie getrunkene Biersorten. „Da gibt es das *Lübzer*. Soll toll schmecken! Und überall Überbleibsel der Eiszeiten. Wunderbar!"
„Dazu kannst du studieren, was von der DDR so alles übriggeblieben ist!"
„Aber was ist mit deinem Geburtstagsgeschenk? Das werde ich dir doch wohl kaum in die USA nachschicken?", fragt er.
Er denkt halt an alles.
„Das kaufst du mir in Kühlungsborn", meint Conny, „ich nehme es einfach mit in den Flieger!"
„Dann darf es aber keine Bombe sein", meint Lutter sarkastisch.
Und erstellt sich vor, wie Conny bei einem von der Army subventionierten Flug von arabischen Al Kaida-Kämpfern zur lebendigen Bombe ausstaffiert und hoch über dem Atlantik in mehr als 10 000 Metern Höhe ferngezündet wird.
„Pfui!", sagt er sich bei diesen Gedanken, „so weit wollen wir es doch nicht kommen lassen!"

49 Der Traum wird konkreter

In der Untertalklinik ist es üblich, sogenannte Partner- oder Angehörigengespräche durchzuführen. Schließlich müssen die Patienten ja auch einmal wieder hinaus ins Leben und mit ihren Lieben auskommen.
Bei Lutter beißt Andrea Urbach jedoch auf Granit. Er kann ihr weder Partnerin noch geeignete Angehörige benennen, die imstande wären, Auskunft über ihn zu geben beziehungsweise ihr Zusammenleben mit ihm in Ordnung zu bringen.
„Höchstens meine Dackeldame Erna", meint Lutter nach langer Überlegung, „aber die hätte nicht viel zu sagen, außer dass sie mit mir offenbar zufrieden ist."
„Sie haben doch eine Schwester", antwortet Frau Urbach leicht genervt.
„Die sehe ich im Jahr vielleicht zweimal. Fehlanzeige!"
„Was ist also mit Conny?"
„Conny macht um alles Psychologische einen großen Bogen. Das gibt es für sie nicht. Sagte ich das nicht schon einmal?"
„Sie wären unser erster Patient ohne jedes Gespräch! Wollen Sie mir das antun?", fragt Frau Urbach auf eine Art und Weise, dass Frauenversteher Lutter dahinschmilzt.
„Ich gebe Ihnen Ihre Telefonnummer. Sie können es ja mal versuchen. Aber es kann sein, dass sie im Krankenhaus ist."
Das muss reichen. Mehr gibt es nicht zu diesem Thema zu sagen.
„Ich hätte da noch was zu diesem Albtraum von letzter Woche", lenkt er von sich aus auf ein ganz anderes Thema, „denn ich habe diesen Mist schon wieder geträumt. Also: Zwischen dem Zeltbau und dem Gang ins Wasser habe ich

das Mädchen erschlagen. Nicht mit Absicht. Einfach so. Ein dämlicher Klappspaten ist mir aus der Hand geglitten und hat sie am Halswirbel getroffen. Aus war's mit ihr!"
„Interessant!"
Andrea Urbach greift zu ihren Notizblättern und sucht die Aufzeichnungen zum Traum heraus.
„Ja, jetzt wird verständlich, warum Sie sich im Rhein ertränken wollten. Es war also kein jugendlicher Leichtsinn, sondern Scham oder Angst."
„Ich würde sagen, Existenzangst. Wenn das rausgekommen wäre, hätte ich anschließend vielleicht auch in der Ziegelei arbeiten dürfen wie mein Vater. Deswegen habe ich das Mädchen dann ordnungsgemäß vergraben."
„Haben Sie?"
„Wie bitte? Was habe ich?"
„Sie vergraben!"
„In manchen dieser Albträume vergrabe ich sie, ja."
„Wie hieß dieses Mädchen noch einmal?"
„Rita. Und Connys verschwundene Schwester übrigens auch. Welch ein Zufall!"
„Weiß Conny davon, dass Sie dieser Traum verfolgt?"
„Keine Ahnung, ob wir mal darüber gesprochen hatten. Vielleicht, vielleicht auch nicht. Aber Traumdeutung gehört bekanntlich zur Psychologie und um die ..."
„... macht Conny einen großen Bogen. Ich weiß. Aber wie ging es Ihnen denn, als sie diese Geschichte schon wieder träumten?"
„Ich bin aufgewacht, merkte, dass ich in meinem Klinikbett lag und schlief gleich wieder ein."
„Also keine Panikattacken?"
„Nein. Jedenfalls kann ich mich an keine erinnern. Aber Sie brauchen noch Connys Telefonnummer."
Er diktiert, sie notiert, sie verabschieden sich und Frau Urbach verspricht dabei, ihn über ihren Anruf zu informieren.

*

„Ihre Conny geht erst in den Sommerferien ins Krankenhaus!", sagt Andrea Urbach am übernächsten Tag zu Lutter, als sie beide auf den roten Plastiksesseln Platz genommen haben. „Sie lässt Sie übrigens grüßen."
„Nur grüßen. Keine gute Besserung, keine Genesungswünsche. Nun ja, so ist das eben", denkt Lutter und überlässt seiner Einzel-Therapeutin das Wort.
„Wir haben uns über eine Stunde lang nett unterhalten. Praktisch über alles. Aber Sie haben Recht: Hierher kommen wird sie nicht. Das schloss sie aus."
Lutter nickt und wartet ab. Sie wird schon erzählen, was sie erfahren hat. Ganz gewiss.
„Ihre Conny ..."
„Es ist nicht mehr meine Conny!", unterbricht sie Lutter.
„Also Frau Cornelia Fromm spricht übrigens ziemlich gut von Ihnen. Sie schildert Sie überaus sympathisch. Und eine gehörige Portion Empathie sprach da immer mit. Aber sie will nicht mehr zurück. Sie sei da in etwas hineingerutscht, gewissermaßen überwältigt von Ihnen, das nicht ihr Wesen, ihre Welt sei. Sie sagte, sie reagiere allergisch auf jede Art von Zwang. Sie sei deshalb beziehungs- und liebesunfähig. Denn Beziehung und Liebe bedeuteten letzten Endes auch Einengung und Beschränkung. Eigentlich würde sie sich als Anarchistin im positiven Sinne begreifen. Da sie schon in ihrem Beruf als Lehrerin großen Zwängen ausgesetzt sei, möchte sie zu Hause nicht schon wieder Kontrollen unterliegen, selbst wenn diese teilweise sogar angenehm wären."
Andrea Urbach macht eine Pause. Lutter schweigt wieder, denn sonst käme er sicherlich nur mit unqualifizierten Äußerungen daher.
„Sie müssen endlich Abschied nehmen von Ihrer Conny.

Sie müssen sie gewissermaßen beerdigen, Herr Lutter, sonst kommen Sie von einer Depression in die nächste und werden Dauergast bei uns!", mahnt sie eindringlich.
„Sie werden sich wundern, aber ich wäre eigentlich gerne Dauergast hier, insbesondere, weil ich Sie dann jeden Werktag eine Stunde lang als Therapeutin hätte."
Natürlich weiß Lutter, dass er eben wieder einen Schritt zu weit gegangen ist. Aber es stimmt doch, bei oder mit Andrea könnte er Conny ziemlich schnell vergessen. Mit ihr wäre das Leben so viel unkomplizierter als mit Conny!
Andrea Urbach scheint sich zu überlegen, wie sie am besten Lutters Attacke auf ihren Therapeuten-Status abwehren soll. Die Gelegenheit für ihn zum Angriff, zumal ihm gerade etwas klar geworden ist.
„Sie sprachen vom Beerdigen. Nachdem ich Connys Schwester Rita beerdigt habe, jetzt auch noch sie? Das überlebt ihre alte Mutter nicht!"
„Was soll denn das jetzt?"
„Wenn ich davon ausgehe, dass 1964 im Turnverein Groß-Gerau nur eine einzige Leichtathletin mit dem Namen Rita existierte, und wenn ich außerdem davon ausgehe, dass Connys Schwester Rita ebenfalls Leichtathletin bei dem gleichen Verein war, dann sind die doch ein und dieselbe Person! Ich träume also seit Jahrzehnten von Connys Schwester, die meine Kurzzeitbekanntschaft Rita ist und mit mir auf den Kühkopf fuhr."
„Interessant. Es mag sein, dass die beiden identisch sind. Vielleicht haben Sie sich deshalb so stark zu Conny hingezogen gefühlt?"
„Und warum erschlage ich Rita dann in manchen Träumen?"
„Weil Sie bei ihr nicht landen konnten und sie nach ein paar Tagen zu einem anderen abgehauen ist."
Das mag so sein.

Lange Zeit nach Gymnasium und Bundeswehr litt er noch unter Albträumen wegen zu schreibender Klassenarbeiten oder kriegerischer Einsätze. Die waren auch vollkommen realitätsfremd gewesen. So hatte er in Griechisch beispielsweise nur ein einziges Mal eine Fünf geschrieben, in seinen fürchterlichen Träumen aber immer.
Also hat er wohl kaum etwas mit dem Verschwinden Ritas zu tun. Es gibt dafür keinen Grund. Gott sei Dank!
„Ihr gewalttätiger Traum ist nichts anderes als die Lösung eines Problems, das Sie hatten. Gewissermaßen eine Beerdigung Ihrer Wünsche und Absichten", fährt Frau Urbach fort.
„Und jetzt kommt also Conny unter die Erde!", meint er.
„Ich bitte aus therapeutischen Gründen darum!", sagt Andrea Urbach.

*

Auszug aus Andrea Urbachs Protokoll der Sitzung mit Reiner Lutter vom 8. Juli 2009

... kam Lutter plötzlich auf die Idee, dass Rita, die er in seinen Albträumen oft erschlägt und vergräbt, die Schwester seiner früheren Lebensgefährtin Cornelia Fromm sein muss. Dies mag stimmen, ist meines Erachtens aber unerheblich für die weitere Behandlung. Vorausgegangen war mein Bericht über das Telefongespräch mit Frau Fromm (siehe Protokoll vom 7. Juli 2009).
Ich bemerkte am Ende der Sitzung, dass der Patient sich allmählich dazu durchzuringen scheint, sich auch innerlich und emotional von seiner Conny zu verabschieden.

Andrea Urbach, Dipl.-Psych.

50 Der frommste Hund des Kontinents

Seit Klein-Erna in Lutters Bensheimer Haushalt wohnt, ist alles anders geworden. An das noch frühere Aufstehen mag er sich nicht so recht gewöhnen, eher schon an das spätabendliche Ausführen des Wirbelwinds, denn dabei trifft er, wenn er gleich nach dem Ende des *Tatorts* oder eines Spielfilms um 21.45 Uhr loszieht, stets einen weißen Boxer mit langem Schwanz und nicht kupierten Ohren. Längst hat der große, starke Rüde Freundschaft mit der quirligen Erna geschlossen und die beiden begrüßen sich stets mit großen Hallo und Tamtam. Lutter aber kommt auch auf seine Kosten, denn die Boxer-Herrin ist blond, groß und schlank. Außerdem verwickelt sie ihn gerne in längere Gespräche, sodass Lutter immer wieder sein Alter verflucht. Wäre er auch nur 20 Jahre jünger, die Schöne hätte keine Chance ihm zu entfliehen. So aber bleibt er nur der ältere, charmante Herr mit dem schütteren Haar und der entzückenden Hündin.
Lutter wird aber nicht nur durch die vielen Spaziergänge wieder sportlicher. Seit an seiner Brüder-Grimm-Schule auch der Nachmittag zunehmend mit Unterrichtsverpflichtungen zugepflastert wird, steigen seine Freistunden in ungeahnte Höhen. Aber statt jetzt in einem der drei Lehrerzimmer seinen jungen Kolleginnen und Kollegen von den glorreichen 1968-er Zeiten und seiner herausragenden Rolle darin zu erzählen, fährt er mit seinem Fahrrad nach Hause, trinkt dort in Ernas Gesellschaft eine Tasse Kaffee, um sie hernach auszuführen, ehe dann wieder die Schule ruft.
Für das ausgedehnte Besichtigungsprogramm seiner einwöchigen Reise an die mecklenburgische Ostseeküste mit Conny und Erna ist er also konditionell gut gerüstet.

Jetzt sind sie in ihrer Ferienwohnung in einem winzigen Vorort von Bad Kleinen. Sie haben Aussicht auf den Schweriner See und die Bahnlinie nach Rostock verläuft zu Lutters übergroßer Freude in nur hundert Meter Entfernung. Für Klein-Erna gibt es morgens früh und abends spät wunderschöne Uferwege zum Schnüffeln und Kennenlernen mecklenburgischer Hunde. Die angehende Dackel-Dame muss aber auch lernen, dass plötzlich Katzen durch die geöffneten Fenster im Erdgeschoss springen und noch nicht einmal Angst vor dem kleinen bisschen Hund zeigen. Sicherheitshalber flüchtet sich deshalb Erna nachts, wenn sie eigentlich in ihrem komfortablen Körbchen im Flur schlafen soll, in Lutters lederne Reisetasche. Dort fühlt sie sich sicher und verlässt den sicheren Hafen auch nicht, als Conny und Lutter erschrocken feststellen, dass Klein-Erna offenbar verschwunden ist und sie – fast schon hysterisch – lauthals rufen und wirr durcheinanderlaufen.

Erna wird natürlich auch in das umfangreiche Besichtigungsprogramm der Ostseereise integriert. Das verträgt sich jedoch schlecht mit den rigiden Vorschriften insbesondere der Kirchenverwaltungen, die jegliches Getier in den geweihten Räumen verbieten. Aber man kann doch nicht die arme, kleine Erna draußen vor den schweren Holztüren zurücklassen! Schutzlos der Hitze oder irgendwelchen Hundefeinden ausgesetzt. Conny weist deshalb ihrer großen karierten Umhängetasche eine neue Funktion zu und setzt kurzerhand Klein-Erna hinein. So bestaunen nicht nur Lutter und Conny die erstaunlichen und beeindruckenden Zeugnisse der deutschen Backstein-Gotik, sondern auch Erna vertieft sich still und den heiligen Hallen angemessen in mächtige Vierungstürme oder handgeschnitztes Chorgestühl.

Den gestrengen Sittenwächtern am Strand von Kühlungsborn entgeht Erna aber nicht. Kaum sind Conny und Lutter ein paar Meter von der geteerten Strandpromenade

abgewichen, so eilen sie fast in Kompaniestärke herbei und verweisen Hündchen und Halter vom Sand, nicht ohne im Wiederholungsfall ein saftiges Bußgeld in Aussicht zu stellen. „Jawohl, Genosse Oberleutnant", antwortet Lutter dem Anführer des Haufens und steht vor ihm stramm, „wir weichen der Gewalt!"
„Musst du auch immer provozieren!", schimpft Conny, als sie der Horde entronnen sind und auf die Shopping-Meile Kühlungsborns einbiegen.
„Das weißt du doch, Liebste. Es geht halt nicht anders. Und schon beginnt er ihr zu erzählen, wie er einst zu DDR-Zeiten bei einer Führung durch die Meißener Porzellanmanufaktur einen SED-Genossen zur Freude seiner Schüler durch den Kakao zog.
„Wie immer ungestraft!", beschließt er diesen Bericht.

*

Wer Lutter wirklich kennt, der ahnt, warum er besonders gerne nach Kühlungsborn gekommen ist. Denn von Kühlungsborn-West fährt bis ins Stadtzentrum von Bad Doberan die *Molli*, ein Schmalspurzug mit Dampflok-Traktion.
Das muss Lutter einfach miterlebt haben. Und so begutachtet er im Endbahnhof sachgerecht alles, was hier benötigt wird, um echten Plandampf zu gewährleisten. Die arme Conny und das bedauernswerte Hündchen haben in dieser Zeit das Nachsehen. Da kennt er halt nichts, der Eisenbahn-Freak!
Was aber Conny die ganze Zeit im Bahnhof macht? Vorhin hatte Lutter beim Bewundern der abgestellten und nicht fahrbereiten Lok 99 332 gesehen, wie sie mit Klein-Erna zielstrebig das Gebäude ansteuerte. Na, sie wird halt einen Kaffee trinken wollen, beruhigt er sich, und er wird es ihr nach der kritischen Inaugenscheinnahme des Wasserkrans gerne nachtun.

Aber da kommt ihm die Ankunft eines Zuges dazwischen, auf die er natürlich nicht verzichten kann. Was wird das für schöne Bilder geben, die er dann zu Hause als Bildschirmschoner auf seinem Monitor nutzen kann. Conny und Erna müssen deshalb leider noch ein bisschen länger Geduld haben.

Als alle Passagiere den überfüllten Express verlassen haben und der Bahnsteig wieder überschaubar ist, entdeckt er seine Lieben bei der Dampflok. Schlechten Gewissens macht er sich auf zu ihnen. Aber Erna ist begeistert ihn wieder begrüßen zu können und springt, nicht enden wollend, an ihm hoch. Conny freut sich auch: „Ich dachte schon, ich müsste dich im Fundbüro abholen! Dabei habe ich dir eine Fahrkarte nach Bad Doberan gekauft. Erna und ich fahren mit dem Auto nebenher. Mal sehen, wer schneller ist!"

Diese Conny! Immer wieder kann sie ihm eine riesige Freude machen. Das wird für ihn einer der Höhepunkte des Ostsee-Urlaubs.

„Ich steige dann mal ein", sagt er, „und ich weiß, dass du schneller am Ziel bist. Die Bimmelbahn hier hält ja an jedem Baum."

Und weil das so ist, können sie später – einschließlich Erna – *die Perle der norddeutschen Backsteingotik*, das wirklich beeindruckende Münster in Bad Doberan wegen der fortgeschrittenen Zeit nur noch eine Viertelstunde lang besichtigen. Klein-Erna gilt aber spätestens jetzt als frommster Hund des Kontinents.

51 E-Mails über den Atlantik

Conny ist nach Florida entschwunden und hat Lutter nachts kurz über SMS von ihrer glücklichen Ankunft im Land der unbegrenzten Möglichkeiten berichtet.
Sie lebt nun in einem Villen-Vorort der Wohlhabenden, die sich ihr Wohngebiet mit ausgedehnten Zäunen und einer Wachmannschaft gegen Überfälle, Betteln und Hausieren großräumig absichern.
Und gegen Schlangen im Pool, Spinnengetier, Stechmücken oder gar Kaimane wird, so hatte Conny ihm vor dem Abflug verraten, jedes Haus noch einmal separat mit einem riesigen Netz umgeben, sodass man vom klimatisierten Heim aus den subtropischen Sommer bestens ertragen kann.
Conny hat versprochen, ihm, Lutter, hin und wieder E-Mails zu schicken und darin von ihrem Wohlbefinden zu berichten. Außerdem dürfe er an jedem zweiten Tag morgens um 9 Uhr Ortszeit, also um 15 Uhr mitteleuropäischer Sommerzeit anrufen. Natürlich nur, wenn sie nicht längst zu irgendeinem der dortigen Highlights aufgebrochen seien.
Lutter bläst jedoch Trübsal. In der schönen Woche an der Ostsee hatte Conny sich zwar an ihr Keuschheitsgelübde gehalten, aber ansonsten waren sie wieder ein richtig tolles Team gewesen. Und nun ist die Hälfte des Teams bei den Yankees!
Er, Lutter, sitzt, gewissermaßen abgestellt, allein in seiner Kate am Donnersberg und ist dort damit beschäftigt, Erna sein Leid zu klagen.
Auch sie hatte gepienzt, als Conny in Frankfurt einfach auf und davon geflogen war. Ihr hatte das sehr missfallen.
Jetzt darf Lutter jede Stunde nachschauen, ob seine Angebetete endlich mal eines ihrer hoch und heilig versprochenen

E-Mails losgeschickt hat. Nur nachts verzichtet er umständehalber auf das Starten seines Laptops. Man kann es ja auch übertreiben, meint er. Aber wenn er nach einigen Albträumen dann morgens gegen sieben erwacht und mit ihm aus lauter Empathie auch Dackeldame Erna ihr Körbchen verlässt, dann muss er als erstes unrasiert und mit verquollenen Augen vor den Bildschirm.

Doch, wie schön, da ist ja heute früh endlich eine Nachricht von der Entschwundenen. Aber enttäuschend kurz und für eine Deutsch-Lehrerin strotzend von Fehlern. Rechtschreibung und Grammatik weiterhin mangelhaft, findet er.

Was aber dem Fass den Boden ausschlägt, ist der Schluss der elektronischen Post: *Gruß Conny*. Mehr nicht. Und das kennt er doch irgendwoher! Das stand doch auch unter der fälschlicherweise an ihn geschickten, aber für diesen komischen Herbert bestimmten SMS! Da stellt sie ihn also jetzt auf eine Stufe mit diesem Kerl! Wenigstens mit *deine Conny* hätte sie schließen können! Aber jetzt bei diesen Neureichen in Florida, wo auch das Bobbele Becker und Großmaul Stefan Effenberg residieren, da braucht sie das nicht mehr.

Lutter weit weg, Liebe weit weg!

Er zieht schnell seinen Trainingsanzug und die Schuhe an. Dann macht er jetzt einen langen Spaziergang mit seiner Erna und auf eine sofortige Antwort soll sie umsonst warten.

Doch Lutter würde nun mit jedem wetten, dass Conny überhaupt nicht wartet!

*

Was nur soll Reiner Lutter, frischgebackener Sechzigjähriger, in den verbleibenden vier Wochen Sommerferien hier in Dannenfels tun?

Unkraut im Garten jäten? Nein, das ist nach einer Woche wieder da. Die Straßenfront neu streichen? Nein, denn nach einem Winter sieht wegen der durch den Schneematsch fahrenden Autos und Lkws alles wieder genauso fleckig aus. Die Decke seines Wohnzimmers hier von Spinnweben säubern und weiß anlegen? Nein, der Kaminofen macht in einer Brennsaison alles wieder zunichte. Die Eisenbahn aufbauen und Connys Lok mit Vollgas durch die Kurven rauschen lassen, bis sie entgleist? Nein, dazu ist er zu alt und zum fanatischen Modellbahner nicht geschaffen. Ja, was macht er denn sonst? Einen neuen Roman anfangen? Nein, er hat keine Ideen. Ein Theaterstück für seine neue Truppe entwerfen? Nein, dazu braucht er Schüler mit ihren meist brauchbaren Einfällen. Was bleibt denn da noch? Mal einen von Connys Trivialromanen lesen? Nein, denn dabei würde er nur verblö... Was würde er?

Schluss mit diesem Thema! Bloß irgendwas muss er doch tun! Vielleicht einmal chatten?? Dabei eine Alternative zu Conny kennen lernen?

Nein, auch nicht. Dazu müsste er erst einmal seine Kinder anrufen um nachzufragen, wie das überhaupt geht mit dem Chatten. Also, wie man da reinkommt. Wo man sich anmeldet. Und ob das überhaupt koscher ist. Nachher landet er irgendwo, wo sich Menschenfleischfresser untereinander austauschen. Oder Kinderschänder.

Also, das mit dem Chatten, das lässt er erst einmal gehen. Da wartet er, bis die Kinder aus Norwegen zurück sind. Jedenfalls fragt er sie demnächst erst einmal, was ICQ überhaupt ist. Oder SchülerVZ oder StudiVZ. Alle seine Schülerinnen und Schüler machen da mit und er hat keine Ahnung. Ist er wirklich schon zu alt?

Aber es gibt ja Kolleginnen, die noch nicht einmal einen Computer bedienen können und das Internet nur vom Hörensagen kennen. Er hat immerhin sogar eine eigene Website. Ach, die könnte er auch mal ein bisschen modernisieren. Alte Sachen rauswerfen, neue dafür mit hineinnehmen. Bloß welche? Lutter, Conny und Erna an der Ostsee etwa? Oder Lutter blickt auf 60 Jahre zurück? Oder Lutters Albträume im Wandel der Zeiten?

Aber das ist alles blöd und niveaulos. Da schickt er lieber seiner Conny ein ausführliches E-Mail über den Atlantik.

Mehr als die Hälfte muss er darin über Erna schreiben. Erna frisst zufriedenstellend. Erna hat an einem Maulwurfshügel im Gärtchen geschnüffelt. Erna scheint – wie Rüden – zu markieren. Erna kann rechts von links unterscheiden. Erna bekommt immer mehr Locken. Erna vermisst dich.

Und so weiter.

Wird das Conny überhaupt interessieren? Jetzt, wo sie in diesem großartigen Land ist? Wo sie vielleicht mit Delphinen baden geht oder ihre starken Euros in der nächsten Shopping-Mall für Büstenhalter oder Halsketten ausgibt?

Lutter beschließt, gar nichts zu tun. Er wird sich aufs Sofa legen und Klein-Erna darf auch hinauf. Auf einer Extra-Decke natürlich. Nicht, dass sie denkt, sie könne sich alles erlauben. Alpha-Tier bleibt er, Lutter. Und dann schlafen sie ein bisschen und am Nachmittag gehen sie zusammen an den See. Mal sehen, ob Erna schwimmen kann!

52 Zehn Büstenhalter für die Freundinnen

Als Conny wieder sicher und von Flugzeugentführern unbehelligt in Frankfurt gelandet ist, vergisst Dackel-Mädchen Erna ihre gute Erziehung und bewässert vor lauter Begeisterung und Wiedersehensfreude den Warteraum des Terminals. Lutters Liebste dagegen ist nur müde und verlangt ziemlich barsch die sofortige Abfahrt in Richtung eigene Wohnung und eigenes Bett. Der Jetlag werde sie obendrein noch ein paar Tage außer Gefecht setzen.

Lutter hat, wie sonst auch, für alles Verständnis. Immerhin war sie 16 Stunden unterwegs. Das billige Army-Ticket hatte keinen Direktflug erlaubt, sondern es war von Tampa zunächst nach Detroit gegangen und von hier nach Amsterdam, ehe nach zweistündiger Wartezeit der Flieger nach Frankfurt abhob.

Lutter liefert deshalb die braungebrannte Florida-Touristin in der Metropole ab, besorgt noch schnell in einem nahe gelegenen Einkaufszentrum ein paar Lebensmittel für sie und fährt ziemlich enttäuscht nach Bensheim zurück. Auch Klein-Erna weiß gar nicht, wie ihr geschieht, als sie schon wieder ihrer verehrten Conny entrissen wird.

In Bensheim zurück lässt Lutter auftragsgemäß Connys Telefon klingeln, um seine gesunde Ankunft zu vermelden, doch vergebens. Connys Anschluss ist besetzt. Auch eine Stunde später, auch vier Stunden später.

Also schickt er ihr eine SMS, die postwendend beantwortet wird: *Telefoniere gerade mit Freundinnen, Gruß Conny.*

Keine Zeit für ihn, weil angeblich zu müde, aber die ganze Bagage mit Neuigkeiten aus den USA versorgen, das kann sie. Dieses verlogene Weib!

Es mag ja auch sein, dass Conny gerade die zehn Büstenhalter verteilt, die sie spottbillig in Tampa erworben hat. So

besehen ist es einsichtig, dass die Diskussion über Größe, Form und Farbe ein wenig länger dauert.
Warum nur hat er aber immer Verständnis für sie? Jedes Mal findet er einen Grund, der sie entlastet. Sicher wird sie das wissen und je nach Bedarf auch ausnutzen. Warum kann er nicht eisenhart sein und ihr knallhart erklären, sie solle gefälligst Leine ziehen und sich trollen. Nach Möglichkeit schon gestern!
Doch das tut Lutter nicht. Er ist ein gutmütiger Bär, der höchstens mal brummt. Aber auch gutmütige Bären sollen irgendwann einmal explodieren und zur Bestie werden. Das hat er mal irgendwo gelesen.

*

Lutter aber explodiert vorerst nicht, sondern beschließt, seinen Rauhaardackel im Fürstenlager, einem recht bekannten Landschaftspark im Stadtteil Auerbach, auszuführen. Also kommt Klein-Erna ins Auto, mit dem Lutter durch die Bachgasse und dann hinauf zum Parkplatz hinter der Kirche fährt. Jetzt lässt er sie zum ersten Mal in ihrem Leben von der Leine und er ist gespannt, ob sie bei ihm bleibt oder das Weite sucht.
Klein-Erna findet das zunächst sehr seltsam, dass ihr Herr und Gebieter sie plötzlich frei laufen lässt. Sie weicht ihm keinen Meter von der Pelle und auch ein entgegenkommender vorlauter Schnauzer vermag daran nichts zu ändern. Erst als sich Lutter, erschöpft vom steilen Aufstieg, an der Ludwigslinde auf die Bank setzt und die Aussicht genießt, wird sie mutiger. Dann endlich entdeckt sie, dass sie eigentlich ein frecher Dackel ist und rast los. Wie eine Irre hundert Meter in die eine Richtung, dann hundert Meter in die andere. Und noch einmal dasselbe. Und noch einmal. Beim vierten Spurt stolpert sie über einen Ast, der einfach auf

ihrem Laufweg liegt, schlägt einen Purzelbaum, steht sofort wieder auf und überlegt, ob sie weiterrennen soll. Doch sie entscheidet sich zunächst dafür, die Stolperfalle zu zerbeißen und Lutter einzelne Stöckchen davon vor die Füße zu legen.

Aber als Lutter einen handlichen Knüppel aufnimmt und weit wegwirft, weil er hofft, sie würde ihm nachrennen, muss er erkennen, dass Erna für solche sinnlosen Späße kein Interesse hat. Dafür nimmt sie ihr Sprinttraining wieder auf und kommt schließlich müde und erschöpft an Lutters Bank, rollt sich zusammen und genießt wie ihr geliebter Chef die Wärme der Sonnenstrahlen.

*

Spät am Abend ruft Conny an. Sie sagt, sie habe nicht schlafen können und deshalb ihre Wiederankunft den wichtigsten Freundinnen, soweit sie im Lande seien, vermeldet.

„Bist du deine Büstenhalter losgeworden?", will Lutter wissen.

„Natürlich. Also neun von den zehn. Ich dachte, die Bea hätte mehr, da habe ich mich halt vertan. Ich frage dann mal meine stellvertretende Schulleiterin. Du weißt ja, Lehrer nehmen alles, wenn's nichts kostet!"

„In diesem Fall allerdings Kolleginnen", meint Lutter.

„Da hast du ausnahmsweise Recht. Obwohl..., da liefen fette Moppel am Strand rum, die hätten 75 C tragen müssen!"

„Müssen?"

„Ja, wegen des Gewabbels!"

„Und du Arme hast das mitansehen müssen?"

„Ja! Du, ich kann jetzt doch nicht einschlafen, weil ich noch auf Florida gepolt bin. Da drüben ist es erst viertel nach vier. Ich könnte mir vorstellen, dass ich zu dir fahre und wir noch irgendwo zusammen essen gehen."

Sie findet halt immer etwas, mit dem sie ihm Honig ums Maul schmiert. Aber eigentlich spinnt sie! Da hätte sie gleich vom Flughafen herkommen können.
„He, warum sagst du nichts?", poltert sie.
„Weil ich nachdenke, Liebste."
„Dann bleibe ich halt da!", sagt sie verärgert und legt ohne weiteres Wort auf.
Man kann sie einfach nicht mit rationalen Maßstäben fassen und verstehen! Schön wäre es schon gewesen, wenn sie in einer Stunde noch ...
Lutter nimmt den Hörer und drückt ihre Schnellwahl. Er wird sagen, dass er sich freut.
Aber ihre Nummer ist besetzt und auf eine SMS reagiert sie nicht.
„Ach ja", denkt Lutter in blumigen Worten, „nur Leid und Unbill. Heute hätte Conny bestimmt ihr Gelübde gebrochen! Wer weiß, wo sie jetzt den angebrochenen Abend verbringt!"

53 Nur noch ein halber Mann

Robert ist heute der Allein-Unterhalter. Er muss seine Lebensgeschichte der Gruppe erzählen. Für viele ein hartes Brot, das oft, selbst bei gestandenen Männern, mit Tränen und endlosem Weinen endet. Deshalb stehen auch in allen Gruppenräumen Kleenex-Tücher bereit und sie werden schnell verbraucht.
Lutter dagegen hat seine Geschichte ohne große Emotionen erzählt. Man war entsetzt gewesen über die Behandlung, die ihm der Vater angedeihen ließ, und wunderte sich, warum die Mutter nie eingriff. Aus, fertig, Schluss. Es gab keine Tränen.
Die aber vergießt Robert dafür umso mehr. Er war der ungekrönte König in seiner Firma, hatte sich von unten bis nach oben emporgearbeitet, und eine Achtzig-Stunden-Woche war für ihn die Regel gewesen. Er hatte, wie er glaubhaft zu versichern sucht, trotz der beruflichen Belastung sogar noch Zeit für ein ausgefülltes Sexualleben.
Dann kam der Krebs, aus war's mit der Manneskraft und Robert verfiel in Depressionen, die er mit Alkohol bekämpfen wollte.
„Wann war denn die Operation gewesen?", fragt Frau Mansholt. Aber Robert verhaspelt sich. 2000? Oder aber 1990? Oder noch früher? Oder später? Er weiß es nicht mehr und wischt sich mit einem Papiertaschentuch die Tränen aus den Augen.
Lutter hat die ganze Zeit nur halb hingehört. In seinen jetzt bald acht Wochen Klinik-Aufenthalt ist Roberts Schicksal nur eines von mehreren ähnlich gelagerten. Lutter beschäftigt sich heute dafür heimlich, still und leise mit den Schwestern Rita und Conny.

Wieso kam er selbst erst gestern in der Einzeltherapiesitzung darauf, dass sie Geschwister sein müssen? Da ist er fast fünf Jahre mit Conny zusammen, die erwähnt sogar hin und wieder Rita, aber den richtigen Schluss daraus gezogen hat er erst jetzt.

Das war ja nun wirklich nicht das erste Mal in seinem Leben, dass er trotz seines Mathematik-Studiums eins und eins falsch zusammenzählte. Da merkt er nicht, dass eine aufreizend blondierte Frau mit kurzen Haaren identisch ist mit einer langhaarigen Brünetten. Gut, bei der blonden Lore war er ziemlich betrunken und die langhaarige Lore hatte er nur ein paar Stunden gekannt.

Und jetzt das mit Rita und Conny. Vielleicht war es ihm einfach zu unwahrscheinlich, dass es da Verbindungen geben könnte. Wie kann er mit Conny befreundet sein, wenn er andauernd träumt, er habe ihre Schwester aus Versehen mit einem Klappspaten gewissermaßen hingerichtet? Das hat er ganz einfach verdrängt. Was nicht sein darf, das kann eben auch nicht sein. Und so brauchte er auch nicht eins und eins zusammenzuzählen.

Wieso aber schaffte er es gestern doch? Hatte Andrea irgendetwas in ihm angestoßen oder mit ihren Psychologentricks einige Mauern eingerissen?

Oder ist er jetzt soweit, dass ihn tatsächlich die Wahrheit interessiert? Hat er endlich einmal etwas herausgelassen, das schließlich auch in Tränen endet wie jetzt bei diesem unglücklichen Robert?

Wenn Rita abgehauen ist, dann zeigt das doch, was in ihrer Familie alles kaputt gewesen sein muss. Und wenn seine Conny auch für so manche Überraschung gut war, positive wie negative, wenn sie sich nicht hinter die Kulissen schauen ließ, dann weiß er jetzt etwas besser, warum das wohl so mit ihnen beiden enden musste.

Aber warum ist er sonst noch hier? Nur um herauszufinden, dass seine Kindheit eine Kette von Verletzungen seiner Seele war und das Ende der Conny-Liebe fast normal? Hat er nur wegen Conny seine Depression bekommen? Oder nur wegen seiner Kindheit?

Was war es sonst? Oder stimmt das vielleicht doch, was er so oft geträumt hat? Hat er nun oder hat er nicht? Du liebe Zeit! Was macht er denn, wenn es wirklich so ist?

Kann man so etwas überhaupt verdrängen? Das weiß man doch, selbst wenn es 45 Jahre zurückliegt! Oder ist es bei ihm so wie bei diesen Nazi-Schergen, die vor Gericht immer so taten, als hätten sie nie und nimmer irgendeinen Juden dahingemordet, selbst wenn alles dafür spricht?

Lutter wird es heiß. Die Spucke bleibt ihm weg. Er muss raus. Schnell erhebt er sich. Er braucht jetzt dringend ein Glas Wasser.

*

Als ihn Nina später beim Essen fragt, was denn mit ihm los gewesen sei, sagt er, Roberts Schilderungen hätten ihn so aufgewühlt, dass er an die frische Luft gemusst habe.

„Jetzt ist wieder alles gut!", meint er.

„Ich wäre auch am liebsten raus, aber du bist mir zuvorgekommen!", stellt sie fest. „Du bist eigentlich immer einen Tick schneller!"

54 Kreuz und quer durch die Metropolregion

Ritter Reiner schlägt selbst das für ihn Unvermeidliche vor: In den Herbstferien wird er ein paar Tage Gast sein in Connys Domizil. Unter der Bedingung allerdings, dass sie so tun, als wären sie im Urlaub und würden die Umgebung erkunden.
Denn, so Lutter, gäbe es in einiger Entfernung zu Gießen doch die eine oder andere Sehenswürdigkeit, die anzusehen sich lohne. Limburg mit seinem Dom, das Schloss in Weilburg, das entzückende Marburg, Schlitz an den Ausläufern des Vogelsbergs oder die Barockstadt Fulda. Sie hätten ein volles Programm, wenn er käme.
Conny stimmt unter der Voraussetzung zu, dass sie anschließend ein paar freie Tage ganz für sich bekommt, und am Ende der zweiwöchigen Ferien müsse sie ja, wie er wohl auch, wieder Klausuren nachsehen und bewerten.
Für Klein-Erna ist Connys Tanzsaal das größte Vergnügen. Hier kann sie beim Toben auf Vollgas beschleunigen ohne sofort gegen eine Wand zu donnern wie bei Lutter in Bensheim oder in der Kate in Dannenfels. Connys Spezialität ist es, eines ihrer Gummi-Quietschtiere möglichst weit weg zu werfen. Erna holt es beständig und ohne zu murren immer wieder zurück. Bei Lutter dagegen lässt sie das bleiben. Wer weiß, warum!
Nach einem kargen Frühstück gegen neun Uhr, vor dem Conny dankenswerterweise bereits Erna ausgeführt hat, starten sie heute zu einer Tour in den Vogelsberg. Lutter hat natürlich einige Hintergedanken dabei, denn er will auch Bahnhöfe und Gleisanlagen, die an der Eisenbahnlinie Gießen – Fulda liegen, besichtigen. Daneben gilt es zu überprüfen, inwieweit die Lokführer auch hier ihren angekündigten Streik befolgen.

In Lauterbach hat Lutter dazu erstmals Gelegenheit. Während Conny ein stilles Örtchen sucht, forscht der Eisenbahn-Archäologe nach Relikten der Vergangenheit. Bald hat er sich ein Bild davon gemacht, welch einen bedeutenden Güterverkehr es hier einmal gegeben haben muss. Zwar fehlen die Gleise, doch ihre noch vorhandenen Schotterbetten und ehemalige Lagerschuppen weisen ihm den Weg.

Am Bahnhof selbst ist neben dem Durchgangsgleis nur noch ein kümmerliches Ausweichgleis vorhanden. Das reicht gerade für einen auf den Gegenverkehr wartenden Triebwagen. Schlimm! Im Vogelsberg setzt man also, wie fast überall, auf den Lkw-Verkehr und längere Züge können nicht verkehren, weil ansonsten die gesamte eingleisige Strecke nur in einer Richtung befahren werden dürfte.

O weh! Wäre er doch bloß nicht Lehrer, sondern Eisenbahnplaner geworden! Denen hätte er ihre Stilllegungspläne und Gleisrückbauten um die Ohren gehauen! In zehn, fünfzehn Jahren spätestens werden sie die jetzt zerstörte Infrastruktur wieder neu aufbauen müssen. Und um die gewaltigen Kosten zu stemmen, müssen sie dann ganz sicher auch seine Pension kürzen, diese Idioten.

Klein-Erna ist dagegen mit dem Lauterbacher Bahnhofsgelände in seinem derzeitigen Zustand sehr zufrieden. Überall duftet es verführerisch nach den Hinterlassenschaften anderer Hunde und ihr Herr und Meister schimpft nicht einmal, als sie einen großen Haufen auf den Schotter setzt.

Auch Conny fühlt sich inzwischen erleichtert und schlägt einen Stadtbummel vor. Sie habe unterwegs von einem Ausverkauf in einem Textilwarengeschäft gehört. Da müsse sie hin.

Auch Lutter profitiert deshalb von der Pleite des Inhabers. Zwei Marken-Sweatshirts und eine Kappe wählt Conny für ihn aus und für sich entdeckt sie eine olivgrüne, gefütterte Jacke. Zufrieden ziehen sie von dannen und Lutter lädt sie zu

Kaffee und Kuchen in einer verwinkelten, aber urgemütlichen Fachwerkhaus-Konditorei ein.
Als sie später Lauterbach in Richtung Schlitz verlassen, fährt doch auf der Vogelsbergbahn einfach und trotz des Streiks ein Triebwagen daher! Und gleich darauf kommt aus der Gegenrichtung ein zweiter!
Und das soll ein Streik sein?
Man könnte meinen, die Lokführer hätten ähnliche Probleme wie die Lehrer. Da machen ja auch nur wenige bei den gelegentlichen eintägigen Arbeitsniederlegungen mit.

*

Durch Schlitz weht ein kühler Wind. Conny läuft tapfer hinter Lutter durch das mittelalterliche Städtchen mit. Da hier aber fast jedes Geschäft verrammelt, weil in Konkurs ist, mag sie bald nicht mehr und verlangt energisch die Umkehr.
Lutter nimmt den Weg über den Hoherodskopf. Wenn er schon auf Europas größtem erloschenen Vulkan sein kann, dann auch einmal ganz oben. Conny erlaubt ihm fünf Minuten zur Besichtigung und bleibt im warmen Auto sitzen.
Auch der große Geologe hat bald genug gesehen und kehrt schnell wieder zu seinem Suzuki zurück.
„Morgen will ich nach Marburg!", fordert Conny bei der Heimfahrt, „da kann ich mich öfter aufwärmen!"
Lutter hat nichts gegen Marburg und Klein-Erna wird es wohl auch recht sein.

*

In Connys Schlafzimmer hängt das Foto eines muskelbepackten, fast nackten Mannes im Lendenschurz. Ob er ein Tänzer ist? Lutter hatte mal danach gefragt, aber die Antwort längst vergessen. Ferner schmückt Conny die Wand neben dem Fenster mit dem berühmten Fahndungsplakat nach den Topp-Terroristen der RAF aus den siebziger Jahren. Ihr schwarz getöntes Bett hat für eine zweite Übernachtungsperson geeignete Maße, aber die Liebe des anderen muss schon sehr groß sein, um darin länger als unbedingt notwendig zu verweilen. Lutter meint jedes Mal, er müsse auf einer Betonfläche schlafen, so hart kommt ihm die Matratze vor. Für Conny dagegen ist sie vollkommen in Ordnung.

Sie hat ihre schwarze Kommode, eine Hinterlassenschaft der US-Army, in das Zimmer gestellt und statt eines Kleiderschranks besitzt sie unzählige Kisten und Garderoben aus dem Baumarkt. Alles wird durch ein an der Decke angebrachtes Gardinensystem vor Staub und allzu neugierigen Blicken geschützt.

Da Conny gerne mehrere Krimis oder Thriller auf einmal liest, liegen diese Bücher auf dem Fußboden neben einer Stehlampe. Die hat Lutter schon einmal mitten in der Nacht umgetreten, als er auf die Toilette wollte, aber den Lichtschalter nicht fand. Gerne würde er Conny eine neue kaufen, aber sie muss an dem jetzt windschiefen Rohr mit den beiden Strahlern sehr hängen. Ein Austausch wurde vehement untersagt.

Neben den grimmig blickenden Gestalten des Fahndungsplakats steht ein mannshoher Spiegel, ein Geschenk Lutters zu Connys 41. Geburtstag. Er hätte jenes silberumrandete Ungetüm niemals selbst ausgewählt, doch sie hat bekanntlich ein Faible für diese Farbe.

Schließlich verleiht dem Raum ein rot-schwarzer chinesischer Papierschirm, den Conny aufgespannt über ihrem Bett an der Wand befestigt hat, einen eigenartigen, gewöhnungsbedürftigen Charakter. Fragte man nun Lutter, wie er sich in diesem Zimmer fühle, würde er ehrlich mit *unwohl* antworten. Doch Conny bat ihn noch nie um seinen Eindruck und er vermied es immer, seine Meinung zu verraten.

Auch in dieser Nacht, nach einem schönen Tag in Marburg, würde Lutter am liebsten seine Siebensachen packen und zu Hause in Bensheim schlafen. Gerne käme er dann morgen wieder. Doch das wäre zu verrückt. So liegt er lange wach, weil er auf dem Beton keinen Schlaf findet, und geht schließlich mit seinem Bettzeug in den Tanzsaal, um sich dort auf das Sofa zu legen.
Morgen wollen sie nach Butzbach und Lich und danach ist sein Urlaub hier beendet. Zum Glück.

55 Was Sie alles erreicht haben!

Lutters Erkenntnis hinsichtlich der Verwandtschaft Connys zu Rita scheint die Einzeltherapeutin Andrea Urbach scheinbar wenig zu interessieren, denn in der folgenden Sitzung versucht sie das Selbstvertrauen ihres Patienten mit Blick auf seine Vergangenheit wieder aufzubauen.
„Sehen Sie, was Sie in Ihrem Leben schon alles erreicht haben! Sie haben jede Menge Bücher geschrieben. Ich wäre froh, wenn ich nur ein einziges zustande gebracht hätte! Sie haben Theaterstücke verfasst. Werten Sie das nicht ab, indem Sie sagen, dass diese nur von Ihren Schülern aufgeführt wurden!
Sie waren im Magistrat und haben die Geschicke Ihrer Heimatstadt mitbestimmt. Sie haben dabei sieben großartige Jahre erlebt. Ja, wer schafft denn das sonst? Sie waren mittendrin, nicht nur Zuschauer von außen!
Selbst in der Schule haben Sie es zu was gebracht. Dass Sie später auf ihren Titel und auf die Besoldungsgruppe A 15 verzichtet haben, ehrt Sie, denn Sie wollten näher bei Ihren Kindern sein.
Und während viele überhaupt keinen Nachwuchs produzieren, ist es Ihnen immerhin zweimal gelungen, wenn auch, nun gut, unter abenteuerlichen Umständen.
Sie haben interessante Beziehungen durchlebt. Sie haben sich mit ihnen verändert, sind dabei modern geblieben. Nicht so ein vertrockneter alter Sack, der nur noch in der Vergangenheit lebt.
Andere lernen jemanden kennen, heiraten und bauen ein Häuschen. Fertig ist ihr Leben. Aber bei Ihnen war doch alles wesentlich spannender und abwechslungsreicher!
Richtige Langeweile hatte Sie bestimmt nie. Zumal Sie auch unheimlich viel wissen! Ich würde Sie als Joker benennen,

wenn ich bei Günther Jauch mal viel Geld gewinnen könnte, aber die richtige Antwort nicht wüsste.

Sie müssen einfach ein wenig stolz sein auf sich. Sie haben es immerhin geschafft, dass es diese Conny fast fünf Jahre lang mit Ihnen ausgehalten hat.

Sehen Sie das doch endlich einmal! Stattdessen haben Sie sich in die Depression geflüchtet. Dort scheinen Sie sich gut eingerichtet zu haben. Wenn schon keine Conny, dann überhaupt nichts mehr! Warum schreiben Sie nicht mal wieder etwas Spannendes, Belehrendes oder Lustiges? Sie könnten doch mit einem Gedicht anfangen. Oder mit ein paar, so von der Art: Lutter in der Psycho. Oder schreiben Sie einen Roman über die Klinik hier! Wenn Sie mal über eine Schülerin schreiben konnten, dann doch sicher auch über hier! Gibt's bei uns nichts Interessantes, was notiert werden könnte?

Oder gründen Sie einen Verein oder wenigstens eine Bürgerinitiative. Verhindert XY, weg mit YZ! Das wäre doch Ihr Ding. Stoßen Sie wieder mal was an in Bensheim oder anderswo. Fordern Sie eine Integrierte Gesamtschule für Ihre Stadt! So was Doofes wie eine kooperative Gesamtschule, wo Sie gerade sind, das muss doch für Leute wie Sie richtig demoralisierend sein!

Seien Sie nicht so faul und bequem!

Und wenn das alles nichts mehr für Sie als Alt-Achtundsechziger ist, dann setzen Sie sich zu Hause hin und malen Sie Bilder. Irgendwann haben Sie genug für eine Ausstellung. Bei Ihnen in Bensheim gibt's doch genug Möglichkeiten dazu.

Oder ärgern Sie, falls Sie wieder in die Schule zurückkehren sollten, Ihren Schulleiter. Der hat's verdient. Ansatzpunkte wird es sicher genug geben. Dabei finden Sie garantiert Mitstreiter. Das tut Ihnen gut.

Und was ist mit Biblis? Die wollen die Laufzeit der beiden Atommeiler verlängern. Gehen Sie hin und demonstrieren Sie dagegen. Wie früher!

Sie dürfen nicht länger auf Conny warten. Die ist auf ihrem Egotrip und froh, dass sie Sie so elegant entsorgt hat. Gehen Sie nicht ans Telefon, wenn Sie anruft. Brechen Sie auch diesen letzten Kontakt ab. Sonst sitzen Sie da und warten. Warten und versauern. Ihre Talente gehen vor die Hunde, wie Ihr Draht zu anderen Leuten schon verloren gegangen ist.
Bis morgen schreiben Sie auf, was Sie zu tun gedenken, wenn Sie hier entlassen werden. Mindestens zehn Punkte will ich lesen.
Und jetzt machen Sie, dass Sie auf Ihr Zimmer kommen. Fangen Sie schon mal an, Sie trübe Tasse!"
Lutter nickt. Natürlich fehlt ihm als altem Revoluzzer die direkte Aktion. Das Bad in der Menge Gleichgesinnter. Er müsste wirklich mal wieder an irgendwelchen verschlossenen Türen rütteln.
Er müsste. Eigentlich. Aber nicht sofort. Später irgendwann. Dann aber ganz gewiss! Wenn er zu Hause ist, wird er erst einmal wieder mit Erna ausführlich spazieren gehen.

*

Aber Lutter will Andrea Urbach auch nicht enttäuschen und überlegt am späten Abend, welche Dinge zu tun sind, wenn er aus der Klinik entlassen wird.
Zehn sollen es sein? Wirklich?
Er muss als erstes Erna in Erfelden abholen und ihr anschließend mit Sicherheit wieder Anstand und Sitte beibringen. Sie wird dort seiner Meinung nach zu sehr verwöhnt.
Eigentlich hätte er damit schon drei Aktivitäten beisammen, stellt er fest. Abholen, Anstand und Sitte. Er schreibt die Wörter auf.
Was aber noch?
Sich lange ausschlafen? Täte er gerne, zumal er jetzt in der Klinik dank der Mirtazapin-Pille endlich mal wieder acht

Stunden am Stück vor sich hinträumen kann. Aber das ist leider kleine Aktivität. Was aber dann?
Ja, er muss sicherlich seine Wohnung putzen nach der langen Zeit. Das wäre dann Aktivität Nummer vier. Außerdem könnten die Möbel abgestaubt und die Fenster gereingt werden, was eigentlich schon im Oktober letzten Jahres fällig gewesen ist. Also hätte er nun sechs Punkte.
Da fehlen noch vier. Mit Erna am ersten Abend in die *Dorfmühle* gehen und sich dort mit einem Öko-Bier hinsetzen, vielleicht auch was Gutes essen und schauen, ob jemand Bekanntes vorbeikommt. Ist doch auch eine Aktivität. Dann wäre das die Nummer sieben.
Oh, er könnte seine Pensionierung vorantreiben und beim Regierungspräsidium nachforschen, wie so etwas anzufangen ist. Aktivität Nummer acht. Aber will er das überhaupt? Rentner werden, wo er sich soooo jung fühlt? Nein, er will noch nicht zu diesem Volk gehören, das silbergraue Opel fährt und bei einer grünen Ampel vor Angst bremst, es könnte bald Rot kommen.
Weiterhin sind es nur sieben wichtige Vorhaben. Was könnte er denn noch planen, sich vornehmen? Siehe da, er fährt nach Dannenfels und mäht. Allerdings eine klitzekleine Aktivität, doch Andrea weiß zum Glück nicht, wie groß oder klein das Grundstück ist. Und dann wie oben: aufräumen, Fenster putzen und abstauben.
Hurra, das wären jetzt sogar mehr als zehn Tätigkeiten. Die Hausaufgaben sind erledigt und er kann noch einmal durch die Fernsehprogramme zappen, ehe er sich zum Schlafen hinlegt.
Doch er weiß, dass in seinem Fall andere Aktivitäten gefragt waren. Warum hat sie ihm denn sonst diesen Vortrag gehalten? Zwar gelten in der Untertalklinik kleine Schritte als das A und O auf dem Weg zur Gesundung und wären beispielsweise dem armen Robert angemessen, aber doch

nicht für ihn, Lutter! So bescheiden ist er nie gewesen.
Es wäre also am besten, wenn er seine liebe Therapeutin morgen überhaupt nicht an die Hausaufgaben erinnert. Sie selbst hat neulich schon einmal Ähnliches vergessen. Die von ihm notierten Absichten sind einfach läppisch und geistlos. Sie entsprechen nicht seinen Ansprüchen. Und sie bedrohen hier sein Ansehen und Prestige.
Bloß zu Größerem kann er sich leider noch nicht durchringen. Schließlich ist er krank!

56 Drei Tage am Kaiserstuhl

Die Zeit vergeht und das Jahr neigt sich dem Ende zu. Weihnachten verbringen Conny und Lutter zusammen, aber er ahnt, dass es das letzte Mal gewesen ist. Selbst die Aussicht auf drei gemeinsame Tage am Kaiserstuhl in Südbaden Anfang Januar vertreibt dieses Gefühl nicht.
In den letzten Wochen schien Conny, wenn sie freitags nach Bensheim oder einmal sogar nach Dannenfels kam, immer nur entsetzlich genervt, so dass Lutter sich immer häufiger fragte, ob wirklich nur die schulische Anspannung dahinter steckte.
Wenn sie doch wenigstens einmal etwas über ihrem Zustand gesagt hätte! Aber sie schwieg dazu beharrlich. Und er konnte ihre Stimmungen nicht deuten, nicht einordnen.
Jetzt ist es Abend. Sie sitzen in ihrem Quartier in Breisach, hatten heute Nachmittag den in warme Sonne getauchten Kaiserstuhl durchfahren, von hier aus die schneebedeckten Berge des Schwarzwalds bestaunt und Erna Gelegenheit zum Toben und Schnüffeln gegeben. Schließlich stellten sie Lutters Suzuki auf einem Parkplatz nahe am Rhein ab und setzten sich am Fluss auf eine Bank. Am 4. Januar, bei Temperaturen von mehr als zehn Grad. So ließ sich das Leben genießen.
Doch nun hat Conny wieder ihre Unterlagen für die Schule herausgenommen und überlegt, welche Noten und Punkte sie ihren Schülerinnen und Schülern bei den bevorstehenden Halbjahreszeugnissen geben soll.
Und das dauert. Sie zählt zusammen, dividiert und zieht das Gesicht in Falten. Wenn nicht mehr als fünf Punkte bei ihren Rechnereien herauskommen, stellt sie Lutter den Schüler vor. Mit all seinen Stärken und Schwächen. Ob er nicht Wege sähe, ihm noch einen Punkt mehr zu geben. Ob das gerecht den anderen gegenüber sei?

Dann muss Lutter ein Plädoyer für den armen Unbekannten halten und ihr zu der besseren Bewertung raten. „Das hatte ich sowieso vor!", sagt sie dann. Und Lutter antwortet: „Warum hast du es nicht gleich notiert, dann hättest du zehn Minuten gespart?"

Bei Lutter geht die Notengebung schon immer ruckzuck. Selbst wenn sich später wirklich einmal volljährige Schüler oder Eltern beklagen, er weist ihnen nach, dass er im Recht ist. Warum nur macht sich Conny so viele Gedanken und Arbeit? Schließlich muss er, muss ihre Beziehung darunter leiden. Oder braucht sie extra so lange, damit keine Zeit mehr für ihn übrig bleibt?

Doch da kommt Erna von ihrem Hundekissen zu ihm und stupst ihn an. Das heißt: *He, ich will mit dir schmusen!* Es könnte aber auch bedeuten: *Du, langsam wird es Zeit für den nächsten Spaziergang!* Lutter entscheidet sich fürs Ausführen. Erna ist es recht. Sie wedelt mit dem Schwanz, als er sie anleint.

Er wird lange unterwegs sein, nimmt er sich vor.

*

Am nächsten Tag steht Freiburg auf dem Besichtigungsprogramm. Für Lutter gewissermaßen die Stadt seiner Träume. Hier könnte er nach seiner Pensionierung wohnen und wenn dann noch der örtliche SC wieder in die Bundesliga aufstiege, wäre sein Leben als Ruheständler perfekt. Lutter kennt also die Stadt bestens und auch seine Vorgänger bei Conny haben sie wohl schon hierher verführt.

Weil Lutters schüttere Haare zu lang geworden sind und dringend eines Fassonschnitts bedürfen, will er einen Frisör-Besuch einschieben, dem Conny erfreut zustimmt. Schließlich kann sie auf diese Weise mit Erna durch die Straßen und Gassen schlendern und nach Schnäppchen suchen.

Lutters Frisöse heißt, wie ein Namensschild an ihrem Kittel besagt, Raphaela und sie ware ein Grund, sofort und für die

nächste Zeit Conny zu verlassen. Sie redet mit ihm, als sei er hier Stammkunde, und äußert sich zu aktuellen politischen und wirtschaftlichen Fragen sehr informiert und engagiert. Außerdem sieht sie mit ihrer streng geschnittenen Kurzhaarfrisur und ihren melancholischen braunen Augen umwerfend aus.
Conny ade!
Doch diese wittert die Gefahr und ist schon vor Beendigung der Haarschneideprozedur zurück. Lutter, dem nun ebenfalls Kurzhaarigen, bleibt nur, zu versichern, dass er zum nächsten Frisörtermin extra aus Bensheim anreisen wird und für Raphaela ein üppiges Trinkgeld in ihre Spardose neben der Kasse zu werfen.
Sie bedankt sich auch artig und bittet den nächsten Kunden auf ihren Stuhl. Als Lutter sich beim Hinausgehen noch einmal nach ihr umdreht, ist sie bereits mit seinem Nachfolger beschäftigt und würdigt ihn keines Blickes mehr.
Raphaela ade!
Conny erfreut dagegen sein Herz, weil sie ein baldiges Mittagessen vorschlägt. Lutter meint, das solle man schon wegen der besonderen Atmosphäre unbedingt in der Markthalle einnehmen.
„Dann gehen wir am Nachmittag aber in eine Studentenkneipe", meint Conny. „Es sei denn, sie hätten dort eine Altersgrenze, sodass du nicht hineindürftest!"
„Vor allen Dingen!", wehrt sich Lutter, „mit meiner neuen Frisur sieht mir keiner meine 60 Jahre an!"
„Damit könntest du Recht haben", lobt Conny sein verändertes Aussehen.

*

Am nächsten Tag sind sie im Elsass und schauen sich Reichenweier an. Lutter freut sich, dass Conny sehr interessiert die uralten Gemäuer und Fachwerkbauten betrachtet und

ganz freiwillig und trotz empfindlicher Kühle mit ihm den mittelalterlichen Ort entlang der Stadtmauer umrundet.
„Hierher würde ich gerne im Sommer noch einmal zurückkommen", meint sie und das ist aus ihrem Mund die höchstmögliche Anerkennung.
Aber dann muss sie nach Colmar. Doch entweder haben dort die Geschäfte Mittagspause oder wegen des Feiertags ohnehin geschlossen. Tote Hose herrscht also in der Stadt und nur ein Billig-Kaufhaus wirbt um Kunden.
Billig bedeutet aber für den deutsche Preise gewohnten Einkaufsprofi Conny teuer. Ihr Portemonnaie bleibt also fest verschlossen und nur am Bäckereistand besorgt sie für den Abend in der Ferienwohnung zwei kleine Stangen Weißbrot und vier Kaffeestückchen.
„Komm, wir fahren zurück!", meint sie, als sie wieder draußen im Kalten sind.
„Nein!", sagt Lutter, „wir suchen uns ein gescheites Café und wärmen uns dort auf! Für was sind wir in Frankreich?"
Dem kann sie nicht widersprechen.

57   Nur noch für die Schule

Der Januar des neuen Jahres bringt aber auch Neuwahlen in Hessen. Und siehe da! Altmeister Koch verliert die Mehrheit und kann noch nicht einmal mit seinem Spezi Hahn eine Koalition bilden. Lutter freut sich, doch nur für kurze Zeit. Jedem, der es hören will, erzählt er die Geschichte von den wackeren Sozialdemokraten, die nicht etwa Verrat an den Herrschenden üben, sondern seit ihrer Gründung nur an ihren eigenen Anhängern.
So kommt es auch. Weil sich SPD, Grüne und Linke wegen einiger Abgeordneter aus den Reihen der Sozen nicht sicher sein können, genügend Stimmen für Andrea Ypsilanti zusammenzubringen, wird die Wahl einer neuen Ministerpräsidentin erst einmal aufgeschoben, Koch und seine *Rasthof-Connection* bleiben deshalb geschäftsführend im Amt.
Oberstudienrat Lutter muss also befürchten, für den Rest seiner Lehrer-Karriere unter einer weiterhin schwarzen Regierung unterrichten zu müssen. Ein grausamer, weil hoffnungsloser Zustand, der ihm sehr zusetzt.
Sein letztes bisschen Elan schwindet dahin. Es hat doch alles keinen Sinn mehr, sagt er sich. Koch und seine Überzeugungstäter hatten ja nicht nur das Zentralabitur in Hessen durchgesetzt und für jedes Fach neue Lehrpläne vorgelegt, die ihn beispielsweise in Deutsch zwingen, bestimmte Werke ganz bestimmter Autoren im Unterricht zu behandeln. Nein, sie hatten auch die Gymnasialzeit auf von neun auf acht Jahre verkürzt, ohne den Stoff entsprechend zu vermindern. Grausam. Aber *ohne ihn* wie früher konnte er nun nicht mehr sagen. Es gab kein Entrinnen!
Im Gegensatz zu allen gleichaltrigen Kolleginnen und Kolle-

gen hat Lutter dazu keinen Antrag auf Altersteilzeit gestellt, der ein vorzeitiges Ausscheiden aus dem Dienst ermöglicht. Was ihn da bloß wieder geritten hatte?

Doch er kennt die Antwort: Einsamkeit. Was soll er alleine zu Hause anstellen? Erna ausführen als alleiniger Lebensinhalt? In der Schule hätte er bis 65 wenigstens seine Kolleginnen und Kollegen, mit denen er redet. Und der Unterricht ist auch immer eine probate Ablenkung.

Lutter weiß, dass er wegen Conny außerhalb der Schule alle Kontakte aufgegeben hat. Er lebt nur noch für die Zeit von freitags bis sonntags, wenn sie ihn besucht.

Hinzu kommt, dass Lutter sich zunehmend schwertut, überhaupt einen längeren Text zu lesen und zu verstehen. Er kann sich einfach nicht darauf konzentrieren. Seinen Literaturunterricht hält er dennoch ohne erkennbare Einschränkungen. Er weiß aufgrund seiner Routine, wo was steht, und kann aus seinem großen Fundus schöpfen. Zum Glück versorgt ihn Conny auch mit genügend Material, das er nur zu kopieren braucht. Ohne sie wäre er schulisch bald aufgeschmissen.

Lutter sieht an der Zeit, die er für die Korrektur der Klausuren und Arbeiten aufwenden muss, dass es immer langsamer vorangeht. Er braucht im Gegensatz zu früher Wochen, bis er die Punkte und Noten unter die Hefte und Blätter schreibt.

Nur in Mathematik bleibt er im Rahmen, aber auf dieses Fach entfallen nur noch wenige Stunden seines Deputats. Die Schule braucht Deutschlehrer!

Neu für Lutter ist auch, dass er morgens keine Lust mehr hat aufzustehen. Am liebsten bliebe er liegen. Dackel Erna zwingt ihn dann aber doch immer wieder hinaus. Danach fährt er halt mit dem Rad in die Schule.

Ihm fällt auf, dass er jetzt häufig stark erkältet ist oder sogar mit Grippe für eine oder zwei Wochen zu Hause bleiben muss. Außerdem quälen ihn beständig starke Rückenschmerzen, wegen der er regelmäßig eine liebe, nette Physiotherapeutin

aufsucht. Sein Arzt macht sich Sorgen wegen seiner Herzrhythmusstörungen und eines viel zu hohen Blutdrucks.
Lutter führt seine körperlichen Beschwerden resignierend auf sein Alter zurück. Dagegen sei halt kein Kraut gewachsen, findet er.
Auch seine Probleme mit dem Lesen erklärt er sich so. Oder aber der Autor ist einfach nicht imstande, ein fesselndes Buch zu verfassen. Mit Artikeln in Zeitungen und Illustrierten kommt er ja zurande.
Lutter schläft weniger. Der Arzt verschreibt ihm deshalb Johanniskraut und sagt, das würde wenigstens nicht abhängig machen. Aber es wirkt nicht, Lutter findet weder mit noch ohne das Pflanzensubstrat ausreichend Schlaf. Und wenn er wirklich eingeschlummert ist, suchen ihn schlimme Katastrophenträume heim. Er sitzt im Atombunker und draußen ist die Welt zerstört, er strandet mit seinem Schiff, weil plötzlich das Wasser verschwindet, oder er erschlägt seine Freundin und verscharrt sie auf dem Kühkopf, weil er sich nicht erwischen lassen will.
Lutter klagt nicht. Im Alter schläft man halt schlechter und vor allem weniger. Das ist bekannt. Da kann er nichts dagegen machen. Sein Arzt scheinbar auch nicht.
Conny kommt freitags wie immer. Aber später. Sie fährt nicht gleich nach der Schule los, sondern nach Lust und Laune.
Sie sagt, sie bringe ihre Schultasche noch nach Hause, doch die steht sonntags, wenn er sie zum Auto begleitet, immer im Kofferraum.
Sie meint, als Lutter das entdeckt, dass sie ihre Reisetasche von zu Hause abgeholt habe und deshalb später gekommen sei.
Sie lügt halt wie gedruckt und ist um Ausreden nie verlegen!
Conny fährt sonntags früher nach Hause. Manchmal sogar gleich nach dem Frühstück. Sie hätten sich verabredet,

die Lisa, die Sandra, die Sabine und sie. Reihum würden sie zusammen kochen und nachmittags Kaffee in der Stadt trinken.

„Bedeute ich dir denn gar nichts mehr?", fragt Lutter, wenn Conny wieder einmal die Besuchszeit reduziert.

„Ich will mein Leben so gestalten, wie ich es für richtig halte!", sagt sie ihm darauf.

Je weniger sie da ist, desto mehr schenkt sie Lutter. Der Wert dieser Geschenke steigt von mal zu mal. Eine Jeans, einen Pullover, ein Hemd, ein Badezimmerregal von *Ikea*, eine Schreibtischlampe, einen Teppich für seinen Flur, Handtücher, eine Kaffeemaschine, eine Glasvitrine und langlebige Blumen.

„Sie will Pflöcke einrammen", überlegt Lutter, „damit ich noch sehr lange an sie denken muss, wenn sie endgültig geht!"

„Stell dir vor", sagt sie einmal, „ich fahre mit meiner zehnten Klasse im September nach Berlin. Der Oberstufenleiter kommt als männliche Begleitperson mit!"

„So?"

Was soll er sonst sagen. Sie macht ja doch, was sie will.

„Übrigens bin ich in den Sommerferien wieder in Florida. Die billigen Flüge muss ich ausnutzen!", sagt sie eine Woche später.

„Du, Reiner, es ist so unendlich langweilig hier in Bensheim!", klagt sie ein anderes Mal.

„Weil du dich immer nur in deine Korrekturen und Vorbereitungen verkriechst, wenn du hier bist, das ist der Grund. Du willst ja gar nichts anderes mehr unternehmen!", sagt Lutter.

„Aber irgendwann muss ich die Klausuren doch fertig haben. Wann sonst außer hier?"

Ja, so ist es. In Gießen hat sie dafür wohl keine Zeit. Da rufen die Freundinnen und das Leben. Da gilt es, nichts zu versäumen.

Doch wenn er sie endlich rauswürfe, wo bekäme er in seinem Alter noch eine passende Freundin her?

So muss das schließlich auch gesehen werden!

58 Dunkle Orgie

Lutter hat eine Doppelstunde Gestaltungstherapie. Inzwischen geht er sehr gerne zu Frau Hahn und in einer Einzelstunde hatte er sich tatsächlich auch einmal auf die Bearbeitung eines Klumpen Tons eingelassen. Zunächst wollte er dabei ein Hängebusen-Weib beim Töpferkurs in der Toskana darstellen, doch er wusste ja, dass er diesen Vorschlag nur deshalb unterbreitete, um von seiner Aversion gegenüber diesem Werkstoff abzulenken.

Statt einer solchen Dame aus alternativen Kreisen, mit denen er es während seiner frühen Lehrerjahre öfter zu tun hatte, formte Lutter schließlich einen Hund, vielleicht sogar einen Rauhaardackel, der gerade vor seinem Fressnapf sitzt und auf die gewohnten Delikatessen wartet. Sein Werk hatte sogar die Aufmerksamkeit seiner Gruppe geweckt und die meisten Patienten erkannten tatsächlich einen Hund in dem Geformten. Nur dieser leicht beschränkte Robert meinte, ein Schaf vor sich zu sehen.

Heute aber verlangt Frau Hahn wieder einmal eine abstrakte Komposition mit Temperafarben. Es dürften aber nur Gelb, Rot und Blau verwendet werden. Bekanntlich ergäben sich durch entsprechende Mischungen andere Töne.

Und schon lässt sie die Plastikflaschen mit den drei Farben reihum gehen. Jeder darf ein bisschen davon auf seine Palette träufeln.

Lutter wählt einen großen, weißen Karton als Grundlage, besorgt sich einen breiten Pinsel und einen Spachtel. Dann legt er los. Rote Streifen, gelbe Streifen, blaue Streifen, schmale und breite. Dann, sein Farbvorrat ist praktisch schon verbraucht, kommen diagonale Pinselstriche hinzu.

Lutter besorgt sich neue Farbe und verteilt sie nun in Kreisen über die Malfläche. Bis jetzt sieht alles sehr gewöhnlich aus und jedes Kindergartenkind hätte es nicht schlechter gekonnt. Nun aber greift der große Meister zum Spachtel und geht behutsam und planvoll ans Werk. Vorsichtig bearbeitet er damit die einzelnen aufgetragenen Schichten. So entstehen neue Farben, meist dunkle, fast schwarze, aber Lutter, das verkannte Genie, lässt auch Platz für reines Gelb oder Rot. Dazu schaffte er blaue Nuancen, so dass der Betrachter beinahe glauben könnte, hier wolle jemand die Glasmalerei der Gotik wiederbeleben.

Lutter steht auf, betrachtet das Werk, dreht den Karton mal nach rechts, mal nach links, bessert hier ein bisschen nach, vernichtet freche Farben, die sich einfach aus den anderen gebildet haben, aber vollkommen unpassend zur Gesamtkomposition erscheinen, und säubert schließlich seinen Spachtel. Doch nun kommt ein kleinerer Bruder des Werkzeugs zum Einsatz, den der Künstler – dem Herrn sei Dank – bei seiner Säuberungsaktion im Regal erspäht hat.

Jetzt wird alles nur noch feiner, ästhetischer, überzeugender. Das Werk ist gelungen, der Künstler wartet auf den Beifall der Anwesenden.

Der kommt, doch sind auch Banausen und der abstrakten Kunst nicht wohlgesonnene Kritiker anwesend, die das Dunkle des Bildes kritisieren und es mit Lutters kranker Seele vergleichen. Das Schöne, Klare, Beeindruckende der drei Grundfarben werde durch die düstere Gestaltung eingesperrt, es handele sich beinahe um die Strangulierung des Reinen durch finstere Mächte, die sich des Künstlers bemächtigt hätten.

Sie verweisen auf ihre Elaborate, auf denen brav, anständig und nebeneinander die Grundfarben in unwesentlichen Abstufungen von hell bis dunkel erscheinen.

Mit „Herr Lutter hat heute dennoch einen großen Wurf gelandet", beendet die Therapeutin mit einem großen Lob an den Künstler die Sitzung.

*

Am späten Nachmittag steht für Lutters Gruppe noch eine Doppelstunde Körpertherapie auf dem Stundenplan. Angesichts der hohen Temperaturen und dem sonnendurchfluteten Turnraum schlägt Lutter vor, dass man ins Schwimmbad fahren solle. Entweder nach Traisa oder nach Eberstadt, eventuell auch ins Wellenbad nach Pfungstadt.
Die Gruppe spendet mäßigen Beifall, nur Birgit unterstützt vehement den Plan. Die anderen sehen offenbar ihr Abendessen in Gefahr für den Fall, dass man zu spät zurückkehre. Außerdem fehle die geeignete Badekleidung, von der nichts im Merkzettel der Klinik gestanden habe.
Frau Freiburger will die Einheit retten und beordert deshalb die Gruppe zum nahen Flüsschen Modau. Lutter ahnt, was sie vorhat.
„Jetzt ziehen alle ihre Schuhe und Strümpfe aus und krempeln die Hosen hoch. Wir waten einen Kilometer bachaufwärts. Passen Sie auf die Felsen auf, die sind glitschig. Und helfen Sie sich gegenseitig!"
„Was ist schöner als das!", jubelt Lutter und schon ist er in den Fluten, die ihm an manchen Stellen bis übers Knie reichen. Das Wasser ist angenehm kühl, aber keineswegs kalt und so übernimmt er mit Birgit sofort die Führung im Achterfeld.
Nach ein paar Minuten haben sie sich schon so weit von den übrigen sechs Patienten entfernt, dass sie beschließen, sich auf einen Granitfelsen zu setzen und ein Weilchen zu warten.
Es dauert, bis sie kommen. Robert scheint sogar schon in den Bach gefallen zu sein, denn seine Hose trieft vor Nässe. Angela hat sich einen Stock besorgt und stützt sich bei jedem Schritt vorsichtig ab. Doch aufgegeben hat noch niemand.
„Auf geht's!", sagt Lutter zu Birgit, passt dabei aber nicht

auf und gleitet aus. Birgit ergreift seinen Arm und verhindert so, dass er Roberts Schicksal teilen muss.
„Danke", sagt Lutter, „von dir lasse ich mich gerne retten!"

*

In dieser Nacht träumt der bedeutende Maler und Wildwasserbezwinger Reiner Lutter nicht vom Kühkopf und dem Erschlagen einer Fünfzehnjährigen. Dafür lernt er an einem Kiosk in Dannenfels eine sehr schlanke Verkäuferin kennen. Sie spüren beide sofort eine magische Anziehungskraft füreinander. Lutter kommt zu ihr in den Verkaufsraum hinein und ein wildes, unersättliches Küssen beginnt ohne Rücksicht auf eventuelle Kunden. Lutter bemerkt, dass die Haut seiner Partnerin zart und weich wie bei Conny ist und erfragt ihre Adresse. Sie will Papier und Bleistift holen und lässt ihn für einen Augenblick allein. Dann kommt der Vater der Unbekannten hinzu und sagt, Lutter habe seiner Tochter ja gehörig zugesetzt, endlich sei sie mal so richtig verliebt. Sie heiße Ria Luley, habe eine Tochter, aber keinen Freund oder Mann.
Da wacht Lutter auf und ist glücklich. Endlich mal wieder träumt er von einer Frau und keine bösen Mächte bedrohen seine Liebe. Vielleicht verziehen sich für ihn ab jetzt doch noch die dunklen Wolken und er kann sich aus dem tiefen, schwarzen Loch der Depression befreien.
Weil es schon halb sechs ist, steht er auf und setzt sich draußen auf den Balkon. Wieder wird es einen wolkenlosen, schönen Tag geben, davon ist er überzeugt.

59 Kampfdackel Erna

Lutter fühlt nicht nur Connys Abschied immer näher rücken, sondern er meint auch, dass es Zeit für einen Abschied von seinem Suzuki Alto wird. Der hat nämlich bereits fünf Jahre auf dem Buckel und da beginnen solche Autos allmählich reparaturanfällig zu werden.
Also muss ein neuer fahrbereiter Untersatz her, möglichst billig, möglichst klein, möglichst wenig CO_2-Ausstoß und mit geringem Benzinverbrauch. Gewissermaßen eine Quadratur des Kreises, wie er meint.
Da hat er aber die Rechnung ohne Conny gemacht, die Spezialistin für Schnäppchen. Anders als vor bald zweieinhalb Jahren beim Kauf des Kaminofens legt sie sich bei den Autohändlern ins Zeug, als gelte es, bei den Olympischen Spielen die Disziplin *Günstigster Autokauf* zu gewinnen und eine Goldmedaille für Deutschland zu erringen.
Lutter wird bei diesem Wettbewerb nur noch als Statist gebraucht. Geschickt wechselt Conny von einem Autohaus zu anderen, kontert sogar den Platzhalter Suzuki trickreich aus, lässt sich einen Chevrolet reservieren, um schließlich bei Renault einen Twingo samt Klima- und Audiopaket zu ergattern, der tatsächlich alle Ansprüche zu erfüllen scheint. Lutter sagt nur Ja und Amen, er ist des Hin und Her überdrüssig, er will den Kaufvertrag unterschreiben und dann nur noch nach Hause, um die dort wartende Fleischbrühsuppe samt Pudding seinem knurrenden Magen einzuverleiben. Doch Conny legt ihr Veto ein. „Die beiden ersten Inspektionen müssen auf Ihre Kosten gehen", verlangt sie, „bei Citroen bezahlen sie sogar die ersten drei!"
Wieder darf der arme Verkäufer seinen Chef kontaktieren, aber der lehnt ab. So schleppt sich Lutter müde und leer zu

seinem Suzuki. Da kommt der gute Mann angerannt und meint, er sehe doch noch eine Chance für das Geschäft.
„Siehst du!", sagt Conny später zufrieden und lädt ihn zum Chinesen ein. „Jetzt haben wir mindestens drei Tausender gespart!"
„Ja", flüstert Lutter und nickt zur Bestätigung. Beim nächsten Autokauf wird sie ihm gewiss sehr fehlen.

*

Der neue Twingo, der nach zweimonatigem Warten endlich geliefert wird, muss natürlich eingefahren werden und dazu eignet sich eine kleine Urlaubsreise zu Beginn der Sommerferien bestens. Conny hat wieder, wie im vergangenen Jahr, eine Woche dafür vorgesehen und Lutter das Ziel überlassen. Sie wiederum besorgte dann die Unterkunft im deutschsprachigen Teil Belgiens, in Kelmis. Das Städtchen liegt vor den Toren Aachens, aber auch nach Maastricht, Lüttich, Eupen oder Malmedy ist es nicht weit.
Beeindruckt ist Lutter aber vor allem von dem 1100 Meter langen und bis zu 52 Meter hohen Göhltalviadukt der Eisenbahnstrecke Aachen - Montzen, das das weite Tal des Flüsschens überbrückt und von ihrer Ferienwohnung aus gut zu sehen ist.
Beim Ausführen von Erna ist deshalb dieses imposante Bauwerk immer wieder Lutters Ziel und er genießt dann das Rattern der Güterzüge hoch über seinem Kopf. Erna dagegen legt sich lieber mit den herumstreunenden belgischen Kötern an und wenn diese allzu zudringlich werden, flucht Lutter wie ein Berserker drauflos. Die Hunde verstehen offenbar gut Deutsch und machen, dass sie Land gewinnen. Erna, längst eine ausgewachsene Dackel-Dame, übernimmt das Schimpfen ihres Herrn und Gebieters und bellt ihnen hinterher.

Conny bekommt von diesen Episoden wenig mit. Sie liegt zumeist auf dem Sofa und liest. Schließlich ist sie von den vorausgegangenen Wochen, die unzählige Konferenzen und Entlassungsfeiern mit sich brachten, noch erschöpft. Doch wenn Lutter Aachen oder Eupen als Tagesziel vorschlägt, ist sie schlagartig fit und bereit für Kultur und Shoppen. Erna kennt ohnehin keine Müdigkeit und steht, kaum dass es nur den Anflug eines Ausflugs hat, wedelnd an der Haustür.

Heute scheint die Sonne vom Himmel, als sich Lutter, Conny und Erna um zehn Uhr nach Maastricht aufmachen. Entsprechend empfängt sie die Stadt an der Maas. Alles blitzt und blinkt und lädt zum Besichtigen ein.

Der geschichtlich sehr belesene Oberlehrer Lutter konnte sich auf die Exkursion bedauerlicherweise nicht vorbereiten. Dennoch bemerkt er sofort, als sie den Twingo an der John-F.-Kennedy-Brücke abgestellt haben, dass die Stadt einmal eine Festung gewesen sein muss. In der Beginenstraße entdecken sie, umgeben von wassergefüllten breiten Gräben, die ersten Bollwerke, deren einst kriegerische Bedeutung abgemildert wird durch hunderte von jungen Menschen, die die Rasenflächen entlang des Wassers zum Sonnenbaden nutzen.

„Da muss eine Uni in der Nähe sein!", stellt Conny fest und schlägt vor, es den Studenten nachzumachen und sich auch am Uferrand niederzulassen.

Lutter lässt Erna laufen und die entdeckt sofort ihren angeborenen Ordnungs-Instinkt, der ihr befiehlt, sich in die Fluten zu stürzen, weil auf dem Wasser freche Enten meinen, sie könnten hier einfach ohne ihre Erlaubnis herumschwimmen.

Selbst als die Enten vor dem deutschen Power-Dackel schleunigst Reißaus genommen haben, ändert Erna ihren Kurs nicht. Immer weiter arbeitet sie sich auf die gegenüberliegende Seite vor. Lutter und Conny bekommen es mit der Angst zu tun, denn das bisschen Ufer drüben gehört zur Festung und ist nicht zugänglich.

Aber das Schreien hilft. Erna schwimmt elegant eine langgestreckte Kurve und nimmt wieder Kurs auf die Liegewiese. Am Ufer entsteigt sie dem Wasser, schüttelt sich und möchte dann von Lutter und Conny für ihre ruhmreiche Aktion belobigt werden.
Wenn jetzt aber jemand gedacht hat, Erna würde sich nun von der Sonne das triefende Fell trocknen lassen, der irrt. Kaum ist die nächste holländische Ente in Sicht, beginnt Erna das tolle Spiel von vorne. Sie wird es doch schaffen, diesem blöden Viehzeugs deutsche Ordnung beizubringen, oder?
Um nicht noch mehr Aufmerksamkeit zu erregen, der schwimmende Kampfdackel wird bereits mit Handys gefilmt, leint Lutter sein Hündchen beim nächsten Landgang an. Außerdem ist es Zeit, die Innenstadt anzuschauen.

*

Conny und Lutter schließen die Stadt in ihr Herz. Lutter fühlt sich sogar an das Flair von Heidelberg zu Zeiten seines Studiums erinnert, als dort selbst in den Läden der Hauptstraße noch selbstständige Kaufleute ihre auserlesenen Waren anboten. Heute dagegen sind sie bekanntlich längst von Billig-Ketten und Pommes-Buden verdrängt worden. Doch in Maastricht finden sie diese kleinen Geschäfte mit exquisiter Auswahl und sind begeistert. Vor allem natürlich Conny, die sich eine Stunde Bummeln und Sehen ohne Lutter und Erna verordnet.
Lutter läuft mit seinem Hündchen in dieser Zeit auf die St. Servaas-Brücke über die Maas und beobachtet von hier aus das geschäftige Treiben an beiden Ufern. Beim Rückweg zum Treffpunkt entdeckt er einen *Camel*-Laden. *Sale* steht auch hier wie bei anderen Geschäften in großen Lettern am oberen Rand der beiden Schaufenster. Sein Blick fällt auf ein Jackett, heruntergesetzt von 280 auf 180 Euro.

„Könnte ich gebrauchen", denkt er, „ich muss ja nicht immer im Pullover ins Theater gehen!" Außerdem sieht die schwarze Jacke mit ihrem rot-schwarz gestreiften Innenfutter ausnehmend gut aus. Aber 180 Euro für so was ausgeben? Da bekommt man in Hohensolms schon einen halben Dackel mit Verbiss dafür! Er geht weiter. Soll dieses Ding ein anderer kaufen!
Dennoch berichtet Lutter Conny von dem Schnäppchen. „Ich wollte dir sowieso noch etwas schenken, bevor ich wieder nach Florida fliege. Komm, lass es uns doch einmal genauer ansehen!"
Sie schauen und finden auch andere Jacken, doch keine steht Lutter so wie die, die er selbst entdeckt hatte.
„Dann nehmen wir sie eben!", sagt Conny.
„Du spinnst, so viel Geld auszugeben!"
Aber sie lässt sich nicht davon abbringen. Sie zückt ihre Kreditkarte und lässt das Jackett einpacken.
„Aber tragen musst du es!", sagt sie und lächelt ihn an.
„Danke", sagt Lutter. „Vielleicht darf ich dich jetzt zu einem Kaffee mit Kuchen einladen?"
Er darf.

*

Sie sind schon auf dem Rückweg zum Auto, als Conny ein Internet-Café entdeckt. „Ich gehe schnell rein, ich muss nachschauen, ob mir der Prof gemailt hat. Höchstens eine Viertelstunde!", sagt Conny und weg ist sie.
Lutter setzt sich auf eine Bank.
Der Professor! Dauernd hat sie's von ihm. Sie soll ja seine neuste Unterrichtskonzeption für Geschichte in zwei ihrer Kurse nach den Sommerferien auf Herz und Nieren überprüfen. Und deshalb musste sie sich ständig mit ihm treffen. Rein pädagogisch-didaktisch-methodisch-wissenschaftlich natürlich. Sonst doch nichts!

Dass Conny mit dem Nachschauen nicht warten kann, bis sie übermorgen wieder zu Hause ist!
Lutter kommt der böse Verdacht, dass der Jackett-Kauf wohl etwas mit schlechtem Gewissen zu tun haben könnte. Oder gar ihr Abschiedsgeschenk? Warum sie eben gesagt hat, es dauere eine Viertelstunde, kommt ihm auch spanisch vor. So lange liest man doch kein E-Mail! Da wird sie, vielleicht in roten Buchstaben wie bei ihm, eine Antwort tippen: *Komme bald, Geliebter. Bis übermorgen, deine Conny.*
Oder so ähnlich. Wahrscheinlich noch mit jeder Menge Buchstabenverdreher und Rechtschreibfehler.
Er sollte schnell zur Maas laufen und das Paket mit der Jacke hineinwerfen. Das Ding wird er nie und nimmer anziehen.
Überhaupt. Bald anderthalb Jahre ohne jede Liebe. Nichts mehr. Selbst in Kelmis schläft sie nicht bei ihm, sondern im Wohnzimmer.
Lug und Trug! Und er bekommt, weil er schön still ist, zur Besänftigung ihres Gewissens ein Jackett. Und vorher auch schon alles Mögliche. Eben, nach Leipzig fing das an mit den Geschenken. Mal was Kleines, mal was Größeres. Und heute die absolute Krönung.
Sie kommt zurück.
„Fahren wir über Deutschland zurück? Ich muss noch telefonieren.", sagt sie. „Von Aachen aus ist es viel billiger!"
„Hat er?"
„Er hat", sagt sie und sie gehen los. Erna trottet hinterher. Ihr wäre sicherlich ein erneutes Bad jetzt lieber.

60 Home Sweet Home

Lutter soll zur „Belastung" ein paar Tage nach Hause entlassen werden. Die Therapeuten wollen sehen, ob er dort besteht und sich seine Krankheitssymptome nicht wieder vergrößern. Dazu arbeiten sie mit ihrem Patienten einen Plan aus, den er einzuhalten und mit geeigneten Mitteln nachzuweisen hat.
Leute treffen ist der erste Punkt. Aber jetzt, da in Hessen längst die Sommerferien begonnen haben, eine liebe Kollegin besuchen zu können, ist gar nicht so leicht. Schließlich wäre er ja auch längst über Berg und Tal entschwunden. Entweder zu den Resten seiner Heidelberger Clique, die nach wie vor drei Wochen lang die französische Atlantikküste mit ihrer Gegenwart beehrt oder aber wenigstens nach Dannenfels in seine Kate.
Mit viel Mühe findet Lutter dennoch zwei Frauen, die sich für ein paar Stunden auf ihn einlassen wollen. Eine Kollegin, die erfahren möchte, wie das denn so ist mit einem Depressiven, und eine Doktorandin der Psychologie, die Lutter vor ein paar Jahren einmal in einem Deutsch-Leistungskurs zwei Jahre lang unterrichtet hatte.
Seine Kinder soll er sehen und damit auch Dackel-Dame Erna, die sich in Erfelden offenbar gut eingelebt hat und nicht nur Lore entzückt. Schließlich muss Lutter auch sportliche Aktivitäten zeigen. Er entscheidet sich für eine Rad-Rundfahrt Bensheim-Gernsheim-Bensheim mit Rast am Rheinhafen. Dort kann er endlich wieder mal etwas Deftiges zu essen kaufen, denn der dortige Kiosk an der Fähre hält als besondere Spezialität Currywurst mit Pommes frites für verhungernde Rheinschiffer bereit.
Lutters vier Tage Heimaturlaub sind also prall gefüllt und erlauben ihm, zum Glück, erst gar nicht in Versuchung zu

kommen, doch schnell nach Gießen in die Uni-Klinik zu fahren, um Conny am Krankenbett zu besuchen.
Er ist eben immer noch zu jeder Dummheit fähig, selbst wenn er edle Motive vorgibt.
Das Wiedersehen mit seiner Hündin gestaltet sich sehr feucht. Erna vergisst nämlich vor riesengroßer Freude, dass sie gelernt hat, auf ihre Blase zu achten. Sie rast durch Lores Wohnung, um dann mit Karacho zurückzukehren und an Lutter emporzuspringen. Erst nach einer halben Stunde, als Lucas und Lena längst die Bescherung beseitigt haben, beruhigt sie sich und ruht mit Siegerlächeln auf Lutters Schoß: Sie hat es ja gewusst, dass ihr Herr und Meister eines Tages wiederkommt!
Lutter lädt seine Kinder zu einem Spaziergang zum Forsthaus drüben auf dem Kühkopf ein und da die beiden wissen, dass es dort leckere Schnitzel gibt, willigen sie ein.
Längst ist der Kühkopf im Sommer nahezu schnakenfrei. Die Stecher werden rigoros bekämpft und sind daher für die Bewohner der Kühkopf-Anrainer-Gemeinden und selbst für die Spaziergänger auf der Insel keine Gefahr mehr.
„Wenn das damals, 1964, schon so gewesen wäre", denkt Lutter, als sie die ufernahen Kopfweiden-Haine passieren, „dann wäre so manches nicht passiert."
Aber ist es denn überhaupt geschehen?
Er wischt die Gedanken daran weg. Jetzt hat er Hunger und will sein Mittagessen serviert bekommen!
Außerdem passt Erna wie ein Schießhund auf, dass er nicht wieder weggeht. Dieses Mal will sie bei ihm bleiben und läuft trotz aller Versuche der Kinder, sie mit Rufen oder Stöckchen wegzulocken, nur neben ihm. Auf der Freifläche vor dem Lokal geht es heute am normalen Werktag gemächlich zu. Nur wenige Wanderer und Radfahrer sind eingekehrt, sodass ihr Essen schnell auf dem schon arg verwitterten Tisch steht.

Ob man heute bis zur Mönchau laufen kann? Aber wenn Lutter an das dann einsetzende Protestgeschrei seiner Kinder denkt, lässt er es lieber. Die werden ja auch wissen, dass es mindestens zehn oder elf Kilometer hin und zurück werden dürften. Er kann ja demnächst einmal kommen und sein Fahrrad mitbringen.
Der alte Mann am Nachbartisch sitzt hinter einer *Bild*. *Steinbrück will Kavallerie einsetzen* steht in den bekannt großen Lettern rot unterstrichen auf der Titelseite. Lächerlich, denkt Lutter. Doch wie kommt er von Kavallerie und Steinbrück auf einmal auf Conny? Weil sie vielleicht gerade jetzt operiert wird? Am besten schickt er ihr Genesungswünsche auf Verdacht. Er holt sein Handy aus der Tasche und gibt die Buchstaben für den Gruß an Conny ein.
„Papa, wem schickst du die SMS?", will Lena wissen.
„Der Conny. Wahrscheinlich liegt sie im Krankenhaus."
„Blöde Kuh", meint Lena, „und der schreibst du noch?"
Am liebsten würde Lutter antworten, dass er ja auch noch mit Lore redet, aber er ist Pädagoge genug um zu wissen, dass er solche Vergleiche lieber lässt.
„Papa", meint jetzt Lucas, „du hast aber ein doofes Handy. Mit dem kannst du doch rein gar nichts machen!"
„Nur telefonieren und SMS verschicken. Was soll ich denn sonst noch damit anfangen wollen!"
„Du hast überhaupt keine Ahnung!"
Dann erklärt er anhand seines Handys, welche geilen Funktionen es hat. „Willst du mal den Sido hören?", fragt er, doch Lutter wehrt ab: „Den nicht, mir wäre Bushido viel lieber!"
„Der ist so was von out, das geht gar nicht mehr. Aber woher kennst du Sido?"
„Den kennt man halt", meint Lutter, verrät aber nicht, dass er den Rapper neulich in einer Sendung des Bayerischen Rundfunks gesehen hat.

Erna will aufbrechen. Sie mag nicht länger im Kies unter dem Tisch liegen und zieht ungeduldig an der Leine. Lutter winkt der Bedienung.

*

Nach der Rückkehr lädt die inzwischen vom Stoffeinkauf in Frankfurt zurückgekehrte Schneidermeisterin Lore Lutter zu einer Tasse Kaffee ein. Er willigt ein, obwohl er sich am Abend absprachegemäß noch mit einer Kollegin treffen muss. Aber so übertrifft er, was Kontakte betrifft, seinen Plan und wird dafür sicherlich bei seiner Rückkehr gelobt.
„Gut siehst du aus", meint Lore, als sie ihm einschenkt. „Gut erholt und braun gebrannt. Da sage einer, du wärst krank!"
„Wir können ja tauschen", antwortet Lutter, „du gehst für mich noch drei Wochen in die Klinik, dafür hüte ich die Kinder!"
„Die braucht man nicht mehr hüten. Die würden dir was husten. Lena hat längst einen festen Freund und Lucas ist auch dauernd unterwegs."
„Und wann gehen sie aus dem Haus?"
„Fragst du wegen des Unterhalts?"
„Nein, nur so. Falls sie das Abi schaffen, werden sie doch wohl ein Zimmer nehmen."
„Vielleicht, vielleicht auch nicht. Hier bei mir geht's ziemlich liberal zu. Und wer verzichtet schon freiwillig auf das Hotel Mama?"
Sie reden noch eine Weile, aber Lutter spürt die Distanz, die sich zwischen ihnen seit ihrer Trennung vor sechs oder sieben Jahren gebildet hat. Ob es mit Conny auch einmal so wird? Dass sie ihm vollkommen gleichgültig ist und sich nichts regte, selbst man sie nackt auf ihn binden würde?
Nach Meinung von Andrea Urbach wäre das genau der Zustand, den er anstreben muss und zwar schnellstmöglich. Noch schreckt er davor zurück.

„Es ist schön, dass du Erna in deinem Haushalt duldest", sagt er beim Abschied. „Ich wüsste sonst gar niemanden, der sie nehmen würde."

„Ach, sie ist ja so lieb! Ein richtiger Schmusehund. Hoffentlich trauert sie nicht wieder so lange um dich, wenn du jetzt losfährst!"

Aber auch Lutter vermisst bald seine Erna sehr und beendet den sich anschließenden Besuch bei seiner Kollegin schon nach einer Stunde.

„Die Krankheit", sagt er ihr zur Entschuldigung. „Das nächste Mal komme ich länger!"

61 Weg für immer, Teil 3

Als Conny mit ihrer Klasse in Berlin ist, ruft sie zwar an, doch sie ist wenig mitteilsam und legt schnell wieder auf. Dass sie einen Kollegen, immerhin den Leiter der Oberstufe, als zusätzliche Aufsichtskraft dabeihat, ist Lutter bekannt, doch von ihm ist nie die Rede. Dabei gibt es, wie Conny berichtet, vor allem nachts größere Störungen in der Jugendherberge.
Nach ihrer Rückkehr muss sich Conny erst einmal gehörig ausschlafen. Sie kommt deshalb erst am Samstagmittag zu Lutter nach Bensheim und scheint immer noch völlig übermüdet zu sein. Nach ein paar Stunden fährt sie nach Hause zurück. Es ginge einfach nicht, sie käme dann nächste Woche wieder.
Lutter weiß, wie sich frühreife Früchtchen auf Klassen- oder Kursfahrten verhalten können, wünscht Conny gute Erholung und hofft, dass sie bald wieder auf dem Damm ist.
Doch ob das alles wirklich so war oder ist, steht für Lutter auf einem anderen Blatt. Er hat seine Zweifel an dem, was sie ihm erzählt. Aber was soll er machen? Mal hochfahren und schauen, wo sie steckt oder wer bei ihr ein- und ausgeht, kommt für ihn nicht infrage. Erst recht nicht, die einzige Freundin anzurufen, die er mit vollem Namen kennt und deren Telefonnummer er hat. In dieses Geflecht will er nicht hineinstechen. Außerdem könnte diese Freundin auch erzählen, was nicht stimmt, schon aus Solidarität mit Conny.
Ewig diese Frauen mit ihrer verflixten Verbundenheit!
Am Dienstag erklärt Conny bei einem Telefongespräch, sie wolle nicht vor dem Feiertag nach Bensheim fahren. Sie sei erst am Freitag zum Frühstück gegen zehn Uhr da.

Auch gut. Lutter besorgt alles, was sie gerne isst und backt kurz vor zehn die Brötchen auf. Die Eier stellt er auf dem Herd zum Kochen bereit. Die Kaffeemaschine wartet nur darauf, eingeschaltet zu werden.

Conny kommt, begrüßt ihn mit einem Küsschen, herzt Erna und freut sich auf das reichhaltige Frühstück. Sie ist nett und gut gelaunt. Für nachher schlägt sie einen langen Spaziergang mit Erna vor und anschließend, meint sie, könne man zum Griechen nach Schwanheim fahren.

Wunderbar, findet Lutter, endlich ist sie wieder ganz die Alte! Nur spät am Abend geht sie – wie so oft – vor Lutter ins Bett und tut, als er ihr eine Viertelstunde später nachfolgt, so, als habe sie schon geschlafen.

Am nächsten Morgen schlägt Lutter vor, in ein Möbelgeschäft nach Weiterstadt zu fahren. Er würde sich gerne ein Ecksofa kaufen und das alte zum Sperrmüll geben. Conny ist einverstanden. Zusammen prüfen sie ungefähr 20 verschiedene Modelle, die das Möbelhaus führt, bis sie das richtige finden. Es passt zum Wohnzimmer und seiner Einrichtung und Conny gefallen besonders die vier Kissen, die zum Lieferumfang gehören.

Lutter schließt den Kaufvertrag ab, regelt, wann das Sofa geliefert wird und zahlt einen Teil des Preises an. Dann sind sie wieder auf der Autobahn in Richtung Bensheim. Conny meint, man könne noch ein bisschen nach Weinheim fahren und dort in der Altstadt Kaffee trinken.

Gesagt, getan. Lutter verspürt dort allerdings großen Hunger und bestellt sich eine Gulaschsuppe und ein Cola. Conny nimmt ein Stück Apfelkuchen und eine Tasse Latte macchiato.

Doch als sie einen Schluck davon getrunken hat, verzieht sie ihr Gesicht.

„Was ist?", fragt Lutter, „zu heiß?"

„Ungenießbar!", schimpft sie und beordert die Bedienung an ihren Tisch.

„Die Milch ist sauer!", sagt sie, „das kann man doch nicht trinken!"

Die Kellnerin nimmt Connys Tasse und bringt sie in die Küche. Dann bereitet sie am Tresen eine neue Tasse Latte macchiato zu.

Ihr Chef kommt dazu und probiert. Er nickt.

Die Bedienung nimmt eine weitere Tasse und stellt sie unter den Automaten. Dann serviert sie diese an Connys Tisch.

„Entschuldigen Sie, aber der Chef hat Ihre erste Tasse probiert und eben noch einmal eine zweite. Alles ist in Ordnung, meint er. Sie bekommen trotzdem eine frische."

Conny ist jedoch nicht zufrieden und lässt über die Hälfte des Kaffees in der Schale zurück. „Die haben keine Ahnung, wie Latte macchiato schmecken muss! Wer weiß, was die für einen uralten Kaffee verwenden. Und dann nehmen sie gammeliges Milchpulver. Wohl das billigste, das es gibt!"

Conny muss es wissen. Sie kellnerte während ihres Studiums jahrelang in einer Kneipe.

Sie zahlen. Ein Trinkgeld gibt es heute nicht.

„Jetzt fahren wir heim! Mir ist kalt!", sagt Conny.

Eine Viertelstunde später sind sie bei Lutter.

Conny geht auf die Toilette, Lutter setzt sich auf die alte Couch und überlegt, wie er die neue am besten aufstellen kann, wenn sie nächste Woche geliefert wird.

Da kommt Conny ins Zimmer. Sie trägt ihren Anorak und hält ihren roten Reiserucksack in der Hand.

„Ich fahre heim", sagt sie. „es ist vorbei. Ich komme nicht mehr!"

„Wie bitte?"

Lutter stürzt auf sie zu.

„Was ist denn los? Was habe ich gemacht?"

„Nichts", sagt sie tonlos und öffnet die Wohnungstür.

Dann geht sie in den Hausflur und ist aus dem Haus.

Lutter geht zurück und schaltet den Radioapparat an. Bundesliga-Halbzeitkonferenz. Sein VfB liegt hinten.
„Auch das noch!", denkt er.

*

Lutter wird erst abends klar, dass eingetreten ist, was er schon seit langer Zeit erwartet hat. Aber so? Einfach die Sachen packen und wegfahren? Wegen ihres blöden Kaffees in Weinheim? Ohne jeden Streit? Ohne erkennbaren Anlass?
Aber sie ist weg und es scheint ihr ernst zu sein.
Egal, der VfB hat trotz des Pausenrückstands noch gewonnen und Hoffenheim wirbelt die Bundesliga durcheinander. Er kann zufrieden sein. Was schließlich das Thema Frauen und Beziehungen betrifft, so wird es in Deutschland wohl noch genügend Bewerberinnen um seine Gunst geben. Er blieb nie lange allein.
Deshalb entkorkt er die Flasche Wein, die er am Nachmittag in Weinheim in einem italienischen Fachgeschäft erstanden hat, schenkt sich ein und genießt das dunkelrote, süffige Getränk Schluck für Schluck.

*

Zwar ruft Conny in den folgenden Wochen regelmäßig an und erzählt von Schule und Freundinnen, aber eine Rückkehr schließt sie kategorisch aus. Sie erkundigt sich nach Erna und beauftragt Lutter, sie jeden Tag noch ein bisschen mehr als sonst zu knuddeln.
Als es mit der Lieferung des Sofas Probleme gibt, bietet sie ihre Hilfe an. Sie will eine Freundin, die Jura studiert, fragen, was man da tun könne.
Anfang Dezember beginnt Lutters Krise. Da endlich hat er realisiert, dass ihm etwas Wichtiges verloren gegangen ist.

Der Schmerz beginnt Überhand zu nehmen. Die Verzweiflung wächst. Niemand ist da, der ihn hält oder stützt.
Lutter besorgt sich drei große Faltschachteln, packt alles, was Conny gehört, hinein und schickt sie ihr kommentarlos nach Hause. Aber eigentlich könnte er die halbe Wohnung wegwerfen. So viel trägt ihre Handschrift oder wurde ihm von ihr geschenkt.
Über E-Mail kündigt Conny an, ihn kurz vor Weihnachten für ein paar Stunden zu besuchen. Sie wolle Erna wiedersehen und sie im Fürstenlager herumtollen lassen.
Sie kommt tatsächlich und ist schnell wieder weg. Lutter geht es anschließend schlimmer als vorher. Er flieht nach Dannenfels und verkriecht sich in sein Häuschen. Am 2. Januar hält er es dort nicht mehr aus. Er kehrt nach Bensheim zurück.
Conny besucht ihn ein paar Tage später noch einmal. Sie will ein paar Kleinigkeiten wegen der Wohnung regeln. Sie lädt ihn anschließend zum Chinesen ein und meint, sie wolle ihm für seine schwarze Fahrradjacke noch das dazu passende Inlett kaufen als nachträgliches Weihnachtsgeschenk.
Lutter lässt es mit sich geschehen. Beim Fahrradfahren ist es mitunter doch recht kalt.
Conny handelt das Inlett auf 100 Euro runter und strahlt. Lutter sagt: „Danke". Dann gehen sie zu Lutters Wohnung und verabschieden sich. Conny sagt, ihre Mutter würde in Groß-Gerau bereits auf sie warten. Lutter solle die Ohren steif halten. Sie würde sich demnächst wieder am Telefon melden.
Lutter bleibt regungslos zurück. Er steht an der Balkontür und wartet, bis die Sonne hinter den Dächern im Südwesten versinkt. Er tritt gegen die Wand, dass Erna vor Schreck in ihr Körbchen rast.

62   Korrumpiert

Andrea Urbach kann es nicht fassen, dass Lutter sich auch noch nach der Trennung von Conny beschenken ließ. Sie nennt ihn schlicht und einfach korrumpiert.
„Und Sie wollen ein Alt-Achtundsechziger sein? Sie lassen sich von vorne bis hinten beschenken? Verdienen Sie eigentlich kein eigenes Geld? Sagen Sie jetzt nicht, es langt halt nicht, um sich jeden Wunsch zu erfüllen! Ihre Conny hat Sie auch heute noch in der Hand, wenn Sie sich nicht endlich lösen!"
Sie ist wirklich böse auf ihn. Dabei sieht er es immer noch nicht als so schlimm an, dass Conny ihm vor ein paar Monaten auch noch das Inlett für seine Radfahrerjacke kaufte. Sie besänftigte damit ihr schlechtes Gewissen, weil sie weiß, wie sie ihn zurückgelassen hat, und er besaß etwas gegen die Kälte.
Reich ist er nun wirklich nicht. Die Kate in Dannenfels ist zwar schuldenfrei, aber verschlingt doch immer wieder Unsummen für Reparaturen. Sein Reihenhaus ist nicht abbezahlt und die Mieterlöse decken nicht die Kosten. Auch da geht hin und wieder etwas kaputt, insbesondere beim Heizungssystem. Und seine jetzige Wohnung ist auch nur angezahlt. Schließlich hat er zwei Kinder und die will er nicht nach der Düsseldorfer Tabelle abfinden.
Es reicht gerade so aus, sein Gehalt.
„Das ist alles ein Nebenkriegsschauplatz", meint Lutter deshalb. „Ich habe andere Probleme als Conny oder Lore."
„Ach, welche denn?"
Lutter erzählt, dass er am Wochenende im Internet recherchiert habe. *Verdrängung bei traumatischen Erlebnissen, psychotische Symptome, paranoide Zustände, Wahnsysteme* habe er nacheinander in die Suchmaschinen eingegeben.

„Ich wollte herausfinden, ob etwas oder alles von dem auf mich zutrifft. Kurz gesagt, ich will endlich wissen, ob ich Connys Schwester nun auf dem Gewissen habe oder ob das alles nur ein böser Traum gewesen war beziehungsweise noch ist!"

„Sie spinnen ja!", erbost sich seine Therapeutin. „Hören Sie endlich auf damit. Wir wollen Ihre wirklichen Probleme aufspüren und Änderungen bewirken. So aber legen Sie nur falsche Spuren, weil Sie von der Gegenwart ablenken wollen. Das möchte ich Ihnen mal ganz klar sagen!"

Aber Lutter gibt nicht klein bei.

„Ich weiß, dass die meisten Schwierigkeiten aus der Kindheit stammen. Einige sind mir hier bewusst geworden. Gerade, was die Beziehung zu Frauen betrifft. Aber da gibt es noch etwas, was mich belastet, aber ich weiß nicht genau, was es ist. Ich muss jetzt herausfinden, ob ich Rita damals, wenn auch aus Versehen und ungewollt, erschlagen und dann verscharrt habe."

„Und wenn, dann wäre das alles längst verjährt. Außerdem spricht nichts dafür, dass Sie es getan haben. Für Ihre Träume gibt es Erklärungen. Akzeptieren Sie die endlich, damit wir uns mit wirklich relevanten Themen beschäftigen können."

Das will Lutter aber keinesfalls. Er ist sich selbst auf der Spur und dieser Spur wird er folgen. Da mag Andrea so nett und lieb sein, wie sie will. Er klärt die Sache auf. Erst dann wird er wieder Ruhe finden. Denn was hatte er auf einer Internetseite gelesen: *Es ist sehr wohl möglich, dass ein traumatischer bzw. traumatisierender Vorfall komplett verdrängt wird. Dabei spielt auch das Alter und der psychische Zustand des Betroffenen eine Rolle. Je jünger die Person desto stärker kann ein solcher Vorfall durch Verdrängung aus dem Bewusstsein eliminiert werden. Die Tat kann auch durch schockbedingte Gedächtnisstörungen vergessen wer-*

den oder der betroffene Mensch setzt unbewusst psychotische Verhaltens- bzw. Wahrnehmungsmuster ein, um das Geschehene abzuspalten.

Das hatte er sich sogar ausgedruckt. Wenn Andrea nun davon nichts wissen will, dann ist das bedauerlich. Das sprengt wohl auch den Rahmen dieser Klinik. Und sicherlich Andreas Vorstellungsvermögen. Schade eigentlich, dass sie ihm nicht folgen will. Er muss jetzt selbst und ganz alleine aktiv werden, um den Schleier zu lüften.

„Waren Sie wenigstens mit dem zufrieden, was ich in den vier Tagen zu Hause gemacht habe?", fragt er, um auf ein anderes Thema überzuleiten.

Sie nickt.

63 Totengräber

Lutter überlegt, wie er es am besten anfängt, sein Problem zu lösen. Und wann. Das Wann ist mit einem Blick auf seinen Therapieplan schnell geklärt: Am Mittwochnachmittag hat er nach dem Mittagessen frei. Da kann er weg, ohne dass ihn jemand vermisst. Das Wie ist schwieriger. Es wäre am sinnvollsten, meint er, wenn er sich die Mönchau beim früheren Kälberteicher Hof noch einmal genauer anschaut. Zwar war er zuletzt vor etwas mehr als zwei Jahren dort gewesen, aber seit dieser Zeit wird sich bereits wieder viel verändert haben.

Beim Mittagessen am Mittwoch bemerkt Lutters Tischgenossin Nina seine Unruhe. „Was ist los? Hast du deine Tabletten nicht genommen?", fragt sie.

„Doch", antwortet er, „aber ich fahre gleich weg!"

„Nach Darmstadt? Da kannst du mich mitnehmen. Ich habe auch frei!"

„Nein, auf den Kühkopf. Kennst du den?"

Sie verneint und er erzählt ihr vom größten hessischen Naturschutzgebiet.

„Falls du dich dort nicht mit einer tollen Frau triffst, käme ich mit. Klingt ja alles sehr interessant, was du erzählst!"

„Ich werde drei Stunden unterwegs sein, plus Hin- und Rückfahrt", meint er einschränkend, denn er wäre lieber alleine unterwegs.

„Kein Problem, ich komme mit!", sagt Nina.

Lutter findet es so schlimm auch nicht, dass sie mitfährt. Da hat er angenehme Unterhaltung und von dem, was er vorhat, bekommt sie sowieso nichts mit.

„Gut, dann in einer Viertelstunde vor dem Haupteingang!"

*

Lutter wählt den Parkplatz am Stockstädter Altrhein als Ausgangspunkt. In Erfelden bestünde die Gefahr, dass seine Kinder oder Lore aufkreuzen. Und eine Begegnung mit seinem Dackel will er auch vermeiden. Erna brächte alles durcheinander. Außerdem ist es von der Stockstädter Brücke auch ein wenig näher zur Mönchau.
Nina bleibt nicht verborgen, dass Lutter in einer Verfassung ist, die ihrer Meinung nach nicht zu ihm passt. Er kratzt sich dauernd am Hinterkopf, holt sein Taschentuch hervor, wischt sich damit den Schweiß von der Stirn oder beginnt von einem Thema zu reden, um in der nächsten Minute übergangslos von etwas anderem zu erzählen.
„Sag mal, hast du was im Tee?", fragt sie besorgt. „Ich dachte immer, du ruhtest in dir selbst!"
„Ich bin nervös", gibt Lutter zu.
„Aber doch nicht wegen mir, oder warst du noch nie mit einer Frau in dieser einsamen Landschaft?"
„Doch, ich glaube sogar, schon lange vor deiner Geburt!"
„Und warum bist du dann so hektisch und zerfahren?"
„Ich will etwas suchen!", sagt er und ärgert sich sofort über seinen Lapsus.
„Gold? Den Schatz der Nibelungen, den Hagen in den Rhein gekippt hat?"
„So ähnlich. Weißt du, ich glaube herausgefunden zu haben, dass die schwedischen Söldner im Dreißigjährigen Krieg nicht alle auf dem sogenannten Schwedenfriedhof bestattet wurden, sondern ein paar der Anführer in der Nähe davon. Ich will das mal überprüfen."
„Geil! Aber willst du mit deinen Händen buddeln?"
„Nein, nur mal die Lage peilen!"
Da ist ihm aber zum Glück eine gute Ausrede eingefallen! Bloß muss er Nina jetzt von den Ereignissen um die Rhein-

überquerung Gustav Adolfs erzählen. Aber das ist das geringste Problem für ihn. Woran nur könnte man heute noch ein schwedisches Offiziersgrab erkennen? Aber das wird sich bis dahin noch finden!

*

In der Schutzhütte in der Nähe des früheren Kälberteicher Hofs rasten sie. Lutter hatte sich heute früh in weiser Voraussicht beim Frühstück in der Klinik Brote geschmiert und eine Flasche mit Saft gefüllt. Nina ist froh, dass er daran gedacht hat.
„Wenn's jetzt so ein richtig heißer Tag wäre, dann sähe ich richtig alt aus, so ohne alles. Ich hätte nie gedacht, dass hier weit und breit kein Lokal ist, in das wir einkehren können."
„Doch, es gibt eins, aber da hätten wir über Erfelden laufen müssen. Und an der Stockstädter Brücke steht die Altrheinschänke. Doch die war vorhin zu."
Jetzt wird es spannend. Sie sind nur noch ein paar hundert Meter von der Mönchau entfernt und er weiß immer noch nicht, wie er Nina nun erklären kann, wonach er angeblich sucht. Das kann noch heiter werden!
Dazu wird er immer nervöser. Wenn Lutter das schon selbst an sich feststellt, muss es wirklich schlimm um ihn bestellt sein! Wie nur kann er cool und überlegen wirken?
Der Urwald, den sie nun erreichen, ist noch undurchdringlicher als vor zwei Jahren. Damals trugen die Bäume und Sträucher noch kein voll entwickeltes Laub. Jetzt meint man, in eine grüne Hölle hineinzugeraten.
„Willst du wirklich mitkommen?", fragt er Nina.
„Wenn mich keine Giftschlangen fressen wollen, dann schon. Also los!"
Lutter versucht, dem ehemaligen Sommerdamm zu folgen, denn er erinnert sich, dass er damals mit Rita auf ihm ent-

langfuhr. Dann hatten sie ihre Räder irgendwo abgestellt und waren mit dem Gepäck zu der kleinen Lichtung gegangen. Aus der wird aber längst wieder Urwald geworden sein.

„Wie hoch sind Bäume, die 40 oder mehr Jahre alt sind?", fragt er Nina, die Biologie unterrichtet.

„Ziemlich hoch auf jeden Fall, aber noch nicht ganz so dick, wenn's Hartholzbäume sind. Nadelgehölz gibt's hier scheinbar nicht."

„Ich habe früher mal von einer Lichtung gelesen, wo die Offiziere beerdigt worden sein sollen", sagt Lutter. „Aber das ist lange her."

„Du meinst doch nicht etwa ...?"

„Doch, ich meine!"

„Du liebe Zeit. Und ich dachte, du bist ein ausgewiesener Heimatforscher."

„Schon, aber es kann nach den Beschreibungen nur hier in der Nähe gewesen sein."

Sie kämpfen sie weiter voran. Lutter tritt auf kleine Büsche und wartet, bis Nina gefolgt ist. Dann kommt der nächste Schritt und wieder muss ein hinderlicher Ast weggebogen werden, bis beide durch sind. Nach einer Weile stoßen sie auf einen Trampelpfad. Lutter erkennt Wildschweinspuren. Die werden doch nicht irgendwo im Dickicht auf sie lauern? Aber es geht leichter voran. Dann erreichen sie eine Lichtung. Lutter meint, sie sähe ähnlich aus wie damals bei Rita.

Kann aber gar nicht sein. Außerdem entdeckt er, dass der frühere Sommerdamm hier von einem Hochwasser vollkommen weggeschwemmt worden ist.

„Schau dir das an!", sagt er zu Nina. Der Sand, aus dem er im Wesentlichen bestand, hat sich wie ein Schwemmkegel fächerförmig vor den erhalten gebliebenen Teil geschoben. Hier und da wachsen bereits Brennnesseln und Disteln auf ihm.

Ritas Grab liegt sicher unter dieser meterdicken Schicht! Wie soll er es da finden? Wenn es überhaupt hier ist.

Wenn es überhaupt dieses Grab gibt!
„Kannst du noch?", fragt er Nina. Sie nickt.
„Bis zum eigentlichen Schwedenkirchhof sind es höchstens noch 50 Meter. Dann können wir wieder normal laufen!"
Es hat heute keinen Zweck mehr weiterzusuchen. Er weiß aber, dass es viel schwieriger sein wird, als er gedacht hat. Er braucht, wenn er wiederkommt, einen guten Spaten und eine dünne, lange Eisenstange. Damit wird er sich vortasten wie die Retter bei einem Lawinenunglück. Schritt für Schritt. Und wenn er etwas Hartes im Untergrund findet, wird er nachgraben müssen. So nur kann es gehen.
Endlich befreien sich Lutter und Nina aus dem Auenwald-Dschungel. Auf dem angrenzenden Reiherweg kommen sie wieder normal voran.
„Ich rufe in der Klinik an", sagt Lutter, „und melde uns vom Abendessen ab. Ich lade dich zum Italiener ein, ja?"
„Wenn du mir versprichst, dort wieder normal zu sein, dann ja!", meint sie.

*

Am folgenden Samstagvormittag erwirbt Lutter in einem Darmstädter Baumarkt einen soliden Spaten, einen zwei Meter langen Rundstahl, ein Textilband und Arbeitshandschuhe. Damit er weniger Zeit beim Anmarsch zur Mönchau verliert, fährt er zu seinem Bensheimer Autohändler und besorgt sich noch einen Fahrradträger für seinen Twingo. Zu Hause holt er sein Rad aus dem Keller, pumpt die Reifen auf und hebt es auf die neue Befestigung. Sein Unternehmen kann also am nächsten Tag beginnen.
Sein Fahrrad fällt allerdings, kaum ist er in der Klinik zurück, jedermann und jeder Frau auf. Auch seiner Therapeutin Andrea Urbach, die Wochenenddienst hat. Sie ruft ihn abends an und fragt, was er denn vorhabe.

„Ich fahre morgen nach Neunkirchen, parke vor dem Höhenhaus und mache dann mit dem Rad eine Tour durch den Odenwald. 30 oder 40 Kilometer, mal sehen, wie ich in Form bin", antwortet er kurz angebunden.
„Sie wissen, dass Sie sich abmelden müssen ..."
„Natürlich. Ich lasse das Mittagessen hier ausfallen und hole mir unterwegs etwas."
„Viel Spaß!", wünscht sie und Lutter legt erleichtert auf. Langsam wird er zum perfekten Lügner!

*

Als Lutter am späten Sonntagvormittag nach Stockstadt kommt, findet er keinen freien Parkplatz mehr vor der Altrheinbrücke. Auch vom Ort her strömen Menschenmassen zu Fuß zum Kühkopf hinüber.
„Was ist denn da los?", fragt er sich, denn die Leute könnten seine Suche stören oder gar verhindern. Also probiert er es in Erfelden. Hier ist es nicht anders: Hinz und Kunz sind im besten Sonntagsstaat auf dem Weg zur Insel. Ob im Forsthaus Freibier ausgeschenkt wird?
Lutter gibt auf. Dann verschiebt er eben seine Leichensuche. Ein normaler Wochentag ist eh günstiger für sein Unternehmen. Nur muss er dazu einen Therapietag in der Klinik schwänzen. Am besten wäre es, er würde sagen, dass er eine Plombe verloren habe und dringend zu seinem Zahnarzt nach Bensheim müsse.
Und jetzt schellt er bei Lore und den Kindern. Da kann er wenigstens seine Erna sehen und mit ihr ins Feld spazieren gehen.

64 Auf Leichensuche

Aus dem Protokoll der Vorfälle vom 28. Juli 2009

... fuhren wir, nachdem wir zwei Räder ausgeliehen und im Kofferraum meines Wagens verstaut hatten, zuerst nach Erfelden, wo wir Lutters Auto nicht entdeckten, und dann nach Stockstadt.
Lutters Twingo stand dort als einziger Pkw auf dem Parkplatz am Altrhein. Mit den Rädern ging es weiter bis in die Mönchau, die mir die Patientin, Frau Nina Hosbach, als mögliches Ziel Lutters angegeben hatte. Bald entdeckten wir dort auch ein Fahrrad, das Frau Hosbach als Lutters Eigentum identifizierte.
Lutter selbst fanden wir ganz in der Nähe. Wir mussten uns nur an seinen lauten Flüchen und den Geräuschen seiner Ausschachtarbeiten orientieren.
Als wir erschienen, legte er seinen Spaten sofort beiseite und meinte treuherzig, was er hier veranstalte, sei eigentlich der reinste Wahnsinn. Er zeigte uns darauf mehrere Löcher, die er bereits ausgehoben hatte. Dort sei er allerdings nur auf dicke Wurzeln gestoßen, nicht aber auf irgendwelche Reste Ritas. Auf diese Weise werde er auf keinen Fall herausfinden, ob er damals getötet habe oder nicht. Das Ereignis liege übrigens heute genau 45 Jahre zurück. Gleichzeitig sei es ja auch der Geburtstag seiner bisherigen Lebensgefährtin Cornelia Fromm.
Lutter war ohne Weiteres bereit, seine Sachen zusammenzupacken und mit uns auf den Parkplatz zurückzufahren. Von dort aus kehrten wir in die Klinik zurück, wo Lutter versprach, nachdem er sich geduscht habe, an den nachfolgenden Therapiestunden teilzunehmen.

Ich spreche mich ausdrücklich gegen eine Verlegung Lutters in die Aufnahmestation aus, weil sich eine beständige Beobachtung seiner Person negativ auf seine psychische Verfassung auswirken dürfte. Vielmehr muss sich der Patient ab sofort und für mehrere Tage einer gezielten Einzelbehandlung hinsichtlich seines psychischen Zustands unterziehen, sodass eine affektive Stabilisierung eingeleitet werden kann.

Andrea Urbach, Dipl.-Psych.

*

Zwischen der Gruppentherapie und der nachfolgenden Gestaltungstherapie hat Lutter 20 Minuten Pause. Er sitzt auf seinem Bett und betrachtet sich nachdenklich die Schwielen und die Blutergüsse an seinen Händen. Das kommt davon, wenn man wie ein Verrückter in Rekordzeit Löcher gräbt.
Er nimmt sein Telefon und wählt Connys Nummer. Ob sie da ist? Oder feiert sie irgendwo mit irgendwem? Letztes Jahr um diese Zeit waren sie noch zusammen in Schwäbisch Hall gewesen und hatten das Globe Theatre, ein Nachbau von Shakespeares Londoner Spielstätte, bewundert. Danach hatten sie sich am Ufer der Kocher ins Gras gesetzt und die Sonne genossen.
Conny meldet sich beim fünften Klingeln. Sie scheint sich zu freuen, dass er an ihren Geburtstag gedacht hat, und erklärt, dass sie die Operation gut überstanden habe, aber doch noch Schmerzen beim Gehen verspüre.
„Ich war heute auf dem Kühkopf und wollte deine Schwester ausgraben!", sagt Lutter, als das Gespräch ins Stocken geraten ist.
„Wie bitte?"
„Ich will herausfinden, ob ich sie wirklich umgebracht habe, weil ich es immer wieder träume."

„Meine Schwester ist doch gar nicht gestorben! Was redest du da für einen Käse zusammen!"

„Wieso?"

„Warum soll sie denn tot sein? Ich habe sie doch vor dreieinhalb Jahren, als ich auf Klassenfahrt in Frankreich war, getroffen!"

„Und warum hast du mir das nicht erzählt?"

„Was geht dich meine Schwester an? Außerdem legt sie Wert darauf, dass meine Mutter nichts davon erfährt. Nachher hättest du es doch mal verraten."

„Und wie kam es, dass ihr euch gefunden habt?"

„Lieber Reiner, es gibt Suchmaschinen im Internet, wie du vielleicht weißt. Da hat sie mich entdeckt."

„Hat sie was über mich erzählt?"

„Wieso über dich?"

Lutter kann nicht mehr. Grußlos legt er auf. Er geht auf den Balkon und lehnt sich an der Brüstung weit nach vorne, hält sich aber fest mit den geschundenen Händen.

Dann taumelt er in Richtung Bett, lässt sich auf den Bauch fallen, krallt sich an der Matratze fest und weint. Er weint auch noch Tränen der Befreiung von der unendlich schweren Last, als Andrea und Frau Hahn hereinstürzen, weil sie ihn schon wieder vermissen.